8

最新 社会福祉士養成講座

一般社団法人 日本ソーシャルワーク教育学校連盟　編集

ソーシャルワーク実習指導 ソーシャルワーク実習

［社会専門］

中央法規

刊行にあたって

　このたび、新カリキュラムに対応した社会福祉士と精神保健福祉士養成の教科書シリーズ（以下、本養成講座）を一般社団法人日本ソーシャルワーク教育学校連盟の編集により刊行することになりました。本養成講座は、社会福祉士・精神保健福祉士共通科目 13 巻、社会福祉士専門科目 8 巻、精神保健福祉士専門科目 8 巻の合計 29 巻で構成されています。

　社会福祉士の資格制度は、1987（昭和 62）年に制定された社会福祉士及び介護福祉士法により創設されました。後に、精神保健福祉士法が制定され、精神保健福祉士の資格制度が 1997（平成 9）年に創設されました。それから今日までの間に両資格のカリキュラムは 2 度の改正が行われました。本養成講座は、2019（令和元）年度の両資格のカリキュラム改正に伴い、刊行するものです。

　新カリキュラム改正のねらいは、地域共生社会の実現に向けて、複合化・複雑化した課題を受けとめる包括的な相談支援を実施し、地域住民等が主体的に地域課題を解決していくよう支援できるソーシャルワーカーを養成することにあります。地域共生社会とは支援する者と支援される者が一体となり、誰もが役割をもって生活していくことができる社会です。こうした社会を創り上げる担い手として、社会福祉士や精神保健福祉士が期待されています。

　そのため、本養成講座の制作にあたって、❶ソーシャルワーカーとしてアセスメントから支援計画、モニタリングに至る PDCA サイクルに基づく支援ができる人材の養成、❷個別支援と地域支援を一体的に対応でき、児童、障害者、高齢者等のさまざまな分野を横断して包括的に支援のできる人材の養成、❸「講義―演習―実習」の学習循環をつくることで、実践現場に密着した人材養成をする、を目的にしています。

　社会福祉士および精神保健福祉士になるためには、ソーシャルワークに必要な五つの科目群について学ぶことが必要です。具体的には、①社会福祉の原理・基盤・政策を理解する科目、②複合化・複雑化した福祉課題と包括的な支援を理解する科目、③人・環境・社会とその関係を理解する科目、④ソーシャルワークの基盤・理論・方法を理解する科目、⑤ソーシャルワークの方法と実践を理解する科目です。それぞれの科目群の関係性と全体像は、次頁の図のとおりです。

　これらの科目を本養成講座で学ぶことにより、すべての学生がソーシャルワークの基盤を修得し、社会福祉士ならびに精神保健福祉士の国家資格を取得し、さまざまな領域でソーシャルワーカーとして活躍され、ソーシャルワーカーに対する社会的評価を高めてくれることを願っています。

社会福祉士養成教科書の全体像

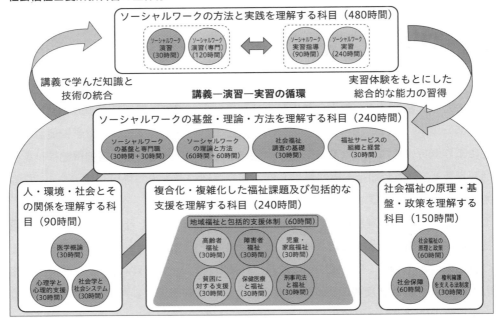

出典：厚生労働省「（別添）見直し後の社会福祉士養成課程の全体像」（https://www.mhlw.go.jp/content/000604998.pdf）より本連盟が改編

精神保健福祉士養成教科書の全体像

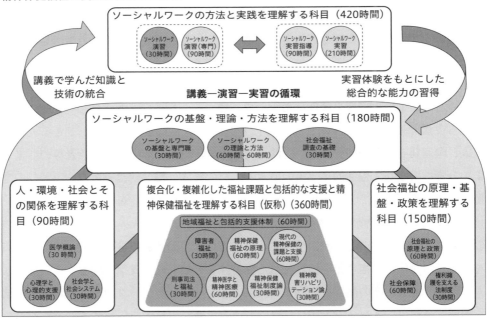

出典：厚生労働省「（別添）見直し後の社会福祉士養成課程の全体像」を参考に本連盟が作成

2020（令和2）年12月1日

一般社団法人日本ソーシャルワーク教育学校連盟
会長　白澤政和

はじめに

　戦後、産業構造の変化に伴い国民生活は変化を余儀なくされた。経済的な豊かさを手に入れた代わりに、その当時まで地域や家庭内に存在していた支え合いの力やつながりは途絶えはじめ、バブルの崩壊を機に職場内にあったつながりや連帯意識は消失した。このように昔ながらの「地縁」「血縁」「社縁」に基づかれたインフォーマルな関係による支え合い機能が途絶えるなか、新たな支援の担い手として福祉人材に期待が寄せられはじめた。1980年代には福祉職の国家資格化が図られ、1987（昭和62）年に社会福祉士、1997（平成9）年には精神保健福祉士が資格化され、ソーシャルワーカーの社会的な立場と責任をより明確にさせた。さらに2007（平成19）年には社会福祉士及び介護福祉士法が、2010（平成22）年には精神保健福祉士法が改正され、各々の資格が担う支援対象領域を拡大させた。そして2018（平成30）年3月には、社会保障審議会福祉部会福祉人材確保専門委員会報告書「ソーシャルワーク専門職である社会福祉士に求められる役割等について」の公表を受け、両資格の養成カリキュラムの改正が行われた。

　今回の両資格の改正の目的は、2014（平成26）年に採択されたソーシャルワーク専門職のグローバル定義にみるように、これまでのミクロソーシャルワークにおける対処への深化に加えて、社会へ働きかけ、社会変革や社会開発を行うマクロソーシャルワークに実践範囲を広げることに力点が置かれる点にある。具体的には、これからの社会福祉が目指す包括相談や包括ケア、地域住民が主体的に地域課題に取り組めるような新たなる地域づくりの推進など、共生社会の実現に向けた社会整備に貢献することのできる実践力を備えたソーシャルワーカーの養成である。

　従来の支援において、支援者側の資格事情により利用者や支援対象を選別することはあってはならないが、今後展開される地域包括ケアにおいては、支援対象を選別する事由そのものがなくなる。その意味において、今回の養成カリキュラム改正では「社会福祉士」「精神保健福祉士」各々の資格は尊重しながらも、専門科目名もこれまでの資格名からソーシャルワークに表現が統一され、演習や実習も「ソーシャルワーク演習」「ソーシャルワーク実習」とした一つの枠組みのなかで系統立てて学びを積み重ねる形に変わった。今後のソーシャルワーカー養成には、こうした改正の意図を踏まえた教育が求められるのである。

　そのため、本テキストは社会福祉士養成課程における講義科目や演習科目との関連に配慮しながら、実習科目の意義と学習内容およびその留意点をまとめたうえで、社

会福祉士および精神保健福祉士の養成教育がソーシャルワーク実習として可能な限り統合を図ることができるよう、各々の実習テキストの編集担当者間での協議により、共通重要項目は同一の内容を採用した。また、一般社団法人日本ソーシャルワーク教育学校連盟が2020（令和2）年3月に発表した「ソーシャルワーク実習指導・実習ガイドライン（以下、ガイドライン）」との整合性に努め、養成校教員が実習教育の指針とする同ガイドラインと実習生が活用する本テキストが各々効果的に活用されることを目指した。

　本テキストは、実際のソーシャルワーク実習の展開に沿って章立てを行っており、第1章では実習の目的と枠組みを整理し、実習に臨むうえで必要な基本的視点について述べている。第2章では社会福祉士の実践現場である実習機関の概要を整理し、実際に現場に出向く前に現場を理解するために必要な知識をまとめている。第3章では実習計画書の作成など事前学習のねらいと概要を示し、第4章では配属実習の学習内容とその方法について整理し、続く第5章では事後学習の意義と内容および評価について述べている。そして第6章ではガイドラインに示される達成目標・行動目標を踏まえながら、具体的な実習場面を示し、実習生がどのように行動することで社会福祉士に求められる知識と技術を身につけられるか、イメージできるようにしている。

　冒頭に述べた、社会生活の変化は、例にもれず学生の生活にも影響を与えた。SNS（ソーシャルネットワーキングサービス）の浸透により、一昔前に比べると直接的なかかわりの機会は減り、日常の生活の枠を超えた多領域の場面での生活体験や多世代交流の機会も乏しさを増す。その一方で、実習生が目指す福祉専門職の現場は、その多くが対面であり、年齢や性別の異なる人々とのかかわりが前提となる。実習現場やそこで出会う人々、活動の内容は、実習生の日常では未知のものも多いため、実習生はその対処を手探りで行うことになる。そうしたことから、現場実習はソーシャルワーカーや利用者の理解とともに、実習生が自己と向きあい多くの気づきを得ることで、ソーシャルワーカーを目指す決心や職業適性を探る絶好の機会ともいえる。

　また、現場実習はこれまでの学習で蓄積した専門性を体現・確認する機会でもある。さらには、講義等で総論的に得たものを、現場実習で各論的に体験し、実習後に両者を統合して捉えることにより、より深い学びに転化させることができるのも現場実習を行う価値ともいえる。

　このように実習は学びの集大成である。実習生の皆さんが、上述のような社会の要請に応え得るソーシャルワーカーを目指すきっかけとなるような、実りある実習になることを願っている。

編集委員一同

目次

第2章　実習先決定に向けた準備

第3章　実習先決定後の準備

第 6 章　実習の実際

巻末資料

本書では学習の便宜を図ることを目的として、以下の項目を設けました。

- 学習のポイント……各節で学習するポイントを示しています。
- 重要語句…………学習上、特に重要と思われる語句を色文字で示しています。
- 用語解説…………専門用語や難解な用語・語句等に★を付けて側注で解説しています。
- 補足説明…………本文の記述に補足が必要な箇所にローマ数字（ⅰ、ⅱ、…）を付けて脚注で説明しています。

序章

講義—演習—実習の循環

序章 講義—演習—実習の循環

1 実習とは

　実習は、まさに「経験から学ぶ」学習の機会である。しかし、ただ単に経験するということではない。養成校等での養成教育で学んだ知識や技術を使い、福祉や医療などの現場で実際にソーシャルワークを行い、そこから学びを深める学習である。社会福祉士や精神保健福祉士（以下、ソーシャルワーカー）が使う知識には、「形式知」（言語化することができる／言語化されている客観的な知識）と、「暗黙知」（言語化することができない／言語化されていない主観的な知識）がある。「形式知」は講義で習得することができるが、「暗黙知」は実際に自分がやってみた経験などから多くを体得することができる。利用者やその家族、実習施設・機関のスーパーバイザーやその他のスタッフ、関係機関の職員、ボランティアなど、多くの人との出会いやかかわりと、多様で豊富な体験から多くの「暗黙知」を得ることになる。ソーシャルワーカーは、この「暗黙知」と「形式知」の両方を活用することで、実践に必要となる知識・技術・態度・行動を涵養していくが、養成教育では、実習がそれを体得する重要な場となる。慣れない環境で知らない人たちと一定期間を過ごす実習は、実習生にとって不安も大きかろう。しかし、消極的になっていてはもったいない。経験を通して、机の前では得られない貴重な学びを得ながら、力量を形成していく姿勢で臨んでほしい。

2 講義—演習—実習の循環

　実習では、「どうしたらいいのだろう？」と戸惑うことや、悩む場面にたびたび直面する。このこと自体は、決して悪いことではない。緊急性が高い場合は別であるが、すぐに誰かに聞いたり、安易に答えを出してしまうことなく、まずは自分自身でしっかりと考えてみることが大切である。その際に使うのが、講義で学んだたくさんの知識と、演習で習得した技術・態度である。実習は、それ単体で成立するものではない。

このように、講義─演習─実習の三つを「つなぎ」、他の指定科目以外の講義科目、ゼミ、実習、など養成校で提供される多様な学びを連結させ、循環させる。つまり、異なる複数の科目に橋をかける（架橋）ように、つなぎあわせて力量を高めていくのである（学習の連結・循環）。

　具体的には、

○講義：知識の蓄積

○演習：知識の技術への転換

○実習：知識や技術の実践への応用、新たな理論化・概念化の形成

○実習指導：教員やスーパーバイザー、ほかの学生の力を借りた多面的理解の深化

　実習での体験を振り返り十分に吟味することで、その体験や出来事を経験に変え、講義で学んだ知識を結びつけながら深い理解へと進めていく。そして、次の体験に活かすための新たな意味づけや行動の選択へつなげていくことが重要である。

図　講義─演習─実習の連結・循環

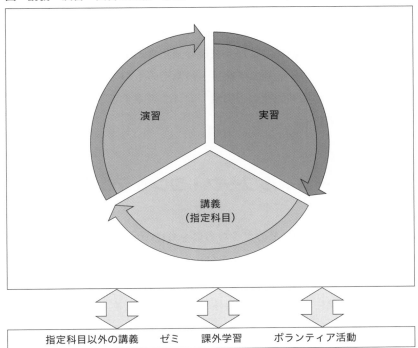

3 ▶ ソーシャルワーカーに求められる役割

　2019（令和元）年12月26日、厚生労働省に設置されていた地域共生社会に向けた包括的支援と多様な参加・協働の推進に関する検討会（地域共生社会推進検討会）から「最終とりまとめ」（以下、報告書）が公表された。昨今、人々やその家族が抱える生きづらさ・リスクが複雑化・多様化しており、今や、誰にでも起こり得る普遍的なものとなっている。その一方で、家族や共同体の機能の脆弱化が進んでいる。地域共生の基盤を強め発展させていくことが、喫緊の課題となっている。

　こうした課題を乗り越えていくために、本報告書では、支援者と本人が継続的につながりかかわりあいながら、本人と周囲との関係を広げていくことを目指すアプローチ（伴走型支援）や、本人の暮らし全体を捉え、その人生の時間軸も意識しながら、継続的なかかわりを行うための相談支援（手続的給付）、住民相互のつながりによるセーフティネットの強化、断らない相談支援とそのための多機関協働・連携、潜在的な支援ニーズをつかみ「支援を届ける」姿勢で積極的に行うアウトリーチと、そこから始まり継続的につながる機能の強化などを挙げている。これらはソーシャルワーカーの果たす機能・役割そのものであり、ソーシャルワーカーには、地域共生社会の実現に向けて貢献することへの大きな期待が寄せられている。

4 ▶ ソーシャルワーク・コンピテンシー

　では、そのためには、どのような力量を身につけたらよいのだろうか。ここでは、アメリカのソーシャルワーク教育認定機関が挙げた九つのソーシャルワーク・コンピテンシーを紹介する。コンピテンシーとは、一般的に、成果につながる行動特性のことである。高い成果を出す傾向のある人がもつ特性のことで、大別すると「能力」と「行動」に分けられる。ソーシャルワーカーの行動特性には、実践を展開していくための知識・価値・スキル・情緒などと、それらを統合した行動として、表の九つのコンピテンシーがある。

　行動特性は、思考と行動が一体となって表れる。実習では、講義や演習で身につけた知識を動員して思考し、適切な技術を使い、効果的な行

表　ソーシャルワーク・コンピテンシー

コンピテンシー	行　動
1．倫理的かつ専門職としての行動がとれる	倫理綱領や関連法令、倫理的な意思決定モデル、調査の倫理的な実施等に基づいて、倫理的な意思決定をする／実践場面で自身の個人的な価値に気づき、専門職としてのあり方を維持するために振り返りと自己規制を行う／行動、外見、口頭・書面・メールでのコミュニケーションで、専門職としての態度を示す／実践結果を促進するために、技術を倫理的かつ適切に使う／専門的な判断と行動となるように、スーパービジョンとコンサルテーションを活用する
2．実践において多様性と相違に対応する	人生経験を形づくるうえで多様性や相違が重要であることを、実践のミクロ・メゾ・マクロレベルにおいて適用し、伝える／自分自身を学習者として提示し、クライエントや関係者には彼ら自身の経験のエキスパートとしてかかわる／多様なクライエントや関係者とともに取り組む際には、自分の偏見や価値観の影響を抑えるために、自己覚知や自己規制（自らの気づきを高め、自身をコントロールする）を行う
3．人権と社会的・経済的・環境的な正義を推進する	個別およびシステムレベルにおける人権擁護のために、社会的・経済的・環境的な正義についての理解を適用する／社会的・経済的・環境的な正義を擁護する実践を行う
4．「実践に基づく調査」と「調査に基づく実践」に取り組む	科学的な研究と調査のために、実践経験や理論を活用する／量的・質的な調査方法や調査結果を分析する際には、クリティカル・シンキングを行う／実践や政策、サービス提供について情報提供したり、改善したりするために、調査による根拠を使用したり、わかりやすく伝えたりする
5．政策実践に関与する	福利、サービス提供、社会サービスへのアクセスに影響する地方・州・連邦レベルでの社会政策を特定する／社会福祉と経済政策が社会サービスの提供とアクセスにいかに影響するか評価する／クリティカル・シンキングを適用して、人権と社会的・経済的・環境的な正義を促進する政策を分析、策定、擁護する
6．個人、家族、グループ、組織、コミュニティとかかわる	クライエントや関係者にかかわるために、人間行動や社会環境、環境のなかの人、そして他の学際的な理論的枠組の知識を適用する／多様なクライエントや関係者に効果的にかかわるために、共感、反射、対人スキルを活用する
7．個人、家族、グループ、組織、コミュニティのアセスメントを行う	データを収集・整理し、クリティカル・シンキングによってクライエントや関係者からの情報を解釈する／クライエントや関係者からのアセスメントデータを分析する際には、人間行動や社会環境、環境のなかの人、その他の学際的な理論的枠組の知識を活用する／クライエントと関係者のストレングス、ニーズ、困難についての重要なアセスメントに基づいて、相互に合意できる介入目標と課題を設定する／アセスメントや調査による知見、クライエントと関係者の価値と選好に基づいて、適切な介入の戦略を選ぶ
8．個人、家族、グループ、組織、コミュニティに介入する	実践目標を達成し、クライエントや関係者の能力を強めるために、注意深く介入を選んで実施する／クライエントや関係者に介入する際には、人間行動や社会環境、環境のなかの人、その他の学際的な理論的枠組についての知識を活用する／有益な実践結果を得るために、必要に応じて専門職間で連携・協働する／多様なクライエントや関係者と、そして彼らに代わって、交渉、仲介、代弁をする／相互に合意した目標に向かって進めるような効果的な移行と終結を促進する
9．個人、家族、グループ、組織、コミュニティへの実践を評価する	結果評価のために、適切な方法を選んで使う／結果評価の際には、人間行動や社会環境、環境のなかの人、その他の学際的な理論的枠組についての知識を活用する／介入およびプログラムのプロセスと結果を注意深く分析し、モニターし、評価する／評価で発見したことを、ミクロ・メゾ・マクロレベルにおける実践効果を改善するために活用する

出典：日本ソーシャルワーク教育学校連盟「ソーシャルワーク演習のための教育ガイドライン」pp.6-9, 2020. をもとに筆者作成

動をとれるよう意識しながら臨む。そのためには、❶自身の実践とコンピテンシーを切り離してしまうことなく、常に意識し連動させる、❷スーパーバイザーやほかのソーシャルワーカーが実践においてどのようなコンピテンシーを備えているかを観察し、理解する、❸理解できないあるいは難しい場合は、スーパーバイザーやソーシャルワーカーに質問するなどして理解を深めることが必要である。

しかし、これは実習に限ることではない。ソーシャルワーカーになったあとも同様であり、絶えず学び続けることが、質の高い実践のためには不可欠である。

なお、本書は、ソーシャルワーカーの養成教育における講義―演習―実習の循環について、ほかの巻とも連関を図り構成・編集されている。実習に際しては、各巻をよく読みなおし、学びをつなげながら理解を深化させる姿勢で臨んでほしい。

◇参考文献
・厚生労働省「地域共生社会に向けた包括的支援と多様な参加・協働の推進に関する検討会（地域共生社会推進検討会）最終とりまとめ」2019.
・日本精神保健福祉士養成校協会『精神保健福祉士の養成教育論――その展開と未来』中央法規出版, 2016.
・Council on Social Work Education, 'Educational Policy and Accreditation Standards for Baccalaureate and Master's Social Work Programs', 2015. https://www.cswe.org/getattachment/Accreditation/Standards-and-Policies/2015-EPAS/2015EPASandGlossary.pdf.aspx

第1章

ソーシャルワーク実習の目的と構造

　本章では、はじめに、ソーシャルワーク専門職の養成における実習と実習指導の意義・目的について、厚生労働省の通知に示された教育内容や日本ソーシャルワーク教育学校連盟のガイドラインを通して理解し、その実習の展開や学習方法、倫理を学ぶ。そして、この実習の展開をより効果的なものにするための実習におけるスーパービジョンのあり方を理解し、続けて実習における評価の考え方や必要性について学ぶ。次に、実習の構造として、実習を構成するプロセスおよびシステムを理解し、実習における時間と場・空間（さまざまなシステム間の関係性）をイメージする。そして、実習中に発生し得るリスクの原因・素因、リスクを生む出来事、損失・損害等から、リスクマネジメントに関する基本的な知識を得て、実習中のリスクに備える。

実習および実習指導の意義と目的

- ● ソーシャルワーク専門職養成における実習および実習指導の意義と目的を理解する
- ● 実習の展開過程を理解する
- ● 実習において求められる倫理や原則を理解する
- ● 実習における自己学習の意義と方法を理解する

1 実習の意義と目的

1 実習の意義

　社会福祉士ならびに精神保健福祉士養成課程における実習は、ソーシャルワーク専門職のグローバル定義に規定された「社会変革と社会開発、社会的結束、および人々のエンパワメントと解放を促進する実践」の現場に学生が身を置き、ソーシャルワーク専門職の立場で実践を行うことである。学生は、マルチパーソンクライエントシステム*と直接的・間接的なかかわりもち、ミクロレベルからメゾ、マクロレベルに至る幅広い範囲を視野に入れて活動する重要な機会となる。

　ソーシャルワークは実践性の高い領域であり、講義による知識学習だけでは個別性の高い利用者の生活実態やニーズを十分に理解し、社会の変化に対応できる実践能力を習得することは困難である。ソーシャルワーカーが身を置く実践の場は、多様なクライエントが生活している場であり、対象とする範囲もミクロ・メゾ・マクロレベルと広いなど、支援のバリエーションは数限りなく多様である。そのため、いかなる局面においても的確に即応できるようになるには、実践的な運用能力の涵養が必須となる。また、サービスや事業を展開している施設・機関や団体等の実態についても、その現場に身を置いて経験しなければ理解を深めることは困難である。さらに、制度上、国家試験の受験資格を得るために認められている実習施設・機関は限られているため、実際にかかわることができるクライエントも必然的に限られてくる。しかしながら、実習により実習生はクライエントとかかわり、考え続ける体験をしたというストレングスをもつことになる。そのような体験とストレングスを活

★マルチパーソンクライエントシステム
支援の対象を複数の人で構成されるシステムとして捉えること。マルチパーソンクライエントシステムになり得るシステムとしては、家族、小集団、組織、施設、機関、近隣、コミュニティなどがある。

かすことにより、実習ではかかわることができなかったクライエントや社会の課題などについて思考をめぐらせ、理解を深めていくことができるのである。

ソーシャルワーク実習では、援助関係の形成が達成目標の一つとして位置づけられている。実習生は、クライエントと同じ時間や空間を共有し、クライエントの多様性やリアリティに触れることによって感情を刺激され、自身の価値観や思考を咀嚼する過程を通して、ソーシャルワーク実践の基礎となる援助関係を形成する力を育んでいくことになる。そして、講義科目や演習科目で学習したソーシャルワークの知識および技術を実際に活用し、現場で検証することが可能となる。また、クライエントの状況に合わせて知識と技術を適切に組み合わせて発揮する能力を意味する「技能（スキル）」を獲得し、専門職としての責務を果たす能力を体験的に理解し習得していくことも重要な点である。

このように、実習生は、実習での経験や体験を通して新たな自己を発見し、実習生の立場でできることとできないことを自覚することになる。そのため、実習生自身が評価の主体となって自分の現状を振り返り、記述することが大きな意味をもつ。自己評価を行うことにより、実習指導担当教員や実習指導者による評価の限界と不足を補うことにもつながる。学習過程を通して、ソーシャルワーク専門職となるべく大きく成長していくといえる。

次に社会福祉士および精神保健福祉士の資格制度における実習の意義を考えてみたい。社会保障審議会福祉部会福祉人材確保専門委員会での議論を踏まえ、複合化・複雑化した個人や世帯への対応のほか、地域共生社会の実現に向け、ソーシャルワークの機能を発揮できる社会福祉士・精神保健福祉士を養成するため、社会福祉士養成課程の教育内容の見直しが2020（令和2）年に行われた。

社会福祉士養成課程については、「ソーシャルワーク専門職である社会福祉士に求められる役割等について」（平成30年3月27日社会保障審議会福祉部会福祉人材確保専門委員会）において、「地域共生社会の実現に向けて求められる、複合化・複雑化した課題を受け止める多機関の協働による包括的な相談支援体制や地域住民等が主体的に地域課題を把握して解決を試みる体制の構築に必要なソーシャルワークの機能を社会福祉士が担うために必要な実践能力を明らかにし、その能力を身につけることができるよう、社会福祉士の養成カリキュラム等の見直しを検討すべきである」とされた。これを踏まえ、社会状況等の移り変わり

★自己評価（self evaluation）
評価資料収集のための技法の一つであり、自己評価そのものが効果的な学習活動である。自己評価は、問題解決能力や学習意欲を支えるメタ認知能力を育成する観点からも重視されている。

や制度改正等を踏まえた内容へ充実させるとともに、ソーシャルワーク機能を発揮できる実践能力を習得することができるようにするための教育内容の見直しが大きな論点となった。養成カリキュラムの内容や実習・演習の充実に向けた指摘は**表 1-1** のとおりである。

■ 2 実習の目的

　実習は、ソーシャルワーク専門職としての<u>コンピテンシー</u>を培ううえできわめて重要であり、実習施設・機関と養成校が協力し、責任をもって取り組んでいくものである。

　実習は、「実習前→実習中→実習後」の過程を重視し、学内で学習した「価値・知識・技術」の統合化を図りつつ、それらを効果的に発揮するコンピテンシーを習得することにつながる。そして、ソーシャルワークの知識および技術について、「知る」「わかる」という段階から、「使う」「実践できる」という段階に到達するために実習は不可欠な教育・学習なのである。

　厚生労働省通知では、ソーシャルワーク実習の教育内容（ねらいと教育に含むべき事項）を**表 1-2**、**表 1-3** のように規定している。

　また、一般社団法人日本ソーシャルワーク教育学校連盟の「ソーシャルワーク実習指導・実習のための教育ガイドライン」では、たとえば、社会福祉士のソーシャルワーク実習の目的として**表 1-4** を示している。これらのガイドラインは、社会福祉士だけではなく精神保健福祉士の実習や演習、自己学習などにも活用が可能である。

---

i　本章において触れられている、社会福祉士養成施設、社会福祉士学校および精神保健福祉士養成施設等における、設置及び運営に係る指針、ソーシャルワーク実習の教育内容（「ねらい」「教育に含むべき事項」）、実習評価などについて定めている通知とは、「社会福祉士養成施設及び介護福祉士養成施設の設置及び運営に係る指針について」（平成 20 年 3 月 28 日社援発第 0328001 号）・「社会福祉士学校及び介護福祉士学校の設置及び運営に係る指針について」（平成 20 年 3 月 28 日 19 文科高第 918 号社援発第 0328002 号）・「精神保健福祉士養成施設等の設置及び運営に係る指針について」（平成 23 年 8 月 5 日障発 0805 第 3 号）をいう。

表1-1　養成カリキュラムの内容、実習および演習の充実

- ・地域共生社会に関する科目の創設

　　地域共生社会の実現に向けて求められる社会福祉士が担うべき役割を理解し、多機関の協働による包括的な相談支援体制の仕組み等の知識を習得するための科目として「地域福祉と包括的支援体制」を創設した。
- ・ソーシャルワーク機能を学ぶ科目の再構築

　　ソーシャルワーク機能の実践能力を有する社会福祉士を養成するため、「講義—演習—実習」の学習循環を作るとともに、ソーシャルワークの専門職である社会福祉士と精神保健福祉士の養成課程において共通して学ぶべき内容（共通科目）と、社会福祉士として専門的に学ぶべき内容が明確になるよう、科目を再構築し、また、実習演習科目のうち、共通科目となる「ソーシャルワーク演習」については、精神保健福祉士養成課程との合同授業を可能とした。

表1-2　社会福祉士養成科目「ソーシャルワーク実習」の教育内容

ねらい	教育に含むべき事項
① ソーシャルワークの実践に必要な各科目の知識と技術を統合し、社会福祉士としての価値と倫理に基づく支援を行うための実践能力を養う。 ② 支援を必要とする人や地域の状況を理解し、その生活上の課題（ニーズ）について把握する。 ③ 生活上の課題（ニーズ）に対応するため、支援を必要とする人の内的資源やフォーマル・インフォーマルな社会資源を活用した支援計画の作成、実施及びその評価を行う。 ④ 施設・機関等が地域社会の中で果たす役割を実践的に理解する。 ⑤ 総合的かつ包括的な支援における多職種・多機関、地域住民等との連携のあり方及びその具体的内容を実践的に理解する。	実習生は次に掲げる事項について実習指導者による指導を受けるものとする。 ① 利用者やその関係者（家族・親族、友人等）、施設・事業者・機関・団体、住民やボランティア等との基本的なコミュニケーションや円滑な人間関係の形成 ② 利用者やその関係者（家族・親族、友人等）との援助関係の形成 ③ 利用者や地域の状況を理解し、その生活上の課題（ニーズ）の把握、支援計画の作成と実施及び評価 ④ 利用者やその関係者（家族・親族、友人等）への権利擁護活動とその評価 ⑤ 多職種連携及びチームアプローチの実践的理解 ⑥ 当該実習先が地域社会の中で果たす役割の理解及び具体的な地域社会への働きかけ ⑦ 地域における分野横断的・業種横断的な関係形成と社会資源の活用・調整・開発に関する理解 ⑧ 施設・事業者・機関・団体等の経営やサービスの管理運営の実際（チームマネジメントや人材管理の理解を含む。） ⑨ 社会福祉士としての職業倫理と組織の一員としての役割と責任の理解 ⑩ ソーシャルワーク実践に求められる以下の技術の実践的理解 　・アウトリーチ 　・ネットワーキング 　・コーディネーション 　・ネゴシエーション 　・ファシリテーション 　・プレゼンテーション 　・ソーシャルアクション ソーシャルワーク実習指導担当教員は巡回指導等を通して実習生及び実習指導者との連絡調整を密に行い、実習生の実習状況についての把握とともに実習中の個別指導を十分に行うものとする。

表1-3　精神保健福祉士養成科目「ソーシャルワーク実習」の教育内容

ねらい	教育に含むべき事項
①　ソーシャルワーク実習を通して、精神保健福祉士としてのソーシャルに係る専門的知識と技術の理解に基づき精神保健福祉現場での試行と省察の反復により実践的な技術等を体得する。 ②　精神疾患や精神障害、メンタルヘルスの課題をもつ人びとのおかれている現状に関する知識をもとに、その生活実態や生活上の課題についてソーシャルワーク実習を行う実習先において調査し具体的に把握する。 ③　実習指導者からのスーパービジョンを受け、精神保健福祉士として求められる資質、技能、倫理、自己に求められる課題把握等、総合的に対応できる能力を習得する。 ④　総合的かつ包括的な地域生活支援と関連分野の専門職との連携のあり方及びその具体的内容を実践的に理解する。	①　学生は、精神科病院等の病院での実習において、患者への個別支援を経験するとともに、次に掲げる事項を経験し、実習先の実習指導者による指導を受けること。 　ア　受診前や入院時又は急性期の患者及びその家族への相談援助 　イ　退院又は地域移行・地域定着支援に向けた、患者及びその家族への相談援助 　ウ　入院患者と外来患者及びそれらの家族への多職種連携による支援 　エ　病院外の関係機関・団体及び地域住民との連携を通じたソーシャルワーク ②　学生は、精神科診療所での実習において患者への個別支援を経験するとともに、次に掲げる事項を経験し、実習先の実習指導者による指導を受けること。 　ア　受診前や治療中の患者及びその家族への相談援助 　イ　日常生活や社会生活上の問題に関する、患者及びその家族への相談援助 　ウ　外来患者及びそれらの家族への多職種連携による支援 　エ　地域の精神科病院や関係機関・団体及び地域住民との連携を通じたソーシャルワーク ③　学生は、障害福祉サービス事業所や行政機関等、及び精神科病院等の医療機関の実習を通して、次に掲げる事項をできる限り経験し、実習先の実習指導者による指導を受けるものとする。 　ア　利用者やその関係者、施設・機関・事業者・団体・住民やボランティア等との基本的なコミュニケーションや人との付き合い方などの円滑な人間関係の形成 　イ　利用者理解と相談支援ニーズの把握及び相談支援計画の作成 　ウ　利用者やその関係者（家族・友人・近隣住民等）との相談支援関係の形成 　エ　利用者やその関係者（家族・友人・近隣住民等）への権利擁護及び相談支援（エンパワメントを含む。）とその評価 　オ　精神医療・保健・福祉に係る多職種連携をはじめとする相談支援におけるチームアプローチへの参加 　カ　精神保健福祉士としての職業倫理と法的義務の意味の考察と遵守 　キ　施設・機関・事業者・団体等の職員の就業などに関する規定の遵守と組織の一員としての役割と責任への自覚 　ク　施設・機関・事業者・団体等の経営やサービスの管理運営の観察 　ケ　当該実習先が地域社会で果たす役割の考察と具体的な地域社会への働きかけとしてのアウトリーチ、ネットワーキング、社会資源の活用・調整・開発場面の観察 　コ　実習先施設・機関や所属地域における精神保健福祉向上のための課題発見と政策提言に関する考察 　サ　実習体験及び学習成果の考察と記述、プレゼンテーション実習総括と精神保健福祉士としての学習課題の明確化、及び研鑽計画の立案 ④　学生は、実習体験と考察を記録し、実習指導者によるスーパービジョンと、ソーシャルワーク実習指導担当教員による巡回指導及び帰校日指導等を通して、実習事項について個別指導や集団指導を受ける。 ⑤　実習指導担当教員は、巡回指導等を通して実習指導者との連絡調整を密に行い、学生の実習状況についての把握とともに実習中の個別指導を十分に行うものとする。

表1-4　ソーシャルワーク実習の目的

- ・ソーシャルワークの対象となる当事者・利用者とその家族・世帯の生活・地域の実態や、ソーシャルワーカーが活動する地域の実態を学ぶ。
- ・ソーシャルワーカーとしての価値や倫理が実践現場でどのように具現化されているか、またソーシャルワーカーがそれらをどのように行動化しているか、ソーシャルワーク専門職である社会福祉士としての態度や姿勢を学ぶ。
- ・ケースの発見からアセスメント、支援計画策定から実施に至るソーシャルワークの過程について具体的かつ経験的に学ぶ。
- ・ソーシャルワークの役割としての総合的・包括的な支援や多職種・多機関や地域住民等との連携・協働の実際を具体的かつ経験的に学ぶ。
- ・社会福祉士・ソーシャルワーカーとしての自分を知る（自己覚知）の機会となる。

2 ▷ 実習指導の意義と目的

1 実習指導の意義

　実習指導は、実習生が実習のねらいを達成するため、「実習前→実習中→実習後」の実習過程を通して実施される教育活動であり、系統立ったプログラムによって進められる。

　実習指導という科目が設定されることにより、養成校は、実習の具体的な到達目標を明確にし、学生に理解させるばかりではなく、協力を依頼する施設・機関の実習指導者への説明を十分に行い、共通理解を得て実習を推進するための環境を整えることにつながる。

　実習環境の整備にあたっては、実習の受け入れについてクライエントにも十分に説明を行い、了解・協力を得ることが前提となる。しかしながら、クライエントは、サービスの利用過程において不安や憤りなどを抱いていることもあるため、そのような状況において学生の実習への協力を求めるということを十分に認識し、体制づくりを進める必要がある。実習への協力を依頼するにあたっては、クライエントの不安等に十分配慮しなければならない。実習の最終的責任は、養成校の実習指導担当教員にあることは当然であり、実習指導担当教員は、実習生の行動と学習状況を把握し、教育的配慮に焦点を当てて指導を行う。

　実習関連科目の教育内容や運営上の留意点等については、厚生労働省通知に規定されている。ここでは、「大学等において開講する社会福祉に関する科目の確認に係る指針について」（平成20年3月28日19文科高第917号・社援発0328003号）の最終改正から引用する（表1-5）。本通知により、養成施設・養成校のばらつきをなくすとともに、教育の水準を担保することになり、実習生の効果的な学習のための

環境整備につながっている。なお、指針は設置主体（大学、一般養成施設など）によって異なるため、それぞれ確認してほしい。

表1-5　社会福祉士の実習の運営上の留意点

> 7　実習に関する事項
> (1)　実習先は、巡回指導が可能な範囲で選定するとともに、ソーシャルワーク実習を担当する教員は、少なくとも週1回以上の定期的巡回指導を行うこと。ただし、これにより難い場合は、実習期間中に少なくとも1回以上の巡回指導を行う場合に限り、実習施設との十分な連携の下、定期的巡回指導に代えて、学生が大学等において学習する日を設定し、指導を行うことも差し支えないこと。
> (2)　ソーシャルワーク実習は、相談援助業務の一連の過程を網羅的かつ集中的に学習できるよう、1の実習施設において180時間以上行うことを基本とすること。
> 　ア　ソーシャルワーク実習は、機能の異なる2カ所以上の実習施設等で実施すること。
> 　イ　180時間以上の実習を行う機関・事業所においては、相談援助業務の一連の過程の学習に加え、複数の機関・事業所や地域との関係性を含めた包括的な支援について学習すること。
> (3)　精神保健福祉士養成課程における「ソーシャルワーク実習」、介護福祉士養成課程における「介護実習」を履修している者については、実習のうち60時間を上限として免除可能とすること。
> (4)　実習内容、実習指導体制及び実習中のリスク管理等については実習先との間で十分に協議し、確認を行うこと。
> (5)　各実習施設における実習計画が、当該実習施設との連携の下に定められていること。
> (6)　実習指導者は、社会福祉士の資格を取得した後、相談援助の業務に3年以上従事した経験を有する者であって、科目省令第4条第7号に規定する講習会（以下「社会福祉士実習指導者講習会」という。）の課程を修了したものであること。
> (7)　ソーシャルワーク実習において知り得た個人の秘密の保持について、教員及び実習生に対して徹底を図ること。
> (8)　ソーシャルワーク実習指導を実施する際には、次の点に留意すること。
> 　ア　ソーシャルワーク実習を効果的に進めるため、実習生用の「実習指導マニュアル」及び「実習記録ノート」を作成し、実習指導に活用すること。
> 　イ　実習後においては、その実習内容についての達成度を評価し、必要な個別指導を行うこと。
> 　ウ　実習の評価基準を明確にし、評価に際しては実習先の実習指導担当者の評定はもとより、実習生本人の自己評価についても考慮して行うこと。
> (9)　ソーシャルワーク実習を実施する際には、健康診断等の方法により、実習生が良好な健康状態にあることを確認した上で配属させること。

2 実習指導の目的

日本ソーシャルワーク教育学校連盟の「ソーシャルワーク実習指導・実習のための教育ガイドライン」では、ソーシャルワーク実習指導の目的として**表1-6**を示している。

厚生労働省通知では、社会福祉士・精神保健福祉士のソーシャルワーク実習指導の教育内容を**表1-7**、**表1-8**のように規定している。**表1-7**、**表1-8**のねらいの部分が実習指導の目的といえる。

表1-6　ソーシャルワーク実習における実習指導の目的

- 社会福祉士・ソーシャルワーカーになるための学びとして、なぜ実習が重要なのかを理解するとともに、実習と実習指導とのつながりについても理解する。
- 実習とは単なる現地での体験学習とは異なり、事前学習・配属実習・事後学習を通してソーシャルワークの業務や実践に必要な知識・技術の学びを深めるということを理解する。
- 座学で学んだ社会福祉の法律や制度、ソーシャルワーク技術等について、自らの実習経験及びその経験の振り返りを通して、実際の現場、支援の文脈に関連付けて理解する。
- 実習は限られた場所と一定の期間内での経験であることから、目的的・計画的に学べるようにする。
- 実習を通して、自らの知識不足や理解の不十分さなどに気づくことで、事後学習の課題やその後の研究課題等の設定につながる。

表1-7　社会福祉士養成科目「ソーシャルワーク実習指導」の教育内容

ねらい	教育に含むべき事項
①　ソーシャルワーク実習の意義について理解する。 ②　社会福祉士として求められる役割を理解し、価値と倫理に基づく専門職としての姿勢を養う。 ③　ソーシャルワークに係る知識と技術について具体的かつ実践的に理解し、ソーシャルワーク機能を発揮するための基礎的な能力を習得する。 ④　実習を振り返り、実習で得た具体的な体験や援助活動を、専門的援助技術として概念化し理論化し体系立てていくことができる総合的な能力を涵養する。	①　実習及び実習指導の意義（スーパービジョン含む。） ②　多様な施設や事業所における現場体験学習や見学実習 ③　実際に実習を行う実習分野（利用者理解含む。）と施設・機関、地域社会等に関する基本的な理解 ④　実習先で関わる他の職種の専門性や業務に関する基本的な理解 ⑤　実習先で必要とされるソーシャルワークの価値規範と倫理・知識及び技術に関する理解 ⑥　実習における個人のプライバシーの保護と守秘義務等の理解 ⑦　実習記録への記録内容及び記録方法に関する理解 ⑧　実習生、実習担当教員、実習先の実習指導者との三者協議を踏まえた実習計画の作成及び実習後の評価 ⑨　巡回指導 ⑩　実習体験や実習記録を踏まえた課題の整理と実習総括レポートの作成 ⑪　実習の評価及び全体総括会

3　実習の展開

　教育システムの観点から「ソーシャルワーク実習」という科目をみると、「実習」は単独で存在しているのではなく、「ソーシャルワーク実習指導」や「ソーシャルワーク演習」ならびにほかの科目との連関性を意識して構成されている。どれか一つでも欠けてしまうと社会福祉士・精神保健福祉士養成のための教育システムの全体像を描くことはできない。

　実習教育は、「実習前→実習中→実習後」という一連の実習過程のなかで展開される。実習科目は「ソーシャルワーク実習指導」と「ソーシャルワーク実習」の二つであり、実習をはさみこむ形で実習指導が配置されている。実習中に行う実習指導としては、巡回指導が中心となる。なお、この実習過程と並行して実施されるのが「ソーシャルワーク演習」

表1-8　精神保健福祉士養成科目「ソーシャルワーク実習指導」の教育内容

ねらい	教育に含むべき事項
① ソーシャルワーク（精神保健福祉士）実習の意義について理解する。 ② 精神疾患や精神障害のある人のおかれている現状を理解し、その生活の実態や生活上の困難について理解する。 ③ ソーシャルワーク（精神保健福祉士）実習に係る個別指導及び集団指導を通して、精神保健福祉士が行うソーシャルワークに係る知識と技術について具体的かつ実際的に理解し実践的な技術等を体得する。 ④ 精神保健福祉士として求められる資質、技能、倫理、自己に求められる課題把握等、総合的に対応できる能力を習得する。 ⑤ 具体的な実習体験を、専門的知識及び技術として概念化し理論化し体系立てていくことができる能力を涵養する。	次に掲げる事項について個別指導及び集団指導 ア　ソーシャルワーク実習とソーシャルワーク実習指導における個別指導及び集団指導の意義 イ　精神保健医療福祉の現状（利用者理解を含む。）に関する基本的な理解 ウ　実際に実習を行う施設・機関・事業者・団体・地域社会等に関する基本的な理解 エ　精神疾患や精神障害のある当事者の語りに触れる体験 オ　現場体験学習及び見学実習 カ　実習先で必要とされる精神保健福祉士としてのソーシャルワークに係る専門的知識と技術に関する理解 キ　精神保健福祉士に求められる職業倫理と法的責務に関する理解 ク　実習における個人のプライバシー保護と守秘義務の理解（精神保健福祉士法及び個人情報保護法の理解を含む。） ケ　「実習記録ノート」への記録内容及び記録方法に関する理解 コ　実習生、実習担当教員、実習先の実習指導者との三者協議を踏まえた実習計画の作成 サ　巡回指導（訪問指導、スーパービジョン） シ　実習記録や実習体験を踏まえた課題の整理と実習総括レポートの作成 ス　実習の評価全体総括会

図1-1　実習過程と科目・通知・評価との対応関係

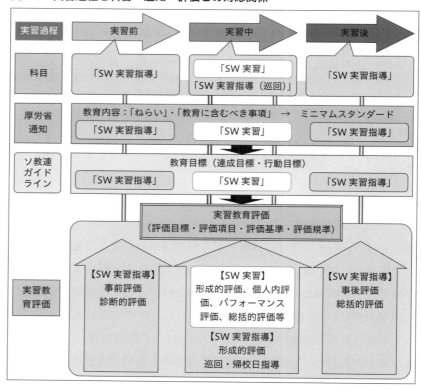

である。ソーシャルワーク実践に必要な実践能力を習得するため、講義・演習・実習科目の内容が相互に補完しあう形で配置されている。

4 ▶ 実習における倫理

社会福祉士・精神保健福祉士は、それぞれの倫理綱領の前文にもあるように、クライエントにとって最善の利益や社会の福利（ウェルビーイング[★]）を目指して実践する専門職である。実習生はまだ資格を取得していないため、倫理綱領を遵守する立場ではないが、将来の社会福祉士・精神保健福祉士として、倫理綱領に準じた考え方と言動が求められる。

表1-9 社会福祉士の倫理綱領 前文（一部抜粋）

> われわれ社会福祉士は、すべての人が人間としての尊厳を有し、価値ある存在であり、平等であることを深く認識する。われわれは平和を擁護し、社会正義、人権、集団的責任、多様性尊重および全人的存在の原理に則り、人々がつながりを実感できる社会への変革と社会的包摂の実現をめざす専門職であり、多様な人々や組織と協働することを言明する。
> われわれは、社会システムおよび自然的・地理的環境と人々の生活が相互に関連していることに着目する。社会変動が環境破壊および人間疎外をもたらしている状況にあって、この専門職が社会にとって不可欠であることを自覚するとともに、社会福祉士の職責についての一般社会及び市民の理解を深め、その啓発に努める。

表1-10 精神保健福祉士の倫理綱領 前文

> われわれ精神保健福祉士は、個人としての尊厳を尊び、人と環境の関係を捉える視点を持ち、共生社会の実現をめざし、社会福祉学を基盤とする精神保健福祉士の価値・理論・実践をもって精神保健福祉の向上に努めるとともに、クライエントの社会的復権・権利擁護と福祉のための専門的・社会的活動を行う専門職としての資質の向上に努め、誠実に倫理綱領に基づく責務を担う。

実習中は、相手の立場や気持ちへの配慮を欠き、気づかないうちに人権を侵害するようなことがあってはならない。相手の立場や気持ち、置かれている状況などを総合的に把握し、考えて行動することを常に心がけ、高い人権感覚を養うことが求められる。その他、社会福祉士・精神保健福祉士の倫理綱領に則して実習中に留意すべき項目を挙げる。

1 守秘義務の遵守

社会福祉士・精神保健福祉士の基本的な職業倫理にかかわるものとして、クライエントの尊厳および人権の尊重がある。この点は特に留意しなければならない。実習中に知り得た利用者のプライバシー（個人情報）

★**ウェルビーイング**
個人またはグループの状態（コンディション）を指す概念であり、身体的、精神的、社会的に良好な状態を意味する概念として用いられる。「幸福」「福利」などと訳される。

を保護することは徹底しなければならない。

　具体例を挙げると**表1-11**のような点に留意する。

表1-11　実習における守秘義務の例

- ・クライエント（利用者、家族、グループ等）やかかわった人のプライバシーを最大限に尊重する。
- ・利用者の関係者から情報を得る場合は、その利用者からも同意を得る。
- ・支援計画の立案やクライエントの会話において、必要以上の情報収集は行わない。
- ・実習を終えたあともクライエントやかかわった人の秘密を保持しなければならない。

2 ハラスメント

　ハラスメントとは、「嫌がらせや迷惑行為のこと」とされている。たとえば、セクシュアル・ハラスメント、パワー・ハラスメント、アカデミック・ハラスメントなどがある。加害者側は気にならなくても、相手が苦痛だと感じればハラスメントである。これらは人権問題であるため、加害者または被害者のどちら側にもならないよう、人権に対しては常に意識を高くもって実習に臨まなければならない（本章第5節参照）。

3 感染症対策

　実習を行うにあたっては、感染症に対する知識をもち、適切な対策を取るよう心がけなければならない。たとえば、はしか、ノロウイルス、O157、疥癬・皮膚疾患などが挙げられる。

　これら感染症は、かからないことと、利用者の生活の場等に持ち込まないことが非常に重要である。クライエントの生活の場で実習を行う場合は、感染症対策の重要性を認識していることが必要である。実習生は発症に至らなくても、保菌者となり得ることを自覚しなければならない。健康者は軽症で済むような症状でも、幼児や高齢者、免疫力の低下した利用者にとっては死に至る危険性があることを認識し、軽く考えないことが求められる。

5　実習における自己学習の方法

　教育評価の観点から、実習生が実習過程において行う自己学習の例を**表1-12**に示す。

　実習教育にあたっては、実習過程で作成したり収集したりした評価情報を順序立てて整理し、ファイリングするなどして学びを蓄積していく

表1-12　教育評価の観点からみる実習過程における自己学習の例

実習過程 / 評価主体	実習前	実習中	実習後
実習生	【学習目的】 ・評価の概要（意義・目的・方法等）の理解 ・実習目標（厚生労働省通知、ソーシャルワーク実習指導・実習のための教育ガイドライン、シラバス）の確認 ・評価項目、評価尺度、評価基準、評価方法の確認 ・評価表の内容の確認 ・実習準備状況、習熟度、コンピテンシー等の確認 ・施設の事前訪問の実施	【学習目的】 ・自己評価（評価表を用いて中間評価を実施） ・実習計画の進捗状況の確認 ・ガイドラインと実習内容との対応関係の確認 ・実習課題の達成状況の確認 ・実習記録の確認	【学習目的】 ・自己評価（評価表の記入） ・教員との評価表の確認 ・他者評価（ほかの実習生とのグループワーク） ・実習報告書の作成（実習の総括） ・実習後のアンケート等の実施 ・実習報告会での報告（実習の総括）
	【管理目的】 ・履修要件、進級要件の確認 ・実習契約書、合意書の確認 ・実施日数、期間、時間の確認 ・ポートフォリオ[★]の作成	【管理目的】 ・実施日数、時間の確認 ・出勤簿の確認	【管理目的】 ・実施日数、時間の確認 ・出勤簿の確認 ・修了証明書の確認

とよい。たとえば、ポートフォリオ評価の観点から、学習の成長や変容を多面的・長期的に評価し、新しい学習に活かすために作品を集める。学生用ポートフォリオの場合は、成長や到達点の把握と自己理解等に資することになる。

★**ポートフォリオ**
学習の過程で使用した資料や作成したワークシートなどを集めて整理したもの。

実習における
スーパービジョン

学習のポイント

● ソーシャルワーク実習および実習指導で行われるスーパービジョンの概要を理解する
● スーパーバイジーとしての実習生の権利を理解する

1 スーパービジョンの主な目的

　本節では、ソーシャルワーク実習ならびにソーシャルワーク実習指導において行われるスーパービジョンの概要を確認する。なお、実習スーパービジョンの意義やスーパーバイザーおよびスーパーバイジーの役割などの詳細については第4章第1節で説明する。

　実習におけるスーパービジョンは、スーパーバイザーである実習指導者および実習指導担当教員とスーパーバイジーである実習生との間のコミュニケーションによって展開される。そして、実習生が、ソーシャルワークの価値・知識・技術等を統合して実践を展開することができるようになるとともに、教育目標を達成するため実習指導者および実習指導担当教員との間で定期的または不定期（随時）に行われる教育・学習活動である。

　カデューシン（Kadushin, A.）は、ソーシャルワークにおけるスーパービジョンを次のように定義している。「スーパーバイザーが、良好な人間関係のコンテキストにおいてスーパーバイジーとかかわり、管理的、教育的、そして支持的機能を果たすことである。スーパーバイザーの究極の目標は、機関の方針と手順に従って、クライエントに対し量および質ともに可能な限り最善のサービスを提供することである。スーパーバイザーはクライエントに直接サービスを提供しないが、そのサービスを提供するスーパーバイジーに影響を与えるので、提供されるサービスレベルに間接的に影響を及ぼすといえる[1]」。

　実習生が考えた実習目的を達成するためには、一定期間内、または必要に応じてスーパービジョンを実施することが重要である。実習生は、プログラムの進捗状況の確認、体験した内容の確認、講義や指示内容等に関する理解度の確認、ジレンマやトラブルに対する助言・指導等を

スーパーバイザーから受ける必要がある。スーパービジョンの実施のタイミングは、毎日の実習終了後またはプログラム終了後に振り返りと課題整理のための時間と機会として設定すると効果的である。

なお、現場実習におけるスーパービジョンとして、公益社団法人日本社会福祉士会・実習指導者養成研究会は、**表1-13** の内容を挙げている。

表1-13　現場実習におけるスーパービジョンの内容

① 契約事項（＝プログラム）の進捗確認
② 体験内容の消化・未消化の確認
③ プログラム・指導方法の軌道修正・変更
④ 実習生の関心事項の深化
⑤ 肉体的・精神的な状況への配慮
⑥ 実習上の諸トラブル（対利用者・職員関係等）への対処

2 スーパービジョンの機能

スーパービジョンは主に三つの機能から構成されている。

1 管理的機能

　管理的機能とは、一般的には、スーパーバイザーが施設や機関の運営管理を行う立場としてスタッフに直接かかわり、目標の達成に向け、所属する組織の方針や手続きに基づき、明確に規定された運営管理を行う機能のことをいう。

　実習においては、ソーシャルワーク実習が適切に行われるための環境整備や進捗状況の管理などを行う機能となる。具体的には、実習生の健康管理、実習目標の達成状況、実習時間や出退勤の管理、職場内外の連携や協力状況を把握するため職員や多職種との調整、実習評価に係る指導などがある。

　スーパーバイジーである実習生の姿勢としては、自分自身の心身の健康状態、出退勤の状況などを報告することを怠らないように心がける必要がある。それが、クライエントの権利を守ることになるとともに、効果的な実習遂行につながるといえる。

2 教育的機能

　教育的機能とは、一般的には、スタッフが業務を効果的に実施するた

めに必要となる学習をスーパーバイザーが支援することであり、専門職として何をすべきかの方向性を示し、チームワークに必要な誠実さなどを身につけさせる機能のことをいう。

実習においては、当該実習施設・機関の対象となるクライエントの理解のための指導、実習施設・機関において求められる知識や技術の確認と指導、実習生が作成した実習計画の目標達成に向けた課題の確認、新たな課題の設定などを行う機能となる。

スーパーバイジーである実習生の姿勢としては、クライエントの支援にあたって、必要となる知識をどの程度身につけているのか、どこまで実施できる準備を整えているのか、何がわからないのかなど、自身の学習上の発達段階を可能な限り正確に説明することが求められる。実習生がそのような発信をすることにより、スーパーバイザーは、実習生の状況に合わせた助言・指導を行うことができるようになる。

■3 支持的機能

支持的機能とは、一般的には、スーパーバイジーが業務上のストレスや困難さに対応するための手助けをスーパーバイザーが行うものであり、業務遂行に必要となる態度や感情を育てる機能のことをいう。

実習においては、実習生の実習への意欲や目的意識をもって学習に臨む気持ちを支え、主体的に課題解決に取り組んでいくことを促す機能である。

実習生は、実習中に**倫理的ジレンマ**に直面したり、実習計画が思い通り進まなかったりすることなどにより、自信の喪失や自己肯定感の低下が生じる場合がある。そのため、スーパーバイジーである実習生の姿勢としては、上記のような状況にある場合は、日々の振り返りや巡回指導の時間を積極的に活用し、率直にスーパーバイザーに相談し、具体的な解決方法や対応方法を話しあう機会をもつことが求められる。クライエントとのかかわり方の確認や**燃え尽き症候群（バーンアウト）**の防止、実習計画の見直しなどにつなげることが可能となる。

3 スーパーバイジーの権利

実習生は、実習前に学習したソーシャルワークの価値・知識・技術等を活用しながら、教育目標の達成を目指して実習に取り組むことにな

る。初めて現場に出てクライエントとかかわるような場合は、自分自身で感情や学習の進捗を管理・調整することが困難に感じたり、不安やジレンマを抱えたりすることがある。そのようななかで実習を遂行するにあたり、スーパーバイザーから適切なスーパービジョンを受けることが保障されていることは実習生にとって大きな支えとなる。

　適切なスーパービジョンを求めることは実習生の権利であり、よりよいソーシャルワーク実習とするために必要不可欠である。定期的に実施するスーパービジョンだけではなく、不定期（随時）にスーパービジョンを求めることが、スーパーバイジーとしての権利であり、役割といえる。

4　実習スーパービジョンの二重構造

　ソーシャルワーク実習においては、実習指導担当教員と実習指導者がスーパーバイザーとなることから、「実習スーパービジョンの二重構造」と称されている（第4章第1節図4-2参照）。実習生は、「ソーシャルワーク実習指導」の科目を履修した段階から養成施設・養成校の実習指導担当教員からスーパービジョンを受けることになる。実習期間中は、主に実習指導者のスーパービジョンを受けることになり、実習指導担当教員からは巡回指導時または随時スーパービジョンを受けることになる。

　このように、実習期間中は、異なるスーパーバイザーによるスーパービジョンが行われることになる。実習生は、それぞれの役割を理解し、実習指導担当教員と実習指導者との間で、スーパービジョンのあり方や指導の方向性、目標および評価方法等について話しあい、共通認識を図りながら実習を進めてほしい。

◇引用文献
1）A. カデューシン・D. ハークネス，福山和女監，萬歳芙美子・荻野ひろみ監訳，田中千枝子責任編集『スーパービジョン イン ソーシャルワーク 第5版』中央法規出版，p.19，2016.

● 教育評価の意義、目的、領域の概要について理解する
● 科目通知に規定された実習評価の考え方や必要性を理解する
● 実習過程（実習前→実習中→実習後）における評価の内容と方法について理解する
● 「ソーシャルワーク実習指導ガイドライン」と「ソーシャルワーク実習教育内容・実習評価ガイドライン」の意義と内容について理解する

1 評価の意義

　教育とは「教育目標を中心に、それを達成することに関連した生徒の能力・適性、指導計画、指導内容、指導法、評価法等が有機的なシステムを形成した存在である[1]」とされている。つまり、評価は、教育システムにおいて欠かすことができない教育活動の一つに位置づけられていることがわかる。評価と聞くと達成できなかったことや失敗したことに焦点を当て、実習後の成績評価だけを指しているというイメージがあるかもしれないが、そのような認識は誤りである。重要なことは、評価とは成長への手がかりを見出すための前向きなエンパワメント実践だということである。そして、クライエントや社会の福利（ウェルビーイング）を実現するためには、実習生が自身のソーシャルワークに関する価値・知識・技術の理解・習得状況を可能な限り正確に把握し、理解することが必要となる。

　実習教育は目標志向の教育であり、「実習前→実習中→実習後」という実習過程の学習の流れを重視し、各段階で設定された教育目標（達成目標と行動目標）を達成するために準備されたプログラムを系統的に学習するものである。そして、各科目において設定された教育・学習目標の達成度や理解度等を確認するための教育・学習活動が「実習教育評価」である。

　教育目標（達成目標と行動目標）となるのは、厚生労働省の「通知」ならびに一般社団法人日本ソーシャルワーク教育学校連盟の「ソーシャルワーク実習指導ガイドライン」「ソーシャルワーク実習教育内容・実

習評価ガイドライン」である（巻末資料参照）。

　実習教育評価の対象となる科目は、「ソーシャルワーク実習指導」と「ソーシャルワーク実習」の二つである。実際に評価を行う「評価主体」は、❶実習生、❷実習指導者、❸実習指導担当教員、の三者であり、実習目標や実習計画の達成度、課題の確認等を行う。

2　評価の目的

　教育評価は、**表1-14**のように、指導目的、学習目的、管理目的、研究目的の四つに分類することができる。これらは、収集した評価情報をどのような種類の教育決定の目的に用いるのかという視点から分類したものである。

表1-14　教育評価の分類と目的

分類	目的
指導目的	教師のような指導者の立場からの利用であり、より効果的な指導法や指導計画の決定の見地から評価を利用する。
学習目的	学習者自身が評価の当事者となり、自己評価や相互評価の形で評価を行い、それによって学習の自己改善を図ろうとする。
管理目的	学級や学習グループの編成、成績の記録・通知、高校・大学等における入学選抜決定や企業体での採用決定、各種の資格認定等において利用する。
研究目的	社会の要請にこたえる教育課程（カリキュラム）の研究開発、効果的な指導法や教材・教具の研究開発などの目的に評価を利用する。

出典：橋本重治，応用教育研究所編『教育評価法概説 2003年改訂版』図書文化，pp.12-14，2003.　をもとに筆者作成

　実習生の立場からいえば、学習目的としての評価を行うことを実習前から意識し、実習前・実習中・実習後に用意されているプログラムと目標に対して、一つひとつ丁寧に取り組んでいくことが求められる。

　教育評価の目的の観点から実習過程における具体的な評価のための活動を整理したものが**表1-15**である。なお、実習教育評価にあたっては、「ソーシャルワーク実習指導」および「ソーシャルワーク実習」を分けて整理する必要があるが、ここでは「評価の目的の確認」にしぼり、「ソーシャルワーク実習指導」における評価の具体的内容について例示する。

表1-15 「ソーシャルワーク実習指導」における評価目的別にみた
　　　　教育評価の内容の例

	教育評価の内容の例
指導目的	【実習前評価として】 　より効果的な実習指導の方法や指導計画を決めるために実施する。 ①　学生の性格、特徴、学力、興味等に関する情報を収集するためにコンピテンシー・アセスメントの記入を行う。 ②　通知「教育に含むべき事項」および「実習教育内容・実習評価ガイドライン」の項目に関する確認を行う。 ③　「ソーシャルワーク実習指導」の授業の進捗に学生がついていけないことが起こらないよう、プログラムの目標、理解度や達成度を確認する。 【実習中評価として】 　巡回指導および帰校を通して実習生の心身の状況、実習計画の進捗状況等を確認する。 【実習後評価として】 ①　これまでの指導計画や指導方法等、指導結果の反省と改善を行う。 ②　カリキュラムの効果の反省と改善を行う。 ③　評価基準の妥当性について検討する。
学習目的	学生自身が自己評価や相互評価を通して学習の自己改善を図るために実施する。なお、教員側からは、常にその学生の評価情報を流す必要がある。 【実習前評価として】 ①　学生によるコンピテンシー・アセスメントの実施。 ②　通知「教育に含むべき事項」の項目に関する理解度や達成度の確認。授業中に実施した振り返りシート、レポート、成績物等の返却と確認。 ③　授業中の教員の発問への対応。 ④　事前学習の実施。内容に関する自己評価・相互評価の実施。 ⑤　グループワークへの参加状況や発言状況の確認。　　など
管理目的	【実習後評価として】 　主に実習後評価の目的として該当する。 ①　出席状況（出席簿）の記録と管理。 ②　成績の決定と記録。 ③　各種テストやレポート等の実施と管理。 ④　最終的には社会福祉士国家試験受験資格の証明。　　など
研究目的	「ソーシャルワーク実習指導」および「ソーシャルワーク実習」の二つの科目について、社会の要請に応えるカリキュラムの研究開発、指導方法や教材の研究開発、実習ノートや評価表の開発、巡回指導の方法の検討などの目的に評価を利用する。

3　教育評価の領域

　教育評価の領域とは、❶学習の評価、❷入力的諸条件の評価、❸教育計画・指導法の評価のことをいう。それぞれの評価領域は、相互に関連があるため、その評価結果の解釈や利用においても、相互に緊密に関連させて考えなければならない。[2] 領域と内容を整理したものが**表1-16**である。通常、評価といえば、各科目のシラバスにも書かれているように、

表1-16 教育評価の領域と内容

領域	内容
❶学習の評価	・教科の評価、学習成果の評価、学力の評価等ともいう。 ・学校教育のカリキュラム目標に関する評価領域を指す。
❷入力的諸条件の評価	・学生の能力・適性・行動特性・健康状態・環境の影響など学生自身の状況のことをさす。 ・収集した情報は成績をつけるためのものだけではなく、学生自身による自己理解と指導者側による学生理解のためにも活用される。 ・内容： ①知能・適性の評価、②性格・行動・道徳性の評価、③身体・健康の評価、④家庭その他の環境（交友関係等）の評価
❸教育計画・指導法の評価	・カリキュラムや指導法など学校や教師側の処遇（処置）方策のこと。 ・個々の生徒に関しての評価と異なって公共的性格のものであり、研究目的の意味合いが強い。 ・学校の施設、設備、教職員、学校経営等も対象となることがある。

❶に該当する学習成果や成績の評価についてのみ整備しているように思われる。しかしながら、❷および❸のように実習の遂行に影響する項目が含まれているため、教育する側の実習指導担当教員や実習指導者も、評価の範囲を把握している。特に、❷に含まれる事項は、実習を遂行するために必要な情報であるため、実習指導担当教員は実習生の状況把握に努めている。実習生は万全な状態で実習に臨むことができるよう、評価について疑問があった場合は、実習指導担当教員に事前に確認をしておくとよい。

　実習教育に照らし合わせると、❷「入力的諸条件の評価」の四つの内容は、実習生自身による自己理解や実習指導担当教員と共有が必要な健康状態の把握といったアセスメントとしてみなすことができる。

1 性格・行動・道徳性の評価

　科目「ソーシャルワーク演習」の教育内容に含まれている自己覚知や価値観等の理解となる。ソーシャルワーク専門職として自己の価値観や行動特性を理解していることがコンピテンシーの一つとなる。

2 身体・健康の評価

　実習生自身が身体・健康の状態を把握することは、ソーシャルワーク実習を遂行するうえで欠かすことができない。社会福祉士ならびに精神保健福祉士の双方の通知において、健康状態の確認や実習中のリスク管理等に関する事項が定められている（表1-17）。身体・健康に関する情報について把握することは、実際の援助場面においてクライエントの

表1-17　健康状態に関する事項

> 【社会福祉士養成】
> 10　実習に関する事項
> 　⑷　実習内容、実習指導体制及び実習中のリスク管理等については実習先との間で
> 　　十分に協議し、確認を行うこと。
> 　⑼　ソーシャルワーク実習を実施する際には、健康診断等の方法により、実習生が
> 　　良好な健康状態にあることを確認した上で配属させること。
> 【精神保健福祉士養成】
> 10　実習に関する事項
> 　⑻　実習内容、実習指導体制及び実習中のリスク管理等については実習施設等との
> 　　間で十分に協議し確認を行うこと。
> 　⑼　実習を実施する際には、健康診断等の方法により、実習生が良好な健康状態に
> 　　あることを確認した上で実施すること。

利益を守るとともに、実習生の学習を保障することにもなる。

3 家庭その他の環境の評価

　家族関係において何らかの問題や悩みを抱えている場合、実習生の心身の健康状態に何らかの影響が現れたり、実習遂行に影響を及ぼしたりすることが考えられる。また、家族のサポートによって実習を最後までやり遂げることができる場合もある。したがって、実習配属の前に本人との面談の機会をもつなどして対話を重ね、情報の把握と共有化を図っておくことが大切である。

4 実習評価に関する法令上の規定

　国家資格の養成教育であるため、学習の成果や専門性を担保するための評価についても通知に規定されている。実習評価については、実習指導に関する規定として明記されている。まずは、実習指導担当教員および実習指導者が意味と内容を理解し、実習生が適切な教育・学習を受けることができるよう準備を整える必要がある。実習生は、ソーシャルワーク専門職としてその役割を果たしていけるようになるため、実習指導における評価の対象を理解し、自分自身の学習の向上につなげることが必要である。

　実習評価は、養成施設および学校の設置及び運営に係る指針において**表1-18**のように規定されている。教育評価の観点からいえば、❶達成度評価、❷個別指導、❸評価基準、❹評定、❺自己評価、の五つがキーワードとなる。

表1-18　実習指導における評価に関する事項

【社会福祉士養成】

10　実習に関する事項

　(8)　ソーシャルワーク実習指導を実施する際には、次の点に留意すること。

　　ア　ソーシャルワーク実習を効果的に進めるため、実習生用の「実習指導マニュアル」及び「実習記録ノート」を作成し、実習指導に活用すること。

　　イ　実習後においては、その実習内容についての達成度を評価し、必要な個別指導を行うこと。

　　ウ　実習の評価基準を明確にし、評価に際しては実習先の実習指導担当者の評定はもとより、実習生本人の自己評価についても考慮して行うこと。

【精神保健福祉士養成】

10　実習に関する事項

　(10)　ソーシャルワーク実習指導を実施する際には、次の点に留意すること。

　　ア　ソーシャルワーク実習を効果的に進めるため、実習生用の「実習指導マニュアル」及び「実習記録ノート」を作成し、実習指導に活用すること。

　　イ　実習後においては、その実習内容についての達成度を評価し、必要な個別指導を行うこと。

　　ウ　実習の評価基準を明確にし、評価に際しては実習施設等の実習指導者の評定はもとより、実習生本人の自己評価についても考慮して行うこと。

---

1 達成度評価

　「達成度」とは、教育目標がどの程度達成されたのかを表すレベルをいう。達成度を評価するためには、評価する対象となる実習内容と評価尺度（基準・規準）が明示されている必要がある。基本的には、通知の科目の教育内容（ねらいおよび教育に含むべき事項）が評価基準となる。達成度を評価するためには、通知の教育内容よりもさらに具体的かつ細分化された行動目標の設定が必要となる。したがって、日本ソーシャルワーク教育学校連盟の「ソーシャルワーク実習教育内容・実習評価ガイドライン」の教育目標（達成目標および行動目標）のうち行動目標を達成度評価の項目に設定するとよい。実習内容は実習先の種別・施設ごとに異なるため、可能な限り明確な行動目標とそのサブゴールを事前に決めておく必要がある。

　教育評価においては「到達度評価」という名称で研究・実践が行われており、到達と達成はほとんど同義語と解しても大きな支障はないとされている[3]。したがって、到達度評価を参考に、達成度評価の実施手順を確認する（**図1-2**）。

　達成度を判定するためには「十分達成」「おおむね達成」「達成が不十分」などの尺度、または分割点が必要となる。たとえば、正答率80%以上は「十分達成」、60%以上は「おおむね達成」、正答率60%未満は「達成が不十分」というように設定する（**図1-3**）。これらを判断するにあたっては、知識、理解、思考、技能、態度といった目標領域を明確にし、具

図1-2　到達度評価の実施手順

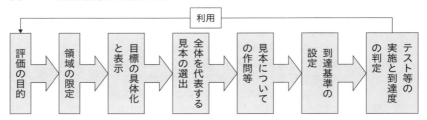

利用

評価の目的 → 領域の限定 → 目標の具体化と表示 → 見本の選出 → 全体を代表する見本についての作問等 → 到達基準の設定 → テスト等の実施と到達度の判定

図1-3　分割点（達成基準）の設定の例

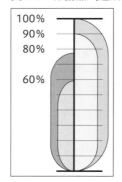

100%
90%
80%
60%

A：小項目の課題を達成し、さらにそれを上回る成果を収めた（達成度が90％以上）

B：小項目の課題を十分達成した（達成度80％以上90％未満）

C：小項目の課題をおおむね達成した（達成度60％以上80％未満）

D：小項目の課題をあまり達成できなかった（達成度60％未満）

NA：該当しない・体験していない

体的な行動目標を立てる必要がある。各養成校で使用している評価表や評価尺度を確認し、自分が実習する施設・機関における実習目標を達成するために必要となる知識、理解、思考、技能、態度を整理するとよい。

なお、ソーシャルワーク実習の評価の対象となる実習経験は、量的基準を設定して測定または判定することが困難である。したがって、具体的な実習経験に対してどのような評価基準があるのかを実習にかかわる三者（実習生、実習指導者、実習指導担当教員）で実習前に確認し、合意を得ておくことが必要となる。

また、達成度評価は、100％習得のみを到達とする考え方は完全主義すぎて現実的ではなく、0％から100％の到達まで連続体をなすとする考え方である。したがって、到達度評価および測定は、達成の連続体を測定の基準あるいは尺度として、一人ひとりの実習生の習得がこの尺度のどの点に位置しているかを決定する評価活動である。

▌2 個別指導

実習を遂行するためには、実習上の課題の確認や解決、実習計画や目標の達成状況の確認、補足指導の必要性の確認など、個別指導によるフィードバックが効果を発揮する場面が数多くある。したがって、個別指導の効果的な実施方法および実施時期についてあらためて確認してお

くことが重要である。また、通知では、実習後の達成度評価を踏まえて個別指導を行うこととされている。

達成度評価と個別指導は連続性のある一体的な教育活動である。したがって、個別指導にあたっては、的確な達成度評価が行われることが前提となる。達成度評価と個別指導は一体であるということは大きな意味をもっている。達成度評価の目的の一つは、一人ひとりの学習を成功させ、伸ばす点と改善点を明らかにして、次の段階の学習目標に向けて利用することにある。実習生は、実習指導担当教員や実習指導者によるスーパービジョンを受け、実習内容や目標に対する達成状況を的確に把握する必要がある。具体的には、達成できたことと達成できなかったことを整理し、その理由を丁寧に解きほぐし、正確に理解することが求められる。個別指導を実施することにより、実習評価表に記載してある評定（優・良・可、ABCDE など）を確認して終わるのではなく、評定の理由や特記事項等の確認が可能となる。

また、個別指導は形成的評価として実習目標の達成状況や学習の進行状況に関するフィードバック機能を有している。実習中の体験や気づき、反省点などを行動の改善に結びつけることができたか、個別指導を積極的に行うことが重要である。

■3 評価基準

評価基準は、教育目標をどの程度達成できたのかを測定するための基準となる。「基準」はスタンダードを意味しており、掲げた目標について「どの程度できたか」、また「十分達成・おおむね達成・達成が不十分」というように程度を確認するものになる。

また、教育評価においては「規準（クライテリオン）」という用語がある。基準と異なり、「□□ができる」「○○が言える」「△△がわかっている」というように、具体的な行動の形で表現する。日本ソーシャルワーク教育学校連盟が作成した「ソーシャルワーク実習教育内容・実習評価ガイドライン」の教育目標（達成目標と行動目標）は、「規準」に該当する。専門職養成にあたっては、実習終了後に何ができているようになっているかが重要である。したがって、スタンダードである「基準」と「規準」の両方を念頭に置いて学習を進めることが大切である。

■4 評定

評定とは、3段階評定や5段階評定というように、学業成績等につ

いて評価した結果を数字や文字など抽象的な符号で総括的に表したものをいう。養成校によって評定の段階は異なっており、多様な選択肢が用いられる。

評定の注意点は、実習内容によって尺度や選択肢どおりにできない場合があるということである。たとえば、教育目標のなかに頻度が問われる活動があった際、もし実習中に実施する機会が1回しか得られない場合は、評定尺度に対する行動が合っていないということになる。そして、質的なレベルについても同様に、回数が少なければ質的な側面の評価は困難となる。したがって、実習生としては、目標（ゴール）に対して、どのような意図をもって取り組んだのかを意識し、できたこととできなかったことを実習指導者や実習指導担当教員に説明できるようにすることが重要である。

5 自己評価

自己評価（self evaluation）とは、評価資料収集のための技法の一つであり、自己評価そのものが効果的な学習活動である。また、自己評価は、問題解決能力や学習意欲を支えるメタ認知能力★を育成する観点からも重視されている。学校心理学においては、「学習者が学習スキルを習慣化し、有効に活用できるようにするためには、学習者自身が自分の理解状態をモニター（監視）したり、当該の問題解決にどんな知識や方法が有効かを考え、行動をコントロールする「メタ認知的方略」を修得する必要がある[4]」とされている。

ソーシャルワーク実習においては、実習生自身が評価の主体となって自分の現状を振り返り、記述することが大きな意味をもつ。また、他者評価に伴いやすい他律性、受動性、不安等の弊害を免れることも意味がある。自己評価を行うことにより、実習指導担当教員や実習指導者による評価の限界と不足を補うことにもつながる。実習指導者と自己評価の結果および情報を共有し、スーパービジョンを実施して次の段階の学習や活動につなげていくという意識が大切である。

実習の場面では、実習生の姿勢や意欲が評価の対象として大きな割合を占めている。しかし、姿勢や意欲は、第三者が正確に評価することは難しい。自己評価を通じて実習指導担当教員や実習指導者に伝えられることになるが、実習生の言語化のスキルが求められるため、実習前のトレーニングが必要である。

なお、通知では達成度評価が重視されているが、実習評価においては、

★メタ認知能力
「メタ」とは「高次の」という意味である。メタ認知能力とは、自己の認知活動（知覚、記憶、学習、言語、思考など）をより高い視点から捉える能力のことをいう。認知活動を把握し、見直すことにより学習や問題解決の向上につながる。

実習終了後に「できた・できない」という結果を測定するだけではなく、「どのような人とコミュニケーションがうまくとれたのか」、逆に「どのような人とうまくとれなかったのか」というような分析も大切である。また、「意欲や目標をもって取り組んだにもかかわらずできなかった」ということや、その逆のケースも起こり得る。達成度を確認する際も、自己評価を活用し、❶達成できた理由や要因、❷できなかった理由や要因、といった双方を意識しなければならない。

　自己評価の方法としては、自己採点、自由記述、自己評価票（カード）・ワークシート、チェックリスト・質問紙などがある。

5　実習過程の各段階で実施する評価の内容

　実習評価は、実習過程（実習前→実習中→実習後）の各段階で行われ、学習の積み上げとプロセスを重視する。**表 1-19** は、実習過程の各段階において、実習生、実習指導担当教員、実習指導者が実際に行う評価活動について評価目的ごとに整理したものである。各段階でさまざまな評価活動があることがわかるだろう。

　収集した評価情報の活用方法は多様である。ソーシャルワーク実習に向けた学習への備えになるだけではない。実習施設・機関への事前訪問がある場合には、実習指導者から学習成果の提示を求められたり、逆に積極的に提示したりする際の材料として用いることもできる。また、情報の種類によっては、実習指導担当教員と実習生の双方の立場でポートフォリオとして活用することもできる。

　実習評価という場合には、ソーシャルワーク実習中の実習生の実践能力や目標達成度といった実習生側の情報を収集したり、結果を処理したりするだけでは十分とはいえない。実習前から実習後に至るまでの実習の流れを意識し、各段階で適切な評価活動を行うことが求められる。さらに、実習に関係するそれぞれが評価の実施主体であるという認識が必要である。また、ソーシャルワーク実習は実習指導者による評定によって最終評価を迎えることになるため、評価全体における評定結果の扱いや実習生へのフィードバックの方法等についてもあらかじめ確認しておく。

　実習生は、学習の主体として自分の実習がどのような評価によって支えられているのかを再認識して学習に臨むことが求められる。実習生が実施する評価活動は、基本的には学習目的のため、自己評価という方法

表1-19　評価主体別にみた実習過程における評価活動の例

実習過程 / 評価主体	実習前	実習中	実習後
実習生	【学習目的】 ・評価の概要（意義・目的・方法等）の理解 ・通知の教育内容（ねらいと教育に含むべき事項）の確認 ・実習指導ガイドライン、実習教育内容・実習評価ガイドライン（日本ソーシャルワーク教育学校連盟）の確認 ・評価項目、評価尺度、評価基準、評価方法の確認 ・評価表の内容の確認 ・実習準備状況、習熟度、達成目標等の確認 ・実習施設・機関の事前訪問の実施	【学習目的】 ・自己評価（評価表を用いて中間評価を実施） ・実習計画の進捗状況の確認 ・ガイドラインと実習内容との対応関係の確認 ・実習課題の達成状況の確認 ・実習記録の確認	【学習目的】 ・自己評価（評価表の記入） ・教員との評価表の確認 ・他者評価（ほかの実習生とのグループワーク） ・実習報告書の作成（実習の総括） ・実習後のアンケート等の実施 ・実習報告会での報告（実習の総括）
	【管理目的】 ・履修要件、進級要件の確認 ・実習契約書、合意書の確認 ・実施日数、期間、時間の確認 ・ポートフォリオの作成	【管理目的】 ・実施日数、時間の確認 ・出勤簿の確認	【管理目的】 ・実施日数、時間の確認 ・出勤簿の確認 ・修了証明書の確認
実習指導担当教員	【指導目的】 ・評価の概要の説明 ・通知、ガイドライン、評価表を踏まえた評価項目、評価尺度、評価基準、評価方法の説明 ・各実習施設・機関における実習内容の確認 ・達成目標の確認とアセスメントの実施 ・ルーブリック作成	【指導目的】 ・巡回指導、帰校日指導での実習状況の確認 ・実習記録ノートの記入状況の確認 ・計画の進捗状況の確認 ・各実習施設、機関における実習内容の確認	【指導目的】 ・評価表の記入内容の確認と指導 ・各実習施設・機関における実習内容の確認
	【管理目的】 ・ポートフォリオ評価の準備と指導 ・授業中に実施した振り返りシート、レポート、成績物等の返却と確認 ・成績の基準、単位認定の説明 ・国家試験受験の説明 ・実習の要件（実習時間、実習施設の資格要件）の確認 ・実習契約書、合意書の説明	【管理目的】 ・実施日数、時間の確認 ・実習記録ノートの記入状況の確認	【管理目的】 ・実習日数の最終確認 ・実習記録ノートの確認 ・単位認定 ・実習指導者への評価内容の確認（必要に応じて実施）
	【研究目的】 ・アンケート調査等の実施 ・各実習施設・機関における実習内容の確認 ・評価方法の検討	【研究目的】 ・アンケート調査等の実施 ・各実習施設、機関における実習内容の確認	【研究目的】 ・授業評価の実施 ・事後アンケート調査の実施 ・各実習施設・機関における実習内容の確認

	【指導目的】 ・事前訪問の実施 ・実習計画書作成の指導	【指導目的】 ・実習状況の確認（実習生の言動の観察、職員からの情報収集） ・評価表の記入（中間評価）	【指導目的】 ・評価表の記入（総括評価）
実習指導者	【管理目的】 ・実習契約書、合意書の確認 ・実習期間、時間の確認 ・実習記録ノートの提出方法の確認	【管理目的】 ・出勤状況、日数、時間の確認	【管理目的】 ・修了証明書の発行
	【研究目的】 ・実習受け入れや指導に関するアンケート調査等の実施	【研究目的】 ・実習指導、実習内容等に関する実習生の意見の確認	【研究目的】 ・実習生へのアンケートの実施 ・実習受け入れおよび指導に関する研究会の実施 ・実習報告会への出席

指導目的…より効果的な指導法や指導計画の決定の見地から利用
学習目的…自己評価や相互評価の形で評価を通じて学習の自己改善を図る
管理目的…学習グループの編成、成績の記録・通知、資格認定等に利用
研究目的…カリキュラムの研究開発、効果的な指導法や教材の研究開発などに利用

によって実施される場合が多い。

　なお、評価活動はスーパービジョンとして実施されるものが多いため、**表1-19**にはスーパービジョンに関する内容は記入していない。

6　ソーシャルワーク実習教育内容・実習評価ガイドライン

　通知に規定された教育内容をより具体的かつ効果的に展開するため、日本ソーシャルワーク教育学校連盟では、2020（令和2）年度のカリキュラム改正を踏まえ、「ソーシャルワーク実習指導ガイドライン」と「ソーシャルワーク実習教育内容・実習評価ガイドライン」を作成した。実習評価の基準となるのが「ソーシャルワーク実習教育内容・実習評価ガイドライン」である。本ガイドラインは、国家資格養成の通知に準拠しつつ、教育評価の観点から目標設定や計画立案の基準および規準として作成したものであるため、実習生、実習指導者、実習指導担当教員が共通認識をもつことが重要である。

　ソーシャルワーク実習の教育内容の中核となる教育目標は、通知の教育内容に示された「ねらい」が該当する。しかしながら、実習種別や対象によって実習内容や学習経験は異なり、実習評価の項目としては抽象的であるため、評価軸としては妥当ではない。そして、通知の「教育に

含むべき事項」は、ソーシャルワーク実習のねらいを達成するための最低限の実習経験が示されたものである。

　また、通知は具体的な行動目標として表されたものではないため、達成度を測定するのは難しく、実習生と実習指導者の双方が同じ評価基準をもつことができない可能性がある。その問題を解決するため、教育内容をより具体的に示したのが「ソーシャルワーク実習教育内容・実習評価ガイドライン」である。

　本ガイドラインは、科目「ソーシャルワーク実習」の通知に規定された「教育に含むべき事項」を踏まえ、「達成目標」と「行動目標」からなる「教育目標」を提示した。「達成目標」は、実習生が実習を終えたあと、「どのような行動を取れるようになればよいか」を示したものであり、実習の結果としての状態を表している。「行動目標」は、達成目標をより具体的に、観察可能な行為として、説明できる、図示できる、実施する、作成するなど、「できる」という形で行動目標化し、実習生の行動を表している。教育目標（達成目標・行動目標）においては、「理解する」という概念的言葉は理解したレベルや内容が不明確であるため使用は避け、測定可能な具体的な行為を示す指標を用いている。

　なお、ソーシャルワーク実習では、実習施設・機関の種別を問わず、ミクロ・メゾ・マクロのすべてのレベルにおいて支援（介入）の対象が存在している。したがって、本ガイドラインを使用して実習計画書の作成や評価を行う際は、実習施設・機関の利用者や事業内容を踏まえつつ、各レベルで想定される対象を念頭に置いた行動目標を設定することが必要となる。

◇引用文献
　1）橋本重治，応用教育研究所編『教育評価法概説　2003年改訂版』図書文化，p.10，2003.
　2）同上，p.27
　3）橋本重治『続・到達度評価の研究』図書文化，p.159，1983.
　4）水野治久・石隈利紀・田村節子・田村修一・飯田順子編著『よくわかる学校心理学』ミネルヴァ書房，p.117，2013.

◇参考文献
　・日本ソーシャルワーク教育学校連盟「『社会福祉士養成課程の見直しを踏まえた教育内容及び教育体制等に関する調査研究事業』実施報告書」2020.

第4節　実習の構造

- 実習のプロセスと実習にかかわるシステムのつながりから、実習の構造を理解する
- 実習にかかわるシステムを理解し、実習に向けて何をするべきかを考える

1　実習の構造の意味

　実習の構造は、時間の流れと空間（場所）、実習にかかわるシステムを構成している要素間のつながりから理解することができる。そこでここでは、実習の構造を、時間の流れを表す「実習のプロセス」と、空間（場所）によって規定されるシステムを構成している要素間のつながりを表す「実習にかかわるシステム」の二つから理解しておきたい。

　二つの関係性を表す図が**図1-4**である。図のように、時間の経過とともに実習に関係する空間（場所）は広がっていく。しかし、一つの施設で実習できる時間は長くない。時間の経過とともに空間（場・関係性）が「ゆっくり」広がっていくというイメージをもっていると、その期待

図1-4　実習の時間に伴う空間（場・関係性）の広がり

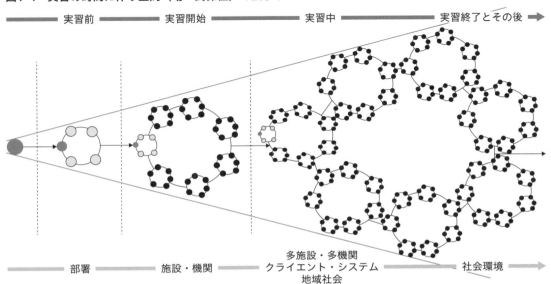

実習前　　　　　実習開始　　　　　実習中　　　　　実習終了とその後

部署　　　　　施設・機関　　　　多施設・多機関　　　　社会環境
クライエント・システム
地域社会

は簡単に裏切られる。

実習が始まってから実習施設・機関に少しずつ慣れていこうとすると、慣れたと感じた頃に実習期間が終わるという結果となり、ソーシャルワーカーとしての技能を高める実習の成果を得ることができない。実習の初日から、ソーシャルワーカーとしての技能を高めるための実習に取り組めるように準備を進めておく必要がある。

実習施設・機関は実習の受け入れの有無と関係なく、日頃から「多施設・多機関、クライエント・システム、地域社会」のつながりのなかでの役割・機能を果たしている。実習生は、実習施設・機関がすでに長い時間をかけて構築してきた多施設・多機関のつながりのなかに、ソーシャルワークを学ぶ実習生としていきなり入り込むことになる。ソーシャルワークの実習を展開するためには多くの人と出会い、限られた時間のなかで関係者との信頼関係を築くことが求められる。そのため実習生は、実習開始時点で、実習施設・機関とつながりがある多施設・多機関や地域社会の状況を具体的に知っておくことが必要となる。同時に、実習施設・機関に関連する「サービスや法律・制度」を知っておくことも必要である。

単に「職場を知る」「職種を知る」「つながりがある多施設・多機関を知る」「サービスや法律・制度を知る」ための時間は、実習の時間数には含まれていない。実習を通して、よりよくソーシャルワークの技能を高めるためには、これらは事前に「知っておく」ことが必要である。

図1-4は、実習前の時点では実習受け入れ先の部署との関係性を構築し、実習開始時においては実習施設・機関、実習中から実習後にかけては、実習施設・機関がもともともっていた多施設・多機関との関係性やクライエント・システムとの関係性、地域社会、そして、より大きな社会環境との関係性へと、時間の経過とともに空間（場・関係性）が広がっていくことを示している。この流れは、機能の異なる2か所の実習施設・機関での実習を行うのであれば、2か所とも同じ流れをたどる。2か所目の実習の日程が1か所目の実習に近い場合は、1か所目の実習の最中から、2か所目の実習の準備を行う必要もあるだろう。

ソーシャルワーク実習を初日から効果的にスタートさせるためには、前述の内容を調べたり、読んだりすることに加えて、関係性を構築する準備が必要である。そのためには、実習施設・機関に繰り返し訪問したり、インタビューをしたり、何らかの体験や課題に取り組んだりすることを繰り返しながら、実習の初日を迎えることが望ましい。

　このような現実を踏まえ、実習のプロセスをどう考えれば有効で効果的な実習とすることができるか、次に考えてみたい。

2 実習のプロセス

　実習のプロセスを考えるにあたり、実習中のみに焦点を当てるのではなく、❶実習施設・機関決定前、❷実習施設・機関決定後、❸実習中、❹実習後を「実習プロセスの全体像」として捉える。特に、❷実習施設・機関決定後からの準備は❸実習中のプログラムがすべてソーシャルワーク実習であるという考え方に基づいて、内容が検討されるべきである。つまり、ソーシャルワーク実習を始める前提になる「職場を知る」「職種を知る」ための取り組みは、❷実習施設・機関決定後に取り組む内容に含まれる。その結果として、❸実習中のすべての実習プログラムは、ソーシャルワークの価値規範や倫理、理論・モデル、法律・制度等の知識をもとに実践を行うための技能の習得と結びついていなければならない。それらをより具体的に説明したのが、一般社団法人日本ソーシャルワーク教育学校連盟によって作成されたソーシャルワーク実習教育内容・実習評価ガイドラインである。実習の全体像を表したのが**図1-5**である。

　現実的には、実習の当初は「実習施設・機関に慣れる」や「多様な専門職がどのようにそれぞれの専門性を発揮しているかを知る」「ソーシャ

図1-5　実習プロセスの全体像

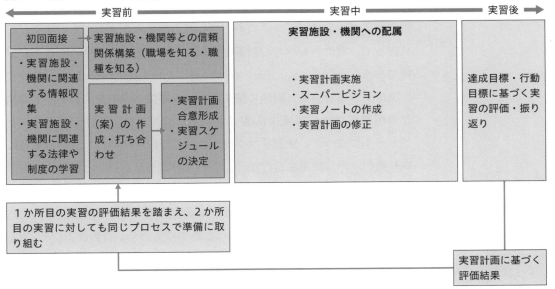

ルワークの専門性を知る」「活用されている法律や制度を知る」という経験は起き得るだろう。しかし、これら自体は実習の目標ではなく、実習に取り組むプロセスで発生する経験である。「実習施設・機関に慣れる」ということは起きるが、それはソーシャルワーク実習の目標ではない。同様に、ソーシャルワーカーがソーシャルワークを実践していれば「多様な専門職がどのようにそれぞれの専門性を発揮しているかを知る」「ソーシャルワークの専門性を知る」「活用されている法律や制度を知る」ということは日々起きる。ソーシャルワークを学ぶ実習生にもそれらは同様に経験されるが、それ自体は実習の目標ではない。以上のことから❷実習施設・機関決定後の取り組みの目標は、限られた実習時間の成果を最大化できるように準備することである。

　ミクロ・メゾ・マクロレベルのソーシャルワークの視点からみた❸実習中のプロセスは、それぞれの実習施設・機関によって異なる。ソーシャルワーカーがケースマネジメント機能をもっているような、個人の問題解決を中心に取り組む実習施設・機関等の場合は、実習もクライエント個人や家族とのかかわりからスタートする可能性が高い。一方で、個別のクライエントを特定しない地域社会をはじめとするコミュニティづくりや多職種・多機関間のネットワーク形成へのかかわりから始まる実習施設・機関等もある。問題解決に向けたチームづくりを実習の初めに学ぶ可能性もある。一概に、ミクロレベルの技術のトレーニングに最初に取り組むとは限らず、ミクロからメゾ、メゾからマクロというように小さい範囲から大きな範囲へという一方向に、実習におけるアプローチの対象が変化するわけではない。また、直接の変化に向けたアプローチの対象がミクロ・メゾ・マクロのどのレベルであったとしても、実習計画に従って、常に各レベルの関係を意識しながら取り組んでいくことが重要である。

　実習前の実習施設・機関に関する十分な知識の獲得や実習施設・機関との構築された信頼関係に基づき、実習計画・実習プログラム・スケジュールに従って、実習プログラムごとの目標を明確にしながら実習に取り組む。単に実習生自身が「こういう実習をしたい」と希望するものができるということではない。事前準備段階の「実習計画（案）の打ち合わせ」において、実習生が作成した実習計画（案）と実習受け入れ施設・機関が作成した実習プログラムとのすりあわせが行われる。そして、すりあわせた実習計画に従って実習が行われていくプロセスにおいて、実習指導者および実習指導担当教員による実習生への定期的なスーパー

ビジョンが行われる。実習の実施状況と実習生の技能の習得状況がモニタリングされながら、中間評価の状況に応じて、実習生にとってより効果的な実習計画へと修正されていく。

　実習期間終了時点には、ソーシャルワークのコンピテンシーに基づく実習効果の評価が行われなければならない。つまり、ソーシャルワークの実習として、当該実習施設・機関での実習期間終了時点で習得すべきソーシャルワークの技能が、ソーシャルワーカーとしての一定のレベルに到達しているかどうか、評価を行うのである。ソーシャルワーク実習の時間数を終えれば、それで単位が認められるということではない。

　厚生労働省によって、実習の「ねらい」と「教育に含むべき事項」が通知されており、国家資格である社会福祉士・精神保健福祉士の資格をもつソーシャルワーカーとしての達成目標および行動目標が、日本ソーシャルワーク教育学校連盟による「ソーシャルワーク実習教育内容・実習評価ガイドライン」に具体的に示されている。ソーシャルワーカーとしての達成目標・行動目標を踏まえた実習計画を作成し、その評価が行われてはじめて、ソーシャルワーク実習の単位が認められるかどうかが判断されることになる。

　このことから、１か所目の実習を終えた時点での達成目標・行動目標に対する評価が重要となる。その結果によって２か所目の実習計画が修正され、どの達成目標・行動目標を、どのように達成しようとするのかが、十分に検討されなければならない。

3　実習にかかわるシステム

　次に、実習の構造として、実習にかかわるシステムについて考えていきたい。実習生自身が境界線の内側に含まれるシステムとして、「実習生システム」「実習施設・機関システム」「養成校システム」の三つが挙げられる。そして、実習の実施プロセスにおいて、「クライエント・システム」や「社会環境システム」との関係をいつも意識することになる。これらの関係の全体像を表したのが、**図1-6**である。

　実習にかかわるシステムの全体像を見ると、前述した実習のプロセスの実習前の準備段階において、何をしておかなければいけないのか、理解することができるだろう。この図を見ながら、実習生に自分自身をあてはめ、実習が始まる前の準備に必要なものを整理してほしい。これら

図1-6 実習にかかわるシステムの全体像

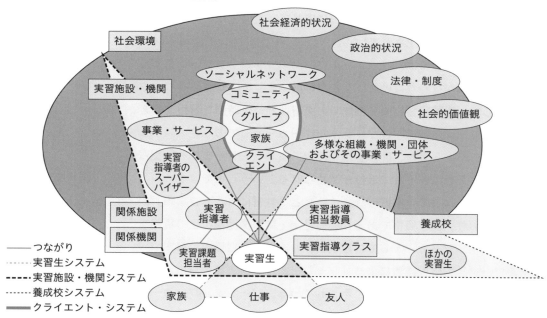

のシステムの関係性および交互作用は、実習の効果的な実施に大きな影響を与える。

　はじめに、「実習生システム」は、実習を実施しているかどうかにかかわらず実習生のふだんの生活に大きな影響を与えているシステムを指す。たとえば、家族や仕事、友人などを構成要素とする。このシステムは実習中にその存在が無視されたり、軽視されたりすることがある。しかし、実習生の生活の基盤であり、実習の効果的な実施に大きな影響を与えていることに留意する必要がある。何か実習の実施に影響がある出来事があっても、実習生自身が「実習に関係ないから」とみなし、実習指導担当教員や実習指導者に相談できないことがある。実習生は必要に応じて、「実習生システム」において発生する出来事について、実習指導者や実習指導担当教員に伝え、一緒に対応を検討することが必要である。ただし、実習生自身が実習指導者や実習指導担当教員に言いたくないこと、知られたくないことを伝える必要はないという点に留意すべきである。

　「実習施設・機関システム」は、実習生と実習指導者、実習課題担当者、実習指導者のスーパーバイザー、事業・サービス、関係施設・機関から構成されている。実習指導者は、定期的な実習生に対するスーパービジョンや評価を行うが、実習課題担当者は実習スケジュールに応じて、

それぞれの日や時間の実習プログラムへの取り組みを担当する。

　実習課題担当者とは、達成目標および行動目標に基づいた実習プログラムの実施において、実習指導者のコーディネートにより、実習生の実習課題への取り組みを担当する者を指す。必ずしもそれがソーシャルワーカーとは限らないが、その日の達成目標や行動目標を十分に理解して、実習生の実習課題への取り組みをサポートする役割をもつ。たとえば、地域包括支援センターの実習において、保健師によるクライエントの訪問の際に、実習生が同行することがあり、この保健師を実習課題担当者と呼ぶ。実習指導者は、プログラムの達成目標および行動目標と実習課題の担当を依頼する理由を、実習課題担当者に対して十分に説明する必要がある。また、実習指導者は、実習課題担当者に依頼したプログラムの実施後、実習生の振り返りの時間を確保し、スーパービジョンおよび課題の達成状況の確認を行う。

　実習指導者は、実習課題担当者が適切に実習課題への取り組みをサポートできるように連絡調整等のコーディネート機能を発揮する役割がある。実習生は、実習指導者と実習課題担当者の役割の違いを理解し、実習の効果的な実施に役立てる必要がある。

　「養成校システム」は、実習生、実習指導担当教員、実習指導クラスのほかの実習生、養成校によって構成される。実習を実施するプロセスで、実習生は養成校システム内の実習指導担当教員や実習指導クラスのほかの実習生との交互作用により、大きな影響を受ける。実習計画の作成には実習指導担当教員との打ち合わせが必須である。また、帰校日指導でグループでの取り組みを行う場合は、実習指導クラスのほかの実習生の影響はより大きくなる。同時に、グループやほかの実習生との情報交換においては、守秘義務を遵守する必要がある。匿名性の担保はもとより、実習指導クラスでの報告内容等については、守秘義務をもって接することを約束しなければならない。

　実習に関する実習生同士のインフォーマルなやりとりが発生する可能性もある。その場合も、守秘義務について十分に留意し、クライエントおよびクライエント・システム、実習施設・機関の利益を守らなければならない。

　「クライエント・システム」は、クライエント、クライエントを構成員に含む家族、グループ、コミュニティを指す。ここでのコミュニティは、クライエントと地理的な一定の範囲を共有する地域社会としてのコミュニティだけでなく、クライエントが参加する宗教、政治的信条、趣

味、性的指向等といった何かを共有することを含む幅広いコミュニティを指す。クライエントの立場は、実習施設・機関が提供する事業やサービスの利用者、生活上の困難を抱えた相談者などが想定される。実習生は、実習指導者や実習課題担当者とともに、クライエント・システムと直接的または間接的にかかわりをもつことになる。その際には実習生が対応に同席したり、実際に対応をしたりすることについて、事前にクライエントから同意を得る必要がある。

「社会環境システム」は、たとえば、多様な組織・機関・団体、社会経済的状況、政治的状況、法律・制度、社会的価値観などを含む。実習生は、実習の実施において社会環境システムの影響を受けると同時に、実習において実習生がかかわる問題の解決に向けて、社会環境システムの変化を促す。社会環境システムは、実習の構造の構成要素すべてに影響を与えている。実習生は自分自身にも社会環境システムの影響があることを理解しつつ、実習のすべての局面において、社会環境システムが目の前の問題やクライエントおよびクライエント・システムの状態とどう関係しているのかを、常に考慮する必要がある。

第5節 実習における リスクマネジメント

学習のポイント

● 実習教育におけるリスクについての基本的な知識を得る
● 実習教育において実習生に生じるリスクを検討して備えるための視点を得る

1 リスクとは

　リスクとは、一般的に「望ましくない結果が生じる可能性の大きさ」と定義される[1]。また、リスクは、「環境と人間活動とのかかわり、あるいは相互作用の結果として生じる事象」であり、不確実性を伴う[2]。では、実習生にとってのリスクとは何か。それは、実習生が、ソーシャルワーク実習（以下、実習）およびソーシャルワーク実習指導（以下、実習指導）の展開過程において、実習指導担当教員（以下、担当教員）および社会福祉士・精神保健福祉士養成施設等（以下、養成校）（養成校システム）、実習指導者および実習施設・機関（実習施設・機関システム）、福祉サービスの利用者および利用者コミュニティ（クライエント・システム）とのかかわりあいの結果、望ましくないことが生じる可能性および不確実性といえよう。この節では、実習および実習指導において、実習生が認識すべきリスクの具体的な事象について、厚生労働省通知「社会福祉士養成施設及び介護福祉士養成施設の設置及び運営に係る指針」、および「精神保健福祉士養成施設等の設置及び運営に係る指針」(以下、運営指針)に基づき確認する。

2 実習におけるリスクマネジメントの前提 ──実習生の権利、義務および責任

　運営指針では、「教育に関する事項」として、実習および実習指導の「ねらい（目標）」と「教育に含むべき事項（教育内容）」を提示している。その内容については、養成校のシラバス、科目要綱、履修要綱、学生便覧などに記述、もしくは反映されているので、実習関連の記載事項を正確に理解する必要がある。

★「社会福祉士養成施設及び介護福祉士養成施設の設置及び運営に係る指針」・「精神保健福祉士養成施設等の設置及び運営に係る指針」
社会福祉士養成校、精神保健福祉士養成校等の設置と運営に関する具体的な基準。各養成校における福祉士養成課程は、この指針に基づき養成教育システムが形成され、運営されている。

養成校と実習施設・機関は、運営指針に則り、四者（実習生、担当教員、実習指導者、利用者）を中心とした、実習教育システムを構成する人々の関係性を基盤に実習指導体制および実習教育プログラムを整備し、実習の教育内容、環境、条件を実習生に保障する必要がある。一方、実習生は、運営指針に基づく、あるいはそれ以上の実習教育の内容、条件、環境による実習教育を受ける権利をもつ。同時に、実習生には、この指針にある実習教育の内容、条件、環境のもとで、「教育に関する事項」にある実習、実習指導の目標、および担当教員、実習指導者と確認、設定した独自の実習目標を追求するための実践的な学びを展開する必要がある。このことは、社会福祉士、精神保健福祉士資格を取得する法的な要件であることから、義務として捉えられる。また、実習に臨む実習生には、社会福祉士、精神保健福祉士の義務および責務に準じた姿勢と行動が求められる。具体的には、社会福祉士及び介護福祉士法、精神保健及び精神障害者福祉に関する法律（精神保健福祉法）や精神保健福祉士法などの法的な義務および責務、およびソーシャルワーカーが遵守すべき倫理綱領に規定された責任と責務である。実習生は、これらの義務、責務について、実習事前学習において理解を深めるとともに、実習における判断と行動の基準とすることが肝要である。

3 実習に関連したリスク

　以上を踏まえたうえで、実習生が認識すべきリスクについて検討する。実習生にとっての「望ましくない結果」とは、実習を主に構成する四者の尊厳、権利、立場・役割、情報、健康に係る損害・損失、および危機的状況の発生である。具体的には、リスクの主体を実習生と利用者に焦点化すると、表1-20のように整理できる。

　表1-20に例示したリスクは、相互に関連しあう。たとえば、障害のある実習生が、養成校および実習施設・機関に対し、自らの障害に係る合理的配慮を求めたとしよう。その際に、実習生、担当教員、実習指導者の三者によるコミュニケーションが不十分であり、配慮に関する情報が十分に共有されず、実行困難な実習プログラムが多数含まれていたとすれば、実習での体験およびそこから得られる実践的な学びが制限されてしまう。その結果、実習生は、「自信、自尊心、自己効力感の低下」や「指針が示す知識、技術の習得の困難」などの望ましくない結果が生

表1-20　実習生と利用者に関連したリスク（例示）

リスクの種類	リスクの原因・素因（ハザード）	リスクを生む要因・出来事（ペリル）	実習生に生じる損害・損失（ダメージ・ロス）	利用者に生じる損害・損失（ダメージ・ロス）
尊厳のリスク	個人の尊厳に対する、実習生、担当教員、実習指導者、利用者の倫理観、権利意識の問題および関係法令に関する知識不足／養成校、実習施設・機関の注意義務※の問題	ハラスメント／差別的取扱い／障害のある実習生への合理的配慮の未提供／人格否定に係る取扱い／その他の尊厳に係る不法行為	自信、自尊心、自己効力感の低下／ストレスの増大／担当教員、実習指導者、利用者に対する信頼の低下／担当教員、実習指導者、利用者との関係の悪化	自信、自尊心、自己効力感の低下／ストレスの増大／実習生、担当教員、実習指導者に対する信頼の低下／実習生、担当教員、実習指導者との関係の悪化
権利のリスク	四者間のコミュニケーション不足／階層的な関係／実習に関連した資源の不足／担当教員、実習指導者の経験不足／実習生、担当教員、実習指導者の法令等への理解、知識の不足	運営指針に沿わない実習プログラムの実施、法令違反／不十分な実習体験、実習指導／実習で得られる知識、情報、関係の制限／実習生への合理的配慮の未提供	国家試験受験資格の取得ができない／指針が示す知識、技術の習得の困難／指針が示す関係形成の困難／実習体験の試行と省察の困難	専門性の高い精神保健福祉士との出会いの制限／専門性の低い精神保健福祉士による支援を受けるリスク
立場・役割のリスク	四者間のコミュニケーション不足／階層的な関係／実習計画に係る指導の問題／実習プログラムの管理の問題／実習生、担当教員、実習指導者の注意義務の問題／実習生の学習不足／実習生の基本的なマナーの欠如／実習生の緊張、疲労、不慣れ／物事に対する偏った見方／時間管理の問題	担当教員、実習指導者、実習施設・機関職員からの指示、指導の内容の誤認、自己解釈／実行困難な実習計画、実習プログラムの立案／実習施設・機関職員、利用者との間の事故・トラブル／実習施設・機関、利用者の物品等の損壊／実習施設・機関からの貸出物の破損・紛失／養成校、実習施設・機関の持出・持込禁止物品の持出・持込	実習の中断、中止／実習体験の制限／実習生としての役割・立場の維持の困難／実習環境への適応の困難／担当教員、実習指導者、利用者からの信用の失墜／担当教員、実習指導者、利用者との関係悪化／実習評価の低下／損害・損失への賠償／ストレスの増大／受傷による活動の制限	平穏な療養生活、社会生活の乱れ／自信、自尊心、自己効力感の低下／ストレスの増大／疾病、障害の悪化／実習生、実習指導者に対する信頼の低下／実習生、実習指導者との関係の悪化／受傷による活動の制限／損害・損失による活動の制限
情報のリスク	実習生、担当教員、実習指導者の個人情報の取扱いに係る意識、知識、注意の不足／実習生、担当教員、実習指導者の連絡体制、情報共有の仕組みの問題／実習生、担当教員、実習指導者の情報セキュリティに係る管理能力の不足	四者間のミスコミュニケーション／個人情報の不適切な取得、管理、交換、共有、公開／実習生に係る個人情報の漏えい／利用者に係る個人情報の漏えい／養成校、実習施設・機関の機密情報の漏えい	実習の中断・中止／実習体験の制限／担当教員、実習指導者、利用者からの信用の失墜／担当教員、実習指導者、利用者との関係悪化／実習評価の低下／与えた損害、損失への賠償／漏えいした個人情報の拡散、悪用	平穏な療養生活、社会生活の乱れ／実習生、実習指導者に対する信頼の低下／実習生、実習指導者との関係の悪化／漏えいした個人情報の第三者による拡散、悪用／ストレスの増大／疾病、障害の悪化
健康のリスク	実習生の緊張、疲労、不慣れ／注意力、集中力の欠如／ストレスマネジメントの問題／時間管理の問題／運転や操作の不慣れ／持病、障害とセルフケアの問題／過酷な気候、天候不良、災害／実習施設・機関の物理的環境の問題／感染症予防対策の不備、知識不足	心身の疲労の蓄積／体調の不良・悪化／ストレスの増大／実習中の事故による受傷、発病／実習生の過失による利用者、職員の受傷／通勤・通学時の事故による受傷／持病、障害の悪化／感染症への感染、感染症の発症／自らの感染症の他者への感染	実習の中断・中止／実習体験の制限／担当教員、実習指導者、利用者からの信用の失墜／担当教員、実習指導者、利用者との関係悪化／実習評価の低下／与えた損害への賠償／自信、自尊心、自己効力感の低下／ストレスの増大／受傷、罹患による活動の制限	平穏な療養生活、社会生活の乱れ／実習生、実習指導者に対する信頼の低下／実習生、実習指導者との関係の悪化／ストレスの増大／疾病、障害の悪化／受傷による活動の制限／感染症の拡散等による施設の利用制限／感染症の拡散等による活動の制限

※ある行為をするうえで要求される一定の注意を払うべき法的な義務のことをいう。

じるリスクを抱えることになる。こうした事象は、担当教員および実習指導者の障害のある実習生の基本的な権利に対する配慮の問題（権利のリスクの原因）、その根拠である個人の尊厳に対する意識の欠如（尊厳のリスクの原因）、三者間の連絡体制の不備（情報のリスクの原因）、実習プログラムの管理の問題（立場・役割のリスクの原因）などが相互に関連しあって生じる。また、リスクは、その原因・素因（ハザード）、リスクの直接的な要因・出来事（ペリル）、結果としての損害・損失（ダメージ・ロス）、もしくは危機（クライシス[*]）という、プロセスで捉える必要がある。つまり、リスクとは、「望ましくない結果」が生じる構造であり、プロセスである。**図1-7**に具体的なリスク事象を提示し、その構造とプロセスを示したので参照されたい。

さらに、リスクは、発生する可能性の大きさと影響の大きさを考慮して、事前の備えを怠らないことが重要である。実習生が認識すべきリスクの中でも、発生頻度が高い、もしくは影響の大きいものとして、ハラスメントのリスク、個人情報のリスク、健康のリスクについて以下より述べる。

★**危機（クライシス）**
個人、集団、システムにとって許容できないほど甚大な損害・損失、あるいは破局的な状況のことをいう。

■1 ハラスメントのリスク

●実習および実習指導に関連したハラスメント

① セクシュアル・ハラスメント（セクハラ）

雇用の分野における男女の均等な機会及び待遇の確保等に関する法律（男女雇用機会均等法）第11条において、職場において行われる性的な言動で労働者が労働条件の不利益を受けること、またはその性的な言動により労働者の就業環境が害されることと定義されている。その行為には、職務上の立場、地位を利用して性的な関係を強要し、それを拒否した人に対して不利益を負わせる「対価型セクシュアル・ハラスメント」と、性的な関係は要求しないものの、職場内での性的な言動により働く人たちを不快にさせ、職場環境を悪くする「環境型セクシュアル・ハラスメント」がある[3]。

② パワー・ハラスメント（パワハラ）

「職権などの優位にある権限を背景に、本来の業務範囲を超え、継続的に、相手の人格と尊厳を侵害する言動を行い、就労環境を悪化させる、あるいは雇用不安を与えること」と定義される[4]。まず、実習生に対する教育上、指導上の必要性から、その効果的な方法として、合理的、合法的に厳しい言動や課題、ペナルティーを科すことは、パワハラには当た

らない。

　ただし、その教育、指導の過程において、実習生の人格の否定や基本的権利の侵害、心身への過度な負担を伴う嫌がらせや強要、制限などの行為はパワハラに該当する。

③　アカデミック・ハラスメント（アカハラ）

　「大学などの研究・教育の場における権力を利用した嫌がらせ」と定義される[5]。意図的な嫌がらせのほか、優位な立場にある者が意図せずに行った発言・行動も含まれる。その行為は、パワハラに準ずる。

　上記のほか、飲酒を強要する「アルコール・ハラスメント」、男らしさ、女らしさを強要する「ジェンダー・ハラスメント」などがある。

❷ハラスメントのリスクの構造

　ハラスメントのリスクは、図1-7のような構造をもつ。図で示したリスクの構造で注目すべきは、リスクは適切に対処しなければ、新たなハラスメントの原因・素因（ハザード）およびハラスメントの発生につながるという点である。

　たとえば、担当教員や実習指導者による実習生に対するハラスメントについて、適切な対処がなされなければ、ハラスメントの原因・素因は常態化、潜在化し、被害にあった実習生や別の実習生に対する新たなハラスメントの発生リスクが高まることになる。

❸ハラスメントのリスクへの対処

　まず、実習のリスクへの対処の前提として、養成校における実習指導および実習施設・機関における実習の展開過程では、実習生の尊厳、人

図1-7　ハラスメントの発生に関するリスクの構造とプロセス

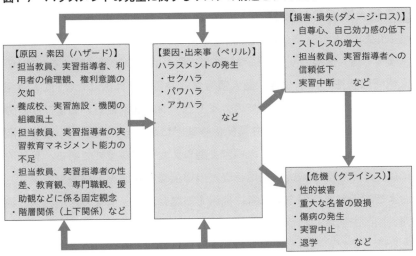

格権をはじめとする基本的権利、および運営指針が示す養成教育上の諸権利は、確実に護られるということである。また、実習生の尊厳と諸権利が高いレベルで護られるよう、養成校および実習施設・機関は、実習生、教職員、施設・機関職員、場合によっては利用者も含め、人の尊厳、基本的権利に係る倫理、意識の向上のための普及啓発などの実習教育マネジメントを協働して展開する必要がある。実習生にとって、担当教員と実習指導者は、重要な社会福祉士、精神保健福祉士のモデルである。そのため、担当教員と実習指導者の意識や態度、倫理観は、実習生の専門性、専門職性の涵養(かんよう)や将来の職業選択に大きく影響する。そのため、両者には、人の尊厳や基本的権利に係る教養に加え、社会福祉士及び介護福祉士法、精神保健福祉士法における誠実義務、信用失墜行為の禁止などの義務、責務の規定、および倫理綱領に規定された専門職としての責務や一般的責務（人格を傷つける行為の禁止など）を全うするための知識とその体現に向けた自律、自己点検、相互の点検などが求められる。

　他方、実習生には、担当教員、実習指導者と同様の教養、知識、行動が求められる。同時に自らの尊厳および基本的権利について理解を深めておくこと、およびハラスメントや差別的な取扱いなど、自らの尊厳や権利が侵される事象やその際の対処について、実習事前学習などを通して検討しておくことが、結果としてハラスメントの防止につながる。また、ハラスメントに遭遇した際には、担当教員、実習指導者、養成校の人権委員会などに速やかに報告、相談し、対処を求めることが損害や危機的状況を回避するうえで不可欠である。

■2 個人情報のリスク

❶養成校、実習施設・機関における情報管理

　まず、個人情報のリスクについては、個人情報の保護に関する法律（個人情報保護法）に基づき、個人情報保護委員会が作成した、「個人情報の保護に関する法律についてのガイドライン（通則編）」、および厚生労働省が策定した、「医療・介護関係事業者における個人情報の適切な取扱いのためのガイダンス」の内容を踏まえた対応が重要である。具体的には、実習施設・機関が、利用者などの要配慮個人情報★を取得する場合、および取得した情報を第三者に提供する場合には、情報の利用目的、範囲、期間を明示したうえで、原則、利用者本人の同意を得ることが必要となる。また、取得した個人情報を安全に管理するための措置を講じる

こと、個人情報の利用を終了する場合には、その情報を速やかに消去することなどが求められる。なお、要配慮個人情報を匿名化し、本人が特定できないように加工をしたものやその情報を復元できないように措置を講じたもの（匿名加工情報）についても、第三者に提供する際には、オプトアウト方式での提供の禁止などの規制がある。そのため、匿名加工情報を含めて、個人情報保護法に基づく対応が必要になる。

さらに、養成校および実習施設・機関では、情報技術（information technology：IT）の発展により、組織活動の運営管理や情報管理、業務管理において情報システムを活用している。また、実習先によっては、カルテや支援記録、支援計画など、利用者の治療や支援に係る個人情報を電子化して管理している組織も多い。このような電子化された個人情報の取扱いについては、情報セキュリティの観点から、個人情報保護法や「民間事業者等が行う書面の保存等における情報通信の技術の利用に関する法律」（電子文書法）などの法令、情報管理に関する各種ガイドラインに基づき、各組織が厳しいルールを設けている。

❷実習生による情報管理

実習生は、実習において利用者や実習指導者とのコミュニケーション、カルテやケース記録、各種支援計画の閲覧などを通して、利用者の要配慮個人情報や実習施設・機関の機密情報に触れる機会を得る。また、入手した情報に基づく実習記録などを作成することが、実習教育上求められる。ただし、実習生が、利用者に係る個人情報の取扱いについて注意義務やルールの遵守を怠ると、個人情報や機密情報の漏えいなど、利用者、実習指導者、実習施設・機関に対して多大な損害を与えることになる。また、その結果は、実習中止や損害への賠償など、実習生にとっての損害、損失へとつながる。こうしたリスクの発生と連鎖を防止する観点から、実習生には情報リテラシーの獲得が求められる。情報リテラシーとは、「読み書きする能力」のことである。この概念は、近年の情報技術の発達により、パソコンやスマートフォンの操作能力や電子化された情報の検索、獲得、蓄積、加工、配信など、情報の管理に関する基本的な能力を示すものとして、一般的に用いられる。実習生には、リスクマネジメントの観点から、次のような情報リテラシーの獲得が求められる。

❶ 養成校および実習施設・機関から提示される、実習および実習指導に関する情報を読解する能力
❷ 担当教員および実習指導者からの指導、指示の内容を正確に理解す

★オプトアウト方式
一定の要件を満たす個人情報について、個人情報の本人が拒否しない限り、第三者に個人の識別が可能な個人情報を提供できるという、個人情報の提供の方式のことをいう。

第1章 ソーシャルワーク実習の目的と構造

51

る能力

❸　不測の事態が生じた際に、速やかに、かつ適切な方法で担当教員および実習指導者へ報告、連絡、相談する能力

❹　実習記録や実習報告書に記載する個人情報について、適切に匿名化を図る能力

❺　個人情報が含まれる書類および電子データ（ケース記録、カルテ、支援計画、ケア会議の資料など）について、関係法令、養成校および実習施設・機関のルール、倫理綱領などを遵守し、個人のプライバシーや情報の漏えいに細心の注意を払い、適切に取り扱う能力

❻　個人のプライバシーに細心の注意を払い、ソーシャルワーカーとしての倫理を踏まえ、インターネット、電子メール、ソーシャルネットワーキングサービス（SNS）を適切に使用する能力

❼　実習生、担当教員、実習指導者、利用者それぞれの個人情報に係る権利を理解し、その取扱いについてコミュニケーションを図る能力

❽　実習生自らの個人情報に係る権利が、担当教員、実習指導者、利用者によって侵された場合に、適切に対処する能力

　なお、上記の能力は、実習および実習指導に際してのみ求められるものではない。日頃から自分と他者の個人情報を適切に取り扱うことを意識し、行動することで涵養される。また、実習において知り得た個人情報や機密情報を守秘する義務は、実習終了後も継続する。さらに、それらの情報の管理は、単に書類、電子データを匿名化することや適切に保管することに限らない。日常的な他者との会話、口頭での実習指導、情報の閲覧方法および場所、SNS の使用など個人情報の漏えいの危険が至る所に潜んでいることをしっかりと認識して、行動することが求められる。

▌3　健康のリスク

　実習での学びを確実に進めるためには、自らの心身の健康を維持、向上するための注意およびセルフケアが不可欠である。実習が始まると、実習生は大きな環境の変化と生活スケジュールの変化を経験する。このことは、実習生にとって大きなストレス要因となり、心身の健康や行動上の注意に大きく影響する。このことを踏まえて、実習生には、**表 1-21** のような対策を講じる必要がある。また、養成校および実習施設・機関は、実習生の教育に係る権利を保障する観点から、この対策を支援することが求められる。

表1-21　実習生が講じる対策

❶ 心身の健康管理	ⅰ．健康診断を受けて、自らの健康状態を把握すること ⅱ．規則正しい生活を心がけること ⅲ．心身の変化や持病について、医師の診察に基づき適切にセルフケアすること ⅳ．実習に際して、心身の健康面で配慮が必要な場合に、その配慮の内容について実習生、担当教員、実習指導者の間で事前に協議し、決定すること ⅴ．実習において、心身の健康に係る不測の事態が生じた場合の対応について、実習生、担当教員、実習指導者の間で事前に協議し、決定すること
❷ 感染症の予防	ⅰ．予防接種（定期接種）の接種記録を確認すること ⅱ．予防接種の接種記録、養成校および実習施設・機関からの指示、感染症の流行状況などに基づき、必要なワクチン接種、抗体検査、細菌検査、その他の必要な処置を講じること ⅲ．養成校や実習施設・機関の求めに応じて、健康診断結果や各種検査結果を提供すること ⅳ．養成校や実習施設・機関の指示に基づき、マスクや指定された衣類などの着用、手指等の消毒、養成校および実習施設・機関内での行動に係る指示などを遵守すること ⅴ．手洗い、うがい、その他感染症予防について、養成校および実習施設・機関における感染症対策の指針、「高齢者介護施設における感染対策マニュアル改訂版」などを参照し、必要な措置を講じること ⅵ．発熱、下痢、嘔吐、咽頭痛、倦怠感など感染症が疑われる症状が生じた際には、欠席、欠勤、通院など適切な行動をとること。また、症状や罹患した感染症の診断結果などについての情報を担当教員および実習指導者に速やかに、かつ適切な方法で伝達すること
❸ 実習中のけがや事故の予防	ⅰ．時間に余裕をもって行動すること ⅱ．移動は、可能な限り公共交通機関を利用すること ⅲ．やむを得ず自転車、バイク、自家用車の利用を要する場合には、担当教員および実習指導者に相談するとともに、利用が許可された場合にはその指示を遵守すること ⅳ．自転車、バイク、自家用車を利用する際には、法令遵守と安全運転を心がけること ⅳ．万一の事故に備えて、自転車・バイク・自動車保険に加入すること。バイクと自動車については、「自動車損害賠償責任保険」（自賠責保険）のみならず、任意保険にも加入し、十分な補償を備えること ⅴ．実習中は注意義務を怠らず、慎重に行動すること ⅵ．実習中に受傷した場合、もしくは他者にけがを負わせた場合には、速やかに実習指導者、もしくは実習現場の責任者などにその旨を報告し、指示を受けること ⅶ．実習中に受傷した場合、もしくは他者にけがを負わせた場合には、速やかに担当教員、もしくは養成校の実習担当者にけがの程度や事故の状況を報告し、指示を受けること
❹ 実習の不測の事態への備え	ⅰ．実習中の病気やけが、体調不良、事故、自然災害など、自分と他者の心身の健康に係るリスクとその対応について、実習生、担当教員、実習指導者の三者協議で決めておくこと ⅱ．実習中の病気やけが、事故、施設・機関や他者の私財の毀損などの不測の事態に備えて、「学生教育研究災害障害保険（学研災）」「学生教育研究賠償責任保険」（学研賠）などの保険に加入するとともに、その補償の対象、範囲、内容、手続きなどについて確認しておくこと

こうした対策を確実に講じることは、実習における心身の健康のリスク、その他の不測の事態への備えとなり、同時に利用者、その他実習でかかわる他者の心身の健康や基本的権利を護ることになる。

4 実習に関連したリスクマネジメント ——インシデントとアクシデントを活かした対応

　以上の実習に関連したリスクは、情報を集めて、根拠に基づき対処することが重要である。このことを「リスクマネジメント」という。リスクマネジメントは、次の方法と仕組みから構成される。

❶リスク評価

　実習のリスクに関するインシデントやアクシデントの情報を収集・分析し、リスクとして認識すべき事象、およびその構造、頻度、影響の大きさなどを見極める方法と仕組みのことをいう。インシデントとは、具体的な損害、損失は生じなかったものの、リスクの素因の発見や損害、損失を生じかねない出来事のことを指す。一般的には、肝を冷やす「ヒヤリとした出来事」、もしくは息をのむ「ハッとした出来事」として、「ヒヤリハット」と呼ばれる事象である。他方、アクシデントとは、ある出来事を直接的な要因として、損害や損失が生じる事象のことを指す。実習施設・機関では、インシデントレポート（ヒヤリハット報告書）やアクシデントレポート（事故報告書）などにより、インシデントとアクシデントの記録を集積して、それを分析し、リスク評価に役立てている。また、リスクに係る情報を集めるためにインシデントレポート、アクシデントレポートの作成をルール化している組織も多い。

❷リスク管理

　インシデントやアクシデントの記録の分析などにより評価されたリスクが生じないように、対策を講じて、その発生についてモニター（監視）するための方法と仕組み、およびリスク事象が生じた場合の対策を備えておき、実際に生じた場合、その策を講じることをいう。実習施設・機関では、「事故対策委員会」や「感染症対策委員会」などのチームを組織し、組織的、体系的なリスク管理を実施しているところも多い。

❸リスクコミュニケーション

　リスク評価とリスク管理のために、関係者の間で行われる意思疎通のための方法と仕組みのことを指す。リスク評価およびリスク管理の対象（リスク事象）に応じて、リスクを生じさせる可能性のある人、リスク

により損害・損失を受ける可能性のある人、リスクにより責任や賠償を求められる人、リスクに関する情報・知識をもつ人、その他リスクに関係する人を選定、特定し、リスク事象の構造、可能性の高さ、影響の大きさなどを考慮して、コミュニケーションの方法や頻度を決定する。

　以上を踏まえて、実習、実習指導上の「尊厳のリスク」「権利のリスク」「立場・役割のリスク」「情報のリスク」「健康のリスク」のマネジメントを適切に講じることが、養成校と実習施設・機関には求められる。また、実習生は、実習教育の過程で自らが経験したインシデントやアクシデントについて、担当教員、実習指導者とともに実習記録やプロセスレコードなどを用いて構造的に省察し、社会福祉士、精神保健福祉士に求められる専門性の習得へと結びつけることが重要である。同時に、その出来事について、実習生、担当教員、実習指導者との間で、十分なコミュニケーションを図り、同様のことが生じないように対策を講じることが、利用者を含む四者の権利と安全を守ることにつながる。

◇引用文献
　1）緒方裕光「リスク概念について」『保健物理』第37巻第2号, pp.104–105, 2002.
　2）日本リスク研究学会編『リスク学事典』TBSブリタニカ, p.34, 2000.
　3）法務省人権擁護局・全国人権擁護委員連合会 企画『企業における人権シリーズ1　セクシュアル・ハラスメント』人権教育啓発推進センター, p.4, 2010.
　4）法務省人権擁護局・全国人権擁護委員連合会 企画『企業における人権シリーズ2　パワー・ハラスメント』人権教育啓発推進センター, p.3, 2010.
　5）同上, p.6

◇参考文献
　・個人情報保護委員会「個人情報の保護に関する法律についてのガイドライン（通則編）」2016.
　・個人情報保護委員会・厚生労働省「医療・介護関係事業者における個人情報の適切な取扱いのためのガイダンス」2017.

第2章

実習先決定に向けた準備

　本章では、実習先決定に向けて、はじめに見学実習や現場体験などの内容や意義、実習先に関する情報収集のためのインターネットの活用、ボランティアなどの経験や過去の実習生の作成した報告書などを通して、実習先を選定する方法を理解する。次に、実習記録の書き方を学ぶ。実習記録の方法はすべての実習先に共通して必要な内容であり、記録のスキル自体はソーシャルワークにおいて習得が求められる。早い段階から実習記録の書き方を理解し、記録を書く力を高めるトレーニングが必要である。最後に、実習先を選定する際に必要な実習施設・機関の範囲やそれぞれの実習の概要を理解する。その実習先の概要を踏まえて実習先を選定するための情報収集に取り組むことができる。

情報収集の方法

1 実習施設・機関の決定と情報収集

　学生自ら実習施設・機関を決定できる場合もあれば、学生の希望を聞きつつ養成校が決定する場合もある。そのため、結果的に、学生が希望した場所ではないこともある。ただ、ソーシャルワーク実習における学びは、具体的な実習現場に必ずしも制約を受けない。ソーシャルワーク実習は、特定の分野・領域の支援者になるための実習ではなく、社会福祉士や精神保健福祉士を目指す者として、ジェネラリスト・ソーシャル★ワークの視点に立った学びをすすめる。したがって、すべての実習施設・機関に共通するジェネリックな学びを追求することが実習の大切な目的であり、「自らの関心のある特定の分野・領域でなければ学ぶべきものがない」とする考え方は、ソーシャルワーク実習の目的に照らしても適切ではない。そのような意味では、実習施設・機関が介護保険事業所であろうと、障害福祉事業所であろうと、精神科病院であろうと、ソーシャルワークの実習における学びは十分に得られると考えてほしい。

　とはいえ、実習へのモチベーションを高め、実習における学習課題を明確にもつためには、実習施設・機関を学生の関心に沿って選択することが望ましい。ただ、その関心が、少し本で読んだからとか、少しボランティア等でかかわったからといった実習現場の浅い理解のみに基づいている場合も少なくない。そのため、その関心に基づいた実習施設・機関がいざ決定したとしても、具体的な事前学習に入ると、実はそれほど関心が強くないことに気づき、実習へのモチベーションが下がり、また実習における学習課題を設定することに困難を感じる学生もいる。

　そこで、学生が志望動機や関心のある分野・領域をあらためて確認し、それらを実習施設・機関のサービス等と照らし合わせながら、実習先を決めていく必要がある。そのため、あらかじめ実習施設・機関の背景と

★ジェネラリスト・
　ソーシャルワーク
実践分野、領域、そして対象を特定しない、ソーシャルワークの共通基盤としての理論的枠組み。その特徴としては、生態学的視点、利用者主体、ストレングス視点、生活の多様なニーズへの対応等が挙げられる。

なる制度やそこで提供されるサービス、そして、利用者やその生活等を把握したうえで、学生自らの興味や関心を確認する必要がある。では、学生が自分の実習先を決定するにあたり、必要な情報をどのように集めればよいのだろうか。

2 現場体験学習および見学実習

　まず、現場体験学習と見学実習（以下、現場体験学習等）という方法があるだろう。一般的に、これらはソーシャルワーク教育の初期段階や実習前の時期に行うことが多い。

　現場体験学習は、数日間、現場のプログラムなどに参加したり、交流を行う体験型の学習である。ただ、その具体的な内容は養成校によって異なり、現場体験学習先の選定、そして、その依頼や交渉も含めて学生が取り組むところもあれば、養成校が準備した場所で現場体験学習に取り組むところもある。一方向的な講義形式の授業とは違い、利用者や職員との相互のやりとりのなかで双方向的な学びが可能な点に特徴がある。

　また、見学実習は、施設・機関の機能などの見学を中心とした実習である。見学実習は、通常、職員による実習施設・機関の概要説明、実習施設・機関の見学、そして質疑応答によって構成される。場合によっては、短時間の体験学習や利用者との交流が組み込まれることもある。福祉現場を自分の目で確かめ、施設等の職員から直接話を聞くことができ、支援の実際を学習することができる点が見学実習の特徴であるともいえる。

　では、現場体験学習等にはどのような意義があるのか。まず、「現場」を体験的に知ることができる点がある。特に、福祉現場とのかかわりが少ない学生は、具体的なイメージが乏しい。そこで、実際に福祉現場に入り、福祉サービスの利用者や支援者と直接的なかかわりをもつ体験を通して、具体的なソーシャルワーク実習のイメージをつかむことができる。また、学生が実習における自分自身をイメージすることができるといったメリットがある。

　また、利用者とのかかわりを学ぶことができる。多くの学生は、現場体験学習等において、利用者との関係形成に苦労し、試行錯誤しながらかかわり続ける。その苦労のなかで、「自己決定支援」や「信頼関係の構築」といった抽象的な概念をより具体的に理解できるようになる。そ

★自己決定支援
利用者の決定を受け入れることだけではなく、その決定までのプロセスを支援することを意味する。また、自己決定は利用者だけで行う行為ではなく、利用者の社会環境との交互作用のなかで営まれる。

★信頼関係の構築
ソーシャルワークを円滑に進めるための潤滑油の役割を果たし、また、その援助の基盤ともなる関係のことをいう。特に、ソーシャルワークの初期段階は、この関係の構築に多くの時間とエネルギーが費やされる。

のような利用者とのかかわりを通して、ソーシャルワーク実習に向けて
「もっと知りたい」や「多くのことを知らなければいけない」という学
習意欲が刺激され、実習の動機づけや目的意識を高めることにつながる。

　そして、現場体験学習等において、自分自身と向きあうことができる。
ソーシャルワーカーには「自己覚知」が求められるが、そのためには自
分自身と向きあうことが必要となる。つまり、現場体験学習等は、その
後の自己覚知に向けた準備でもあり、将来の自分を想像し、自分自身に
向きあうことを通して、ソーシャルワーカーとしての適性も含めて、今
後の進むべき道を模索する貴重な機会になる。

　最後に、ソーシャルワークの魅力を感じることができる点が挙げられ
る。福祉現場においてソーシャルワーカーや利用者とかかわるなかで、
ソーシャルワーカーとしての価値ややりがいを感じることができる。最
初は利用者と話すことができなかった学生が利用者から受け入れてもら
えたときの喜び、利用者に必要とされ役立つことができた際の有用感、
そして、利用者からもらった勇気等、学生は現場体験学習等のなかで、
数多くのかかわりの経験を経て、ソーシャルワークの奥深さと魅力を感
じることができる。

　一方で、現場体験学習等において学生はさまざまな課題に直面するこ
とが予想される。まず、そこでの経験の振り返りが、感想や感情レベル
で終わってしまう学生も少なくない。何を学んだのかを具体的に語れな
い学生もいる。さらに、利用者とのかかわりのなかで、関係がうまくつ
くれない、あるいは集団において利用者個々人に十分にかかわれないと
いった戸惑いや葛藤をもつ学生もいる。また、学生にとっては、現場に
おける経験が印象的であるがゆえに、養成校での学びとのつながりが見
えにくくなってしまうこともある。ともすると、学生が現場で体験した
ものがすべてのような錯覚に陥る場合もある。このような課題は、多く
の学生が経験するものであり、自己の気づきや成長に欠かせないもので
ある。ただ、場合によっては、本実習への意欲の低下等を引き起こすこ
ともある。そのため、それぞれの学生の経験や知識に即した心理的サ
ポートやそこでの経験を養成校の学びにつなげる意味づけ等の教育的支
援が必要となる。

3 自己学習

　次に、学生の興味や関心等に合わせて実習施設・機関を決定するために必要な情報を、どのように学生自ら収集すればよいのだろうか。

1 文書資料等の活用

　まずは、授業等で使用した「教材やノート」が活用できる。障害や疾病、制度やサービス、援助方法等の基礎知識をはじめ、利用者の生活実態や支援について、これらの教材等をもとに学び直すことができる。そのなかには、視聴覚教材として教材用ビデオ・DVD、テレビ番組、そして映画等もある。福祉現場の具体的なイメージをつかむためには、これらの視聴覚教材も役に立つだろう。

　次に、図書館や書店で手にとることのできる「書籍」から情報を得る方法がある。まずは、養成校の図書館等に行き、蔵書検索システムを使い興味・関心のある書籍を探してみよう。そこで見つけられない場合は、地域の図書館の所蔵も調べることのできるカーリルを活用してみるのもよい。カーリルは、公立図書館や大学図書館の所蔵情報を横断的に検索できるサイトである。また、日本全国の大学の蔵書カタログが統合されている国立情報学研究所の CiNii Books から、書誌情報や所蔵館を知ることもできる。さらに書籍を購入したい場合は、大手通販サイト等の書店が提供しているデータベースを使うとよいだろう。

　また、月刊誌、専門誌、学会誌といった「雑誌」の記事は、図書館や書店のカタログデータでは検索できない。そのため特殊なデータベースを使う。その一つが、国立情報学研究所の CiNii Articles である。このデータベースを使うと、雑誌記事の書誌情報だけでなく、その要約が読める。また、記事全体を PDF ファイルで読めることもある。興味のある記事が見つかったら、図書館の蔵書カタログで雑誌名等を調べてその記事を手に入れよう。

　加えて、政府機関、地方自治体、各種法人、企業等が公表しているさまざまな資料を、インターネット上で簡単に手に入れることができる。ただ注意したいのは、インターネット上には古い情報や誤った情報が多く含まれているという点である。そのため、まずは、厚生労働省や地方自治体といった信頼できる公的な機関のホームページから情報を得ることから始めたい。

2 福祉施設・機関のパンフレット等の活用

　多くの福祉施設・機関は、そこでのサービスや事業を説明するパンフレットや事業報告書等を作成している。これらの情報については、ホームページ上で見ることができる施設・機関もある。特に、社会福祉法人は現況報告書・財務諸表をインターネット上に公開することが義務づけられている。NPO法人も、所轄庁である都道府県や指定都市などのホームページ等において事業報告書・財務諸表を公開している。

3 実習報告書の活用

★スーパービジョン
ソーシャルワーカーなどの養成と支援の質の向上を目的として行われ、具体的な事例を通して、熟練者が適切な指導や教育を行うプロセスをいう。管理的、教育的、そして支持的な機能をもつ。

　実習報告書は、実習を終えた学生が実習場面を振り返り、また、実習指導担当教員からスーパービジョン★を受けながら学んだこと等を言語化したものである。同じ学生の目線で感じたこと、考えたこと、そして学んだことについて記述されている。そのため、これまでの資料等とは違い、それぞれの実習施設・機関における支援の実際やそこでの雰囲気を具体的に理解することができ、実習施設・機関の決定に向けたイメージづくりには最適な情報源である。ただし、先輩の具体的な実習体験を理解する際には、それらの経験があくまで一個人のものであり、全員に適用されるものではないことは理解しておきたい。そこでの報告は、それを書いた学生と、実習施設・機関の利用者等との交互作用の結果であり、その個別性の高い経験がすべての学生や実習施設・機関に当てはまるものではない点を踏まえて活用する必要がある。

4 ボランティア活動への参加

　現場体験学習等においても、福祉現場を見ることはできる。ただ、それらの現場は、必ずしも学生の興味・関心に合ったものではないこともある。その意味では、比較的自由な福祉現場の体験が可能になるボランティア活動は、自らの興味・関心に基づいた経験ができる情報収集の方法といえる。また、日本在住の外国人への支援、そして途上国への援助といった国際協力活動など、厚生労働省によって規定された実習施設・機関の範囲を超えて、ソーシャルワーカーが活躍するフィールドは広がっている。そのため、そのような現場でボランティア活動を行うことも、ソーシャルワーク実践の深い理解につながり、ひいては実習施設・機関の決定にも役立つ経験になるだろう。

　では、どのように自分の興味・関心のあるボランティア活動を探せばよいのか。まずは、多くの養成校にあるボランティア募集に関する掲示

板等を見てみたい。学生を対象としたボランティア活動を中心に掲示等がされているため、自分に合ったボランティア活動が探しやすい。また、掲示されるボランティア情報については、養成校において「宗教や政治的信条、または寄付や活動を強要する団体かどうか」といった点をチェックしていることもあり、比較的「安心・安全」な活動が多い。また、上級生や卒業生に対してボランティア活動の話をしておくと、何らかの募集や参加協力に関する情報も得られるだろう。

また、最寄りの市区町村にある社会福祉協議会のボランティアセンター*を活用する方法もある。これらのボランティアセンターでは、ボランティア活動や市民活動に関する相談や情報提供、活動先の紹介を行っている。電話やメールでの問い合わせや直接の相談に加え、当該センターのホームページを検索すると、ボランティア募集に関するさまざまな情報を閲覧できることもある。さらに、これらの窓口を含めたボランティア情報を提供している「地域福祉・ボランティア情報ネットワーク」のボランティア情報サイト等を活用することで多様なボランティア情報を得ることもできる。全国のボランティア活動を直接探したい場合は、民間ボランティア募集サイトを活用するのも一つの方法である。

★ボランティアセンター
全国各地に存在し、ボランティア活動についての相談援助、情報の収集と提供、広報・啓発等を行う。1960年代に善意銀行という名称の仕組みで広がり、1970年代に各地の社会福祉協議会のなかに設置され全国に広がった。

◇参考文献
・福祉臨床シリーズ編集委員会編，河合美子責任編集『精神保健福祉士シリーズ 精神保健福祉援助実習 第2版』弘文堂，2018.
・岡田まり・柏女霊峰・深谷美枝・藤林慶子編『社会福祉基礎シリーズ17 ソーシャルワーク実習』有斐閣，2002.
・カーリル　https://calil.jp/
・CiNii Articles　https://ci.nii.ac.jp/
・CiNii Books　https://ci.nii.ac.jp/books/
・地域福祉・ボランティア情報ネットワークホームページ　https://www.zcwvc.net/

●おすすめ
・佐藤望編著，湯川武・横山千晶・近藤明彦『アカデミック・スキルズ——大学生のための知的技法入門 第3版』慶應義塾大学出版会，2020.
・安藤雄太監『ボランティアまるごとガイド——参加のしかた・活動のすべて 改訂版』ミネルヴァ書房，2012.

第2節 実習記録の書き方

学習のポイント
● 実習記録の意義について理解する
● 実習記録の書き方と留意点について理解する

1 ソーシャルワーク実習における「記録」の意義

ソーシャルワーク実践における「記録」は、「対人援助専門職としての活動を支えるスキル」の一つである。実習生は、「実習記録」の作成を通じて、実習を振り返るとともに、「対人援助職としての活動を支えるスキル」である「記録」の意義や目的、その具体的な方法などを学ぶことになる。

本節では「実習記録」について、その意義と書き方を確認する。

1 社会福祉士・精神保健福祉士養成教育における位置づけ

厚生労働省が示している社会福祉士・精神保健福祉士養成課程における「ソーシャルワーク実習指導」の教育内容には、「実習記録（実習記録ノート）への記録内容及び記録方法に関する理解」が教育に含むべき事項として挙げられている（第1章第1節参照）。

ここから、記録の理解と実践はソーシャルワークのスキルとして実習で習得すべきものとされていることがわかる。

実際に、各養成校は、実習生の効果的な学びのために実習記録のツールを「実習ノート」や「実習日誌」等の名称で創意工夫して作成し、実習における記録の実践を指導している。このことは、実習記録が社会福祉士・精神保健福祉士養成教育における実習の目的や課題達成に欠かせないものとされているからこそと捉えられる。以下、本書では、それらのさまざまな名称を「実習記録」と総称する。

---

i　たとえば、マクメイアン（McMahon, M. O.）は「ソーシャルワークのための基礎的スキル」として、「関係のスキル」「問題解決のスキル」「政治のスキル」を示している。そして、それらに共通する「専門的なスキル」として、「記録」「調査」「時間管理」「チームワーク」を位置づけている。

2 実習記録の意義

ソーシャルワーク実習は、「ソーシャルワークの理論と方法」をはじめとしたほかの講義・演習科目において学んだ「記録」について、実践を通してさらに理解を深める機会となる。ここでは、実習生にとって「実習記録」がもつ意義について、そのほかの側面からも確認していく。

❶実践の自己管理と学びの評価にかかわる活用と意義

基本的には、実践を記録することは、実習のどの段階においても必須とみなされる。

実習前のオリエンテーションの内容や実習指導担当教員、実習指導者、実習生の協議のもと立てられた実習計画などの実習記録以外の記録（実習中のメモや実習施設・機関の現場の記録）もあわせて、適切に作成し、実習中および実習後に学びを深めることに用いる。

実習記録は、実習期間中、毎日つけるものである。実習の目的やねらいを踏まえて実践を振り返り、自己確認、自己評価を繰り返し、積み重ねていく。さらに、実習における学びや、次の課題を自ら設定することにも活用できる。そうすることで、実習の課題達成に向けた実践を進めていく手がかりを日々得ることができる。

この取り組みは、ソーシャルワーク実践の場において、責任をもって記録していくことと同様の体験といえる。

日々の実習記録に必要な記述内容としては、自身の課題達成に向けた実践の状況、クライエントや実習施設・機関の職員等と行ったやりとり、支援の内容、その実践で着目したこと、理解・確認できたこと、考察等が挙げられる。

また、記述に使われた用語や言葉遣いなどは、実習中のソーシャルワーク実践ならびにかかわった利用者に対する理解や態度がどのようであったかを表すものでもある。そして、実習記録に記されたことから、その時点での学び、実習の進行状況の確認、自己評価ができる。

さらに適切な方法で記録できているかも自己評価し、改善点があれば改善を図り、記録スキルを上達させることも実習の成果に期待される。

加えて、実習の中間時や終了時などに実習の振り返りを行うために、一定期間の実習総括を記録として記述することもソーシャルワーク実践のスキルの習得に有用である。

❷養成校や実習施設・機関等による指導・評価ツールとしての
活用と意義

① 実践と指導における記録

実習記録は実践の日時、実践環境・場所、実習で取り組んだソーシャルワークの内容等が基本的要素である。あわせて、実習記録の様式には実習施設・機関等の実習指導者からのコメント欄や確認印、署名欄があるものが多く用いられている。

実習記録は前述のとおり、実習生の実習における実践、学びの記録である。それと同時に、養成校と実習施設・機関等の双方における実習スーパービジョンの記録としても活用される。

実習記録に関する事前指導は、まず学内で行われる。あわせて、養成校から実習施設・機関に対して指導、活用等の依頼がなされる。その後、実習生が記録すべき内容や記録方法を養成校と実習施設・機関との間で共有する。

実習指導者は実習記録を通して、実習生の実践における学びを確認することができる。そして、実習生が指導を受けた経過も記録に残していれば、実習生と実習指導者は指導内容とそれにかかわる実践過程と結果を共有し、実習の到達点を評価することが可能となる。記録を通して、実習生のソーシャルワーク専門知識や技能の理解度、習得状態が明らかになるのである。それを受けて、実習指導者は当該実習生に対して適切な指導の方法や内容を模索し、実習生にとってより効果的な実習が行われるための実習プログラムの改善や環境調整につなげる。

この学内指導と実習施設・機関による指導を通して、実習生はソーシャルワーク実践の習得へ向かうことができる。

実習記録は指導上のコミュニケーションツールとして機能すると同時に、実習生評価の一側面ともなる。養成校においては、実習中の実習展開状況、実習生の学習内容、実習指導者の指導内容等を実習記録によって把握し、実習中の巡回指導等の機会に実習指導担当教員がスーパービジョンに活用したり、実習後の実習評価に活用したりする。

② 実習のモニタリング、マネジメントへの活用

これまでみてきたように、実習記録は実習指導を反映しつつ、現在の実習における学びの状況を伝達するものとして捉えられる。そのため、実習記録は実習展開のモニタリングやマネジメントに活用できる。

実習生の記録を確認することで、何らかの実習展開や実習継続のリスクを読み取ることができると、指導者は早期にリスクへの対応を図るこ

図2-1 実習記録をめぐる実習指導関係・環境

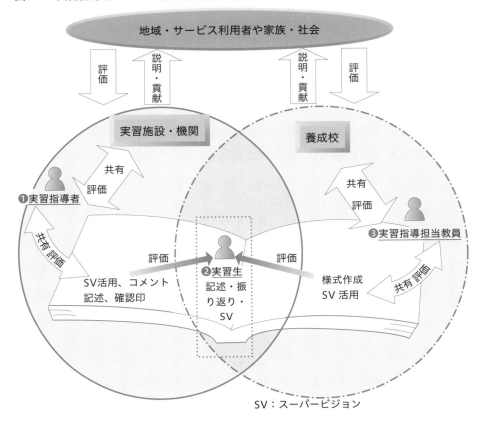

SV：スーパービジョン

とが可能となる。

　さらに記録に書かれている内容は、実習の実践やそれに対する指導の状態を表すものである。よって、実習施設・機関等と養成校どちらの組織にとっても指導実績を表すものとして社会的評価の根拠につながる。この構図を**図2-1**に示す。

2　実習記録の書き方と留意点

　実習記録は、目的に即した内容や適切な記録方法によって記述される必要がある。さらに、現場で用いられている記録の方法にならって実習内容を記録していくことで、技術の習得や向上につなげることも期待される。

　以下、具体的に実習記録の書き方の留意点を説明する。

1 実習における記録の書き方と留意点

❶振り返りとしての記録

　前述のように各養成校が作成している実習記録の形式は、ノートや日誌などの名称も含めて、多様である。しかし、実習記録ならびに、実習施設・機関からの指導等、基本的内容は共通なものがみられる。各養成校の実習指導方針や到達目標、留意点がおさえられる記録様式が採用されているといえるだろう。いずれの様式にしても、ソーシャルワーク実習に必要な記録内容、項目が含まれていることを踏まえ、書きもらしがないようにする。

　実習記録は実習指導に則った方法で作成する。そして、いずれの方法によっても実習記録には、実習生が利用者や関係する人々、また、職員に対して、直接的、あるいは間接的にかかわったことや利用者、職員から学んだことを振り返り、言語化して記述していく。実習の目標やねらいに対して意図的な働きかけやその結果を記録から客観的、多面的に読み取り、さらに実習の展開を進めるための材料を提供するものとなる。

　さらに、実習記録には、基本的な記述内容として、日付、実習時間、実習内容、実習場所、実習指導者など各実習日の実習の状況を表すことから、実習後に実習過程や内容を証明するものにもなる。このことを踏まえて、記述された内容は養成校、実習施設・機関、実習生が個人的に扱い、所持する範囲にとどまらず、公的なものとして取り扱われることに留意する必要がある。

❷記録の書き方の基本

　実習記録は、実習日時、内容等を証明する公的な文書にもなるので、筆記具はインク（ペン書き）を使用する。訂正が必要な場合には、公文書の訂正方法にならい、訂正部分に二重線を引き、その横に修正等を記述し、訂正印を押す。修正液等を使用せず、訂正箇所が明らかに残るように処置する方法（訂正箇所と内容、訂正した人物が特定できる方法）を体験することも実践的な学びとなる。

　また、あらかじめ下書き、メモ等を別に書いて準備しておく等、訂正が少なくて済むような工夫をすることも必要である。

　さらに、基本的な文章表現に則った記録を実践的に学ぶことも期待される。誤字脱字がないか、文体の一貫性があるか、文脈のわかりにくさがないか、主観と客観的事実の書き分けや表現に問題がないかなど、基本的な文章表現、見直しを行うことが基本である。

　現在、ICT（information and communication technology：情報

通信技術）の活用などがソーシャルワークの現場で進められている。今後は実習記録もパソコンなどを使ったデータ入力の方法で作成されるようになるであろう。その場合には、情報保護の観点から、データ保存の媒体やセキュリティ管理方法についても配慮する必要がある。記録媒体からデータが流出しないようにパスワードを用いた管理や保管場所のセキュリティの確認、データの消失等につながらないような作業上の工夫など、具体的な扱い方法に関しては事前訪問の際に実習施設・機関に確認しておくことが求められる。

❸書き方の留意点

記録は、利用者のプライバシー保護のほか、利用者の権利侵害にならない記載の配慮や保持、管理が求められる。実際の記述方法については実習指導者の指導を仰ぎ、専門職としての判断や態度、法や規則に則って行うことが必要である。たとえば、利用者の個人名の記述方法には細心の注意を払わなければならない。実習記録であっても利用者の氏名などをアルファベットに置き換える、もしくはイニシャルを使うなど、実習指導者の了解を得た書き方で記録をとる必要がある。

加えて、記録に用いられる表現に、偏見や当事者から不快に思われる表現が含まれていないかを確認する必要がある。実習生自身の価値観、態度が文章表現や言葉の選択を左右するため、専門性の醸成につながる経験にもなる。

❹実習記録の例

実習記録の様式は、各養成校やその地域における実習にかかわる複数の養成校、実習施設・機関の協議会などで共同して検討・作成されているものなどがある。

表2-1に、実習記録の例を示す。示された記録は、模範例ではない。この実習生の記述内容について、よい点と改善点、双方の考察をし、あらためて、記録の留意点を確認するとよいであろう。

実習記録は、一日のすべての出来事を記述することが目的ではない。実習の感想や考察等の欄には一日のなかで実習体験中にかかわった出来事をその日の実習のねらいに即して1、2取り上げ、どのような場面で何がどのように起こったか、自分を含めてそこにかかわっていた人の反応、言動のやりとりを示すことが望まれる。

日誌の例文に下線を加筆してある。下線部をはじめとした記録のなかに客観的事実として実習生、利用者がどのような言動等をとり、その状況をどのように解釈、評価、判断したのか、結果としてその後の自分の

表2-1　実習記録の例

実習記録（例）
○○大学△△学部社会福祉学科　実習日誌

学籍番号　　　氏名
実習施設・機関名
○○○○年　○月○○日　～　月　　日

年　　月　　日	実習配属部署	実習指導担当者
（　　　日目）	○○○	○○○

本日の実習目標：

日中の園外活動の理解と一人ひとりの自立に向けた具体的な配慮、

園外活動にかかわる職員間の連携について学ぶ。

時間	実習内容	実習のねらい
8：30	職員朝礼への出席	職員間の情報共有と連携について着眼する。
8：55	利用者の出迎え、健康チェック	
9：00	朝の会、利用者へのつきそい	
9：15	園外活動	
	作業開始：利用者の見守りと指導に入る	個別の支援計画を踏まえ、一人ひとりの障害に応じ、提供している援助の実際を理解する。
11：45	昼食準備と食事介助	
	（略）	（略）

実習記録（経過・所感・考察等）

　今日は実習３日目ということもあり、だんだん慣れてきた。初めて園外の活動に参加した。

　利用者の方は思ったより明るくて、自分で何でもできていた。私は園芸班の作業に初めて参加してみた。利用者の方は上手に収穫作業をしていた。職員の援助方法についていろいろと理解できた。

　今日うまくいかなかったことは、私のそばに立っていたＡさんが何もしていなかったので「作業をすすめてください」と声をかけたのに、言うことをきいてくれなかった。そのため、繰り返し声をかけていたらＡさんから怒られた。計画どおり指導することは難しいと思った。この反省を活かして明日から頑張ろうと思った。

（以下略）

【所見、講評等】

　実習３日目、お疲れ様です。援助の理解を進めるにあたって、利用者とのかかわりに日々の積み上げができてきたことはうかがえます。これから、実習は中盤に入っていくので、自分の学習課題をより意識した取り組みや振り返り、記録を実践してみましょう。

　下線を引いた部分、さらに考察を深められるとよいと思います。たとえば、実際にかかわる前の利用者の援助の必要性はどのようなものと考えていましたか。かかわった後、自分が理解したことについてはいかがでしたか。特にＡさんの障害の理解と支援の目標を照らし合わせて考えてみましょう。自分のかかわりが利用者にどのような影響を与えたと考えられましたか。

　　　　　　　　　　　　　　　　　　　　　　　　　　　　　　　氏名　　　　　　　印

意図的な実践を具体的にどのように計画したのか、などを念頭に読み、日誌の改善点を検討できるのではないだろうか。

　具体的な記述の仕方、毎日の提出の仕方、利用者名などを記述するときの注意事項等、実習中のノートの扱いや記録の方法については、実習前か開始当初に実習指導者に確認する必要がある。

2 記録管理の実践

　実習では、実習生が自ら記録した実習記録等を適切に保持・管理しなければならない。実習記録等は、記録した当事者という意味で実習生の所有物であるが、そこには実習生自身の実践だけでなく、配属された実習施設・機関の実習指導や実践内容、クライエントの言動にかかわる内容も含まれている。よって、実習生、養成校と実習施設・機関との実習契約にかかわる記録であり、個人的な所有物にとどまらない公的なものといえる。

　実習記録の適切な取扱い、管理についても実習で習得すべき実践である。実習生自身が記述している記録であっても不適切に扱うことによって利用者の権利や実習施設・機関等の社会的信頼にかかわる問題となることを理解する必要がある。

　たとえば、実習記録を電車やバス等に忘れれば、実習施設・機関の援助内容や利用者の個人情報にかかわることが不特定多数の目に触れてしまう。また、実習施設・機関内であっても実習記録が適切に保管されていなければ、情報を得ることが想定されていない人に情報が漏れてしまうなど、利用者への悪影響や実習施設・機関の信用失墜につながることになることが懸念される。

　そのほか、正式な実習記録とは別に、個人的に取っている実習中のメモ等の管理も注意が必要である。実習記録は、目的に沿った必要な情報のみが記述されている。実習における学びや気づきは、すべてが記録されるのではなく、選択された内容にしぼられている。そこで、実習で得たさまざまな情報を個人的にメモとして残し、その後の記録に役立てようとすることは少なからずあり、その効果も認められる。しかし、その管理は実習記録と同様に細心の注意を払わなければならない。メモ内容が当該実習施設・機関の利用者や関係者、また、第三者の目に触れ、思わぬ不利益につながることがないように対策を図る必要がある。メモ帳や情報を書き留めているノートが私物とはいえ、施設外にいるときも、また、自分の身から離すときも管理を徹底すべきである。そして、氏名

など個人が特定できるような形での記述は控えるなど、リスクマネジメントの配慮がなされなければならない。

3 講義科目で学んだ知識をもとにした記録の実践

　実践現場で使われている記録様式を踏まえて実習記録を作成することも、ソーシャルワーク実習における学びである。講義科目で学習してきたソーシャルワークの記録を行い、現場で指導を受けることで、技術の習得・向上を目指す。たとえば、アセスメントシート、プランニングシート、援助展開の記録、評価などの実習施設・機関で実際に使われている様式に記録する。

　実習内容として、実践現場で実際に使われている様式で計画を作成する、という体験もある。支援に用いる視点、たとえば、バイオ・サイコ・ソーシャルの視点からのアセスメントの面談や情報収集、援助計画検討会議などへの立ち合い等の実習を経て、当該実習施設・機関で使われているアセスメントシートや、現場で活用されている記録方法の一つであるSOAP*等のツールやフォーマットを使って記録し、さらにそれをもとに支援計画案の作成に取り組む。

　このように、実習前に講義、演習科目で学んだ記録方法について指導を受けながら、実践することで自身の技術の習得と向上につながることが期待される。また、クライエントとの面談をプロセスレコードの方法で記録し、自身の実践の振り返りや実習指導者からのスーパービジョンを受けることに活用することも大きな学びとなる。さらに実習施設・機関における実践の記録を可能な範囲で閲覧することも大切な学びとなる。たとえば叙述体、要約体、説明体など、記録の目的によってどのような記述方法が用いられているかを学ぶことができる。

★ **SOAP**
S（Subjective：主観的情報）、O（Objective：客観的情報）、A（Assessment：アセスメント）、P（Plan：計画）の四つの項目に分けて記録する形式をいう。問題指向型記録（Problem Oriented Record：POR）の叙述的経過記録に用いられる。日本には医療、看護領域から導入された。

◇参考文献
・岡村重夫『ケースワーク記録法――その原則と応用』誠信書房，1965.
・岡本民夫・平塚良子編著『ソーシャルワークの技能 ―― その概念と実践』ミネルヴァ書房，2004.
・福山和女「社会福祉方法・技術への実践教育――実習教育の実際と二十一世紀への課題」仲村優一・窪田暁子・岡本民夫・太田義弘編『講座戦後社会福祉の総括と二一世紀への展望４』ドメス出版，pp.238-266，2002.
・J.D.ケーグル，久保紘章・佐藤豊道監訳『ソーシャルワーク記録』相川書房，2006.
・狭間香代子「社会福祉実践における記録の方法――質的方法と量的方法」『社会福祉研究』第92号，pp.30-37，2005.
・McMahon, M. O., *The general method of social work practice : a problem solving approach*, Prentice Hall, 1990.

第3節 ソーシャルワーク実習の分野と施設・機関の理解

学習のポイント

● ソーシャルワーク実習の基本について理解する
● ソーシャルワーク実習を学ぶ施設・機関について理解する
● 実習施設・機関におけるソーシャルワーク実習の内容を知る

1 ソーシャルワーク実習の位置づけ

ソーシャルワーク実習は、社会福祉士に必要なソーシャルワークの実践能力を、クライエントとのかかわりを通して獲得する学習の機会である。したがって、これまでに学習した知識の定着化を図ることはもちろんのこと、自らが赴く実習施設・機関に関する事前学習に十分に取り組んでおく必要がある。

ただし、実習施設・機関では、クライエントが抱える生活上の困難の解決に即したソーシャルワークを展開しているため、たとえば、「児童分野のソーシャルワーク」あるいは「高齢者分野のソーシャルワーク」など、一見すると分野（あるいは領域）ごとに独立したソーシャルワークがあるように思えることがある。しかしソーシャルワークは、「人々の固有で多様な暮らし」を支える一連の取り組みである。

つまりソーシャルワーク実習は、実習施設・機関での実践を通して、「ソーシャルワーク」そのものを学習することを目的としている。

このことを十分に理解したうえで、実際に赴く実習施設・機関について確認してみよう。

2 ソーシャルワーク実習を行う施設・機関について

ソーシャルワーク実習は、あらかじめ定められた内容に則って実施される教育活動の一環であることから、どこの施設・機関でも実習が行える、というわけではない。ソーシャルワークを学習することができる施設・機関で行わなければならず、その範囲は厚生労働省の通知で示され

ている。

　具体的には、「社会福祉士介護福祉士養成施設指定規則第3条第1号ワ及び第5条第14号イ、社会福祉士介護福祉士学校指定規則第3条第1号ワ及び第5条第14号イ並びに社会福祉に関する科目を定める省令第4条第1項第7号の規定に基づき厚生労働大臣が別に定める施設及び事業」（昭和62年12月15日厚生省告示第203号）と「社会福祉士養成課程における相談援助実習を行う実習施設等の範囲について」（平成20年11月11日社援発第1111001号）に社会福祉士の実習施設・機関が記載されている。**表2-2**として実習施設・機関の一覧を概略的にまとめているので、一度、確認しておいてほしい。

　養成校は、この通知に則り、自校の教育ポリシーや実習巡回指導の可能な範囲、あるいは実習指導者の有無などの諸条件を満たした施設・機関と実習契約を結び、学生は養成校が契約をした施設・機関のなかから選定して実習する。

　実習施設・機関の選定方法については、学生自らの希望に基づいて決定したり、養成校によって割り当てられたりするなどの違いはあるものの、どこで実習を行う場合でも、「ソーシャルワークを学ぶ」という観点から学習を進めることが大切である。

　しかし、実習施設・機関が担っている役割を理解していなければ、学習の視点を定めることができず、ソーシャルワーク実習の効果を高めることはできない。そこで実習施設・機関では、どのような支援やソーシャルワークが展開されているのか確認しておきたい。

3　実習施設・機関の理解

　ソーシャルワーク実習は、社会福祉士としての実践能力を獲得するための学習機会である。その学習内容は、どの分野や施設・機関であっても、厚生労働省の通知内容に沿って行われる。しかし、クライエントやそのニーズの特性、実習施設・機関の法的根拠、地域特性などによって、ソーシャルワーク実践に多様性があることも事実である。そこで、ここでは代表的な実習施設・機関を取り上げて、それぞれの施設・機関の概要と、ソーシャルワークを担うことが想定されている職員が行う業務を整理した。

　なお、ここで説明していることは例示であり、すべての施設・機関で

表2-2　ソーシャルワーク実習施設・機関一覧

1．児童福祉法	
・児童相談所 ・乳児院 ・母子生活支援施設 ・児童養護施設 ・福祉型障害児入所施設 ・児童心理治療施設 ・児童自立支援施設 ・児童家庭支援センター ・指定発達支援医療機関 ・障害児通所支援事業 ・障害児相談支援事業	

7．売春防止法
・婦人相談所 ・婦人保護施設

8．知的障害者福祉法
・知的障害者更生相談所

9．障害者雇用促進法※2
・広域障害者職業センター ・地域障害者職業センター ・障害者就業・生活支援センター

2．医療法
・病院 ・診療所

3．身体障害者福祉法
・身体障害者更生相談所 ・身体障害者福祉センター

4．精神保健福祉法※1
・精神保健福祉センター

5．生活保護法
・救護施設 ・更生施設 ・授産施設 ・宿泊提供施設

6．社会福祉法
・福祉事務所 ・市町村社会福祉協議会

10．老人福祉法
・老人デイサービスセンター ・老人短期入所施設 ・養護老人ホーム ・特別養護老人ホーム ・軽費老人ホーム ・老人福祉センター ・老人介護支援センター ・有料老人ホーム ・老人デイサービス事業

11．母子及び父子並びに寡婦福祉法
・母子・父子福祉センター

12．更生保護事業法
・更生保護施設

13．介護保険法
・介護老人保健施設 ・介護医療院 ・地域包括支援センター ・通所介護 ・通所リハビリテーション ・短期入所生活介護 ・短期入所療養介護 ・特定施設入居者生活介護 ・地域密着型通所介護 ・認知症対応型通所介護 ・小規模多機能型居宅介護 ・認知症対応型共同生活介護 ・地域密着型特定施設入居者生活介護 ・地域密着型介護老人福祉施設入所者生活介護 ・複合型サービス ・居宅介護支援事業 ・介護予防通所リハビリテーション ・介護予防短期入所生活介護 ・介護予防短期入所療養介護 ・介護予防認知症対応型通所介護 ・介護予防小規模多機能型居宅介護 ・介護予防認知症対応型共同生活介護 ・介護予防支援事業 ・第一号通所事業 ・第一号介護予防支援事業

14．のぞみの園法※3
・のぞみの園が設置する施設

15．発達障害者支援法
・発達障害者支援センター

16．障害者総合支援法※4
・障害者支援施設 ・福祉ホーム ・地域活動支援センター ・療養介護 ・生活介護 ・短期入所 ・重度障害者等包括支援 ・自立訓練 ・就労移行支援 ・就労継続支援 ・就労定着支援 ・自立生活援助 ・共同生活援助 ・一般相談支援 ・特定相談支援

17．その他
・高齢者又は身体障害者等に対する食事の提供その他の福祉サービスで地域住民が行うものを提供するための施設

第2章 実習先決定に向けた準備

18．前各号に準ずる施設又は事業		
・身体障害者福祉工場 ・知的障害者福祉工場 ・重症心身障害児(者)通園事業を行う施設 ・ホームレス自立支援センター ・地域福祉センター ・隣保館 ・小規模住居型児童養育事業を行う施設 ・子ども家庭総合支援拠点 ・子育て世代包括支援センター ・地域若者サポートステーション ・子ども・若者総合相談センター ・「権利擁護支援の地域連携ネットワークづくり」において設置される中核機関 ・基幹相談支援センター ・介護予防特定施設入居者生活介護を行う施設 ・身体障害者更生援護施設 ・精神障害者社会復帰施設 ・知的障害者援護施設 ・高齢者総合相談センター ・都道府県社会福祉協議会 ・児童デイサービス事業を行っている施設 ・少年鑑別所 ・地方更生保護委員会 ・保護観察所 ・労災特別介護施設 ・心身障害児総合通園センター ・児童自立生活援助事業を行っている施設	・保育所 ・母子家庭等就業・自立支援センター ・一般市等就業・自立支援事業を行っている施設 ・地域子育て支援拠点事業を行っている施設 ・利用者支援事業を行っている施設 ・母子・父子自立支援プログラム策定事業を行っている施設 ・就業支援専門員配置等事業を行っている施設 ・点字図書館 ・聴覚障害者情報提供施設 ・共同生活介護を行う施設 ・知的障害児施設 ・知的障害児通園施設 ・盲ろうあ児施設 ・肢体不自由児施設 ・重症心身障害児施設 ・身体障害者自立支援を行っている施設 ・日中一時支援を行っている施設 ・障害者相談支援事業を行っている施設 ・障害児等療育支援事業を行っている施設 ・精神障害者地域移行支援特別対策事業を行っている施設 ・精神障害者地域移行・地域定	着支援事業を行っている施設 ・精神障害者アウトリーチ推進事業を行っている施設 ・アウトリーチ事業を行っている施設 ・アウトリーチ支援に係る事業を行っている施設 ・介護予防通所介護を行う施設 ・定期巡回・随時対応型訪問介護看護を行っている施設 ・夜間対応型訪問介護を行う施設 ・生活支援ハウス ・高齢者世話付住宅（シルバーハウジング） ・多くの高齢者が居住する集合住宅 ・サービス付き高齢者向け住宅 ・就労支援事業を行っている事業所 ・ひきこもり地域支援センター ・地域生活定着支援センター ・ホームレス総合相談推進業務を行っている事業所 ・東日本大震災の被災者に対する相談援助業務を実施する事業所 ・被災者に対する相談援助業務を実施する事業所 ・家計相談支援モデル事業を行っている事業所 ・生活困窮者自立相談支援事業を	行っている自立相談支援機関 ・生活困窮者家計改善支援事業を行っている事業所 ・被保護者就労支援事業を行っている事業所 ・第1号職場適応援助者助成金受給資格認定法人 ・障害者雇用支援センター ・訪問型職場適応援助に係る受給資格認定法人 ・公共職業安定所 ・教育機関 ・難病相談支援センター ・高次脳機能障害者の支援の拠点となる機関 ・家庭裁判所 ・小児慢性特定疾病児童等自立支援事業を行っている事業所 ・医療的ケア児とその家族への支援を行っている事業所 ・福祉に関する相談援助を行う施設として厚生労働大臣が個別に認めた施設 ・独立型社会福祉士事務所 ・福祉に関する業務を行うことが定款等に明記されている法人

※1　精神保健及び精神障害者福祉に関する法律
※2　障害者の雇用の促進等に関する法律
※3　独立行政法人国立重度知的障害者総合施設のぞみの園法
※4　障害者の日常生活及び社会生活を総合的に支援するための法律

必ずしも概説したとおりに展開されているわけではない。また、自分が実習する施設・機関とは異なっているとしても、ソーシャルワーク実践は共通する価値・知識・技術を基盤としていることに留意しながら学習してもらいたい。

1 児童相談所

　児童相談所は、子どもの福祉の向上を図るとともに、その権利を擁護することを主たる目的としている行政機関である。具体的には、すべての子どもが健やかに育ち、もてる力を最大限に発揮できるよう、子どもとその家庭等を援助することを目的としている。

　ソーシャルワークを担うことが想定される職員（児童福祉司、ケースワーカー）の業務としては、家庭その他から寄せられる子どもに関する相談のうち、専門的な知識や技術を要するものへの対応、調査や社会診断の実施のほか、必要な指導などが挙げられる。

2 児童養護施設

　児童養護施設は、保護者のない児童等に対して、安定した生活環境を整え、同時に生活指導、学習指導、家庭環境の調整等を行いつつ養育を実施して、児童の心身の健やかな成長とその自立を支援する施設である。

　ソーシャルワークを担うことが想定される職員（家庭支援専門相談員、ファミリーソーシャルワーカーなど）の業務としては、利用児童の家庭復帰や退所後の児童に対する相談援助や、里親委託・養子縁組推進のための業務、地域の子育て家庭に対する育児相談、情報交換を行うための協議会への参画、児童相談所等関係機関との連絡・調整などが挙げられる。

3 病院

　病院は、疾病者に対する診療を行う機関であり、その使命を円滑に遂行するため、医師や看護師をはじめ、多くの職種が従事している。そのうち、ソーシャルワークを担うことが想定される職員が、医療ソーシャルワーカーである。

　医療ソーシャルワーカーの業務としては、❶療養中の患者等が抱える経済的問題や心理的、社会的問題を解決するための調整援助、❷退院に伴う心理的、社会的問題の予防や早期発見、❸退院後の社会復帰が円滑に進むよう関係機関との連携調整、❹患者のニーズに合致したサービス

が地域で提供されるように、地域保健システムづくりへの参画などが挙げられる。

4 福祉事務所

福祉事務所（福祉に関する事務所）は、福祉六法に定める援護、育成または更生の措置に関する事務を司る第一線の現業機関である。具体的には福祉六法に関する業務を行っている。

ソーシャルワークを担うことが想定される職員（現業員、いわゆるケースワーカー）の業務としては、所長の指揮監督を受けて、介護を必要とする高齢者や身体障害者、知的障害者、児童、貧困者・低所得者およびその家族などに対し、援護、育成または更生の措置に関する面接や家庭訪問などを行うとともに、本人の資産や環境等を調査し、保護その他の措置の必要性の有無およびその種類を判断し、本人に対し生活指導を行うことなどが挙げられる。なお、実習では、生活保護業務を中心に実施する場合が多い。

★福祉六法
児童福祉法、身体障害者福祉法、生活保護法、知的障害者福祉法、老人福祉法、母子及び父子並びに寡婦福祉法のことをいう。

5 社会福祉協議会

社会福祉協議会は、民間の社会福祉活動を推進することを目的とした機関である。具体的には、社会福祉に関する活動へ住民の参加を促進する事業などを中心に行っている。

ソーシャルワークを担うことが想定される職員（福祉活動指導員、福祉活動専門員）の業務としては、担当する区域で違いはあるが、民間社会福祉活動を推進するための連絡調整や企画の立案などのほか、広報活動の推進などが挙げられる。

6 特別養護老人ホーム

特別養護老人ホームは、要介護度の高い利用者に対して、入浴、排泄、食事等の介護や、その他の日常生活の支援、ならびに機能訓練、健康管理および療養上のサービス提供を行う施設である。

ソーシャルワークを担うことが想定される職員（生活相談員）の業務としては、利用者が可能な範囲で自立した日常生活を送ることができるように、相談に応じ、関係機関や職種との連絡調整などを行うことが挙げられる。

■7 地域包括支援センター

地域包括支援センターは、地域住民の健康増進やその保持、また生活の安定に必要な支援を実施することで、地域の福祉や保健医療の向上について包括的に取り組むことを目的とする施設である。

ソーシャルワークを担うことが想定される職員（社会福祉士）の業務としては、クライエントやその家族の相談に応じたり、クライエントのケアプランを作成したりするなど、包括的・継続的な支援を行うことが挙げられる。

■8 就労継続支援B型

就労継続支援B型は、雇用契約に基づく就労が困難である者に対して、就労と生産活動の機会を提供するなどして、就労に必要な知識や能力の向上に向けた訓練等の支援を行っている。

ソーシャルワークを担うことが想定される職員（サービス管理責任者、職業指導員、生活支援員）の業務としては、個別支援計画の作成やサービス内容の評価、生産活動の指導や実施、職場規律・健康管理の指導、その他相談支援などが挙げられる。

■9 地域活動支援センター

地域活動支援センターは、障害のある人に対して創作的活動や生産活動、また社会との交流促進などの機会を提供している施設である。地域の実情に応じて、創意工夫をこらした柔軟な運用や事業の実施が可能であることに特徴がある。

ソーシャルワークを担うことが想定される職員の業務としては、買い物や食事、銀行の利用といった日常生活を営むうえで欠かせない支援のほか、利用者に対する情報提供や相談支援などが挙げられる。

■10 独立型社会福祉士事務所

独立型社会福祉士事務所は、特定の施設・機関に所属せずに、開業して自らの裁量でソーシャルワークを展開している。そのため、福祉サービスの提供だけではなく、さまざまな活動にも従事していることに特徴がある。

独立型社会福祉士の具体的な業務としては、❶個別相談や見守り、移送サービスの提供といった個人との契約によるもの、❷自治体の福祉関係委員や成年後見の受任といった公的サービスや行政からの委託による

もの、❸福祉サービスの第三者評価委員、教育機関あるいは施設研修な
どの講師といった社会福祉法人や学校などとの契約によるもの、❹地域
でのネットワーク形成やホームレスの支援といったボランタリーなもの
などが挙げられる。

◇参考文献
・加藤幸雄・小椋喜一郎・柿本誠・笛木俊一・牧洋子編『相談援助実習』中央法規出版，2010.
・臨床福祉シリーズ編集委員会，早坂聡久・増田公香責任編集『社会福祉士シリーズ22 相談援助実習・相談援助実習指導──ソーシャルワーク現場実習・ソーシャルワーク実習指導 第 2 版』弘文堂，2014.
・日本社会福祉士会養成校協会編『相談援助実習指導・現場実習教員テキスト 第 2 版』中央法規出版，2015.

● おすすめ
・野口定久編集代表，ソーシャルワーク事例研究会編『ソーシャルワーク事例研究の理論と実際──個別指導から地域包括ケアシステムの構築へ』中央法規出版，2014.
・中村剛編『自分の将来を考えている "あなた" へ これがソーシャルワークという仕事です──尊厳を守り、支え合いの仕組みを創る』みらい，2016.
・高井由起子編著『わたしたちの暮らしとソーシャルワークⅠ──相談援助の基盤と専門職』保育出版社，2016.
・高井由起子編著『わたしたちの暮らしとソーシャルワークⅡ──相談援助の理論と方法』保育出版社，2016.

第3章

実習先決定後の準備

　実習先が決定した後、実習生は事前の準備状況が実習の
成果に大きく影響することを理解したうえで、「ソーシャ
ルワーク実習指導・実習のための教育ガイドライン」を踏
まえ、実習に向けてより具体的な準備に取り組んでいく。
本章ではその内容を三つの項目から学習する。最初に実習
施設・機関の概要に加え、支援対象、関係する社会資源、
地域特性等に関する事前学習の具体的な内容と進め方につ
いて学ぶ（第1節）。次に、ソーシャルワーク実習の目的
に沿った実習計画の内容、作成方法、プロセスおよび指導
内容について学ぶ（第2節）。最後に、実習計画の確定に
向けて行う事前訪問／事前打ち合わせの意義と内容、手順
について学ぶ（第3節）。

実習先決定後の学習の内容と方法

学習のポイント

● 実習施設・機関決定後の学習の内容と方法について学ぶ
● 実習施設・機関に関する情報および地域に関する情報の収集方法について理解する
● 社会資源について理解するとともに、事前学習で社会資源を調べる意義について学ぶ

1 ▶ 実習施設・機関決定後の学習の意義

1 有意義な実習にするための基礎学習

実習施設・機関が決定した後、実習開始までに実習施設・機関や社会資源等について調べておくことが大切である。実習施設・機関や社会資源等について学習すると、そこにどのような利用者がいるのか、どのような職種の職員が配置されているのか、どのような事業が行われているのかといった基本的事項がわかる。また、実習施設・機関がどのような地域に位置しているのかといった地域の情報、人口や高齢化率をはじめとするデータ、関係施設・機関の種類と数などを調べておくと、地域の特性を把握することができる。

こうした事前学習は、実習計画書（案）を作成する際に役立つ。たとえば、特別養護老人ホームで実習を行うといっても、都市部に位置しているのか過疎地域にあるのか、伝統ある施設なのか新設の施設なのか、その土地に長く住んでいた人々の利用が多いのかそうでない人々（息子や娘が暮らす地域に転居してきた人々など）が多いのかというように、地域の状況や施設概要の違いにより、実習施設・機関の特徴は異なる。実習計画書（案）を作成する際には、こうした特性を踏まえたうえで作成するよう心がけることが大切である。

2 事前学習と実習中の学びを結びつけるための学習

実習生が実習施設・機関の概要や地域情報について事前に調べたうえで実習に臨むと、実習ではさらに学びを深めることができる。たとえば実習生の質問として、「施設の職員は何名ですか」という質問と、「この施設で社会福祉士・精神保健福祉士の配置人数が基準より多い理由は何

ですか。いつ頃から人数を増やしたのですか」という質問では、後者の
質問のほうが、事前学習を踏まえていることがわかる。実習生は「職員
の入れ替わりがあっても相談援助業務に影響が出ないよう、多めに社会
福祉士・精神保健福祉士を配置しているのではないか」と考えていたが、
実際は「ある時期から複雑化・多様化した課題を抱える相談が増加して
きたため、多様な生活課題にきめ細やかに対応できるよう、独自に社会
福祉士・精神保健福祉士の人数を増やし、包括的な支援体制を整えてい
た」という回答が得られるなど、質問しなければわからないことは多い
と気づく。

　このように事前学習を踏まえた質問ができれば、現場ならではの学び
を深めることができる。もし事前学習をせず、実習施設・機関で「施設
の職員は何名ですか」と質問していたら、「実習先は包括的な支援体制
の整備を先駆的に行っている施設だった」という事実を知ることなく、
実習を終えるかもしれない。学びの差は明確である。さらに実習生が、
現場での学びを通じて「そういえば授業で『複雑化・多様化した福祉課
題に対する包括的な支援体制の必要性』について学んだな」と思い出す
ことができれば、「現場」と「理論（講義）」を結びつけて総合的な学び
ができるようになる。

　このように、これまで学んできた理論（講義）と事前学習は、実習で
の学びに深くかかわる。実習は、ソーシャルワークが現場でどのように
実践されているのかについて学ぶ機会である。実習生は利用者とかかわ
りながら、あるいは実習指導者の指導を受けながら「現場」で学ぶので
ある。実習中は、実習生が体験した内容について、養成校で学んだ内容
を振り返りながら理解を深めたり、事前に調べた内容と関連づけて考察
するとよい。そうすると、講義では理解できなかった点を理解できるよ
うになる。また、これまで学生という立場で捉えていた点について、専
門職の立場や利用者の立場で考えることができるようになる。事前学習
は、実習での体験を「体験」で終わらせず、「気づき」や「学び」に変
えるためにも大切である。

　事前学習に取り組まないまま実習初日を迎え、実習開始後に実習施
設・機関に関する情報収集を行うようでは、貴重な実習時間が調べ物を
する時間に費やされてしまう。事前に調べることができる情報に関して
は、積極的に収集するよう心がける。

2 実習施設・機関に関する情報収集（内容）

1 実習施設・機関に関する情報収集の考え方

　実習施設・機関決定後の準備として、実習施設・機関に関する情報収集を行う際に、どのような内容を調べればよいだろうか。以下、具体的に考えていく。

　まずは、身近な例で考えてみたい。たとえば、あなたが大学や専門学校に進学する際に、どのような方法で、どのような内容を調べただろうか。大学案内やインターネットの情報を活用し、建学の精神、歴史、学部や学科、カリキュラム、取得できる資格の内容、学生数、サークルや部活、設備、学費等、幅広く情報を収集したのではないだろうか。また、大学祭等に足を運び、学校の雰囲気、学生や教員の様子、さらに地域の状況を把握したかもしれない。学校の雰囲気を肌で感じ、学生や教員と話をすると、事前に調べていた情報やクチコミだけではわからなかった情報を把握することができる。このようにさまざまな情報を集め、学生生活をイメージし、志望校を選択したのではないだろうか。

　実習施設・機関についても同様である。事前学習では実習施設・機関に関する根拠法のみならず、沿革や理念、配置されている職種、「利用者」とはどのような人なのか、どのような地域に実習施設・機関が位置しているのか等、具体的に考えることが重要である（**図3-1**）。そのためには、実習施設・機関には多くの職種が配置されていること、多職種が連携し

図3-1　実習施設・機関に関する情報収集の視点

て利用者に対するアプローチを行っていること、さらに福祉施設・機関は地域のなかに存在しているということを、どの程度理解しているかが問われる。

このように実習施設・機関に関する事前学習においては、施設・機関の概況にとどまらず、職員、利用者、地域、制度等、幅広く調べることが大切である。

2 実習施設・機関に関する情報

❶実習施設・機関の基本的情報

福祉施設は、法律等に基づき設置されている。実習施設・機関のホームページやパンフレットで調べることは簡単だが、法的根拠（根拠法）を調べることも忘れてはならない。たとえば特別養護老人ホームは老人福祉法に位置づけられており、「誰を」対象に「何を」目的とする施設なのかが明記されている。実習施設・機関の根拠法について調べたうえで、実習施設・機関の資料を活用して学びを深めるとよい。

さて、実習施設・機関の創設者はいつ頃、どのような理念を掲げて事業を始めたのだろうか。施設の沿革について調べると、たとえば「戦後間もない時期に、親を失った子どもたちを対象として事業を始めた」というように、歴史ある施設・機関であることがわかるかもしれない。また、「開設当初は高齢者の入所施設を主な事業としていたが、住み慣れた地域で暮らし続けられるような支援が重視されるようになってきたため、通所介護の事業所を地域に増やしてきた」というように、ニーズの変化に伴う事業の変遷が明らかになる場合もある。

実習施設・機関の沿革や事業概要を把握することができたら、次に、社会福祉の施策に関する年表を作成し、そこに実習施設・機関の沿革を当てはめてみると理解が深まる。実習施設・機関で取り組まれてきた事業が、社会の変化とともに変化してきたことに気づくはずである。また、実習施設・機関の理念や支援の方針には、創設者の開設当時の思いが反映されていることが多い。どのような理念の下にサービスが提供されているのか、意識しながら学習することが大切である。

このように、実習施設・機関の名称、沿革、理念、運営方針、基本目標、組織体制、支援・サービス内容などについて調べる際には、ただ単に内容をノートにまとめるだけでなく、これまで講義で習得してきた知識と結びつけて整理すると理解が深まる。

❷職員に関する情報

　次に、施設・機関の職員に関する学習について述べる。実習施設・機関には、施設長、医師、栄養士などさまざまな職種の職員が配置されている。職員の配置状況は実習先により異なるため、実習施設・機関にどのような職種が何人配置されているのか、そしてそれぞれの職種がどのような業務を行っているのか等について調べることが大切である。さらに、実習施設・機関には相談援助職が何名配置されているのか、そのなかで社会福祉士・精神保健福祉士等の有資格者は何人配置されているのかについても、可能な限り調べておくことが望ましい。

　さて、先ほど、職員の配置状況は実習施設・機関により異なると述べたが、職員の配置は各施設・機関で自由に決められるものではない。たとえば老人デイサービスセンター（指定通所介護事業所）の場合、「指定居宅サービス等の事業の人員、設備及び運営に関する基準」において生活相談員、看護師または准看護師、介護職員、機能訓練指導員、管理者の配置が定められている。こうした基準を理解したうえで実習施設・機関のパンフレットやホームページを確認すると、それ以外の職種が配置されていることに気づくこともある。

　気をつけなければならない点は、実習施設・機関のパンフレットのみを参考に調べていると、こうした違いに気づかないということである。職員の配置基準を調べたうえで実習施設・機関の資料を確認すれば、「なぜこの専門職の配置人数が多いのか」「なぜこの専門職を独自に配置しているのか」というように、違いに気づくことができる。そして、実習中にこれらの気づきを質問すると、実習施設・機関の特徴について学ぶことができる。一方、法的根拠を確認せずに実習施設・機関の資料のみで学習を済ませてしまうと、ほかの施設・機関も同様の職員配置をしていると思い込み、誤った学びをしてしまうことになりかねない。したがって、必ず法的根拠を調べ、あわせて実習先の資料を参照しながら学習することを推奨する。

❸利用者に関する情報

　実習施設・機関の利用者に関する学習も、事前に済ませておくことが大切である。たとえば実習施設・機関が高齢者に関する施設である場合、その施設で支援の対象となる「高齢者」とは、具体的にどのような人だろうか。「❶　実習施設・機関の基本的情報」で述べたが、法的根拠を確認すると「誰を」対象にしているかが明記されているので、必ず確認することが必要である。

　たとえば、特別養護老人ホームの根拠法である老人福祉法の第 20 条の 5 を調べてほしい。「誰を」対象にしているか読み取ることができるだろうか。わからない場合は、条文のなかに出てくる条文をさらに調べるとたどり着く。このように条文を丁寧に調べていくと、「誰を」対象に「何を」目的とする施設なのか理解することができる。

　そのほか、高齢者に多い疾病は何か、介護保険制度の仕組みを理解できているか等、関連する事項についても調べておくとよい。また、障害者施設で実習する場合には、どのような障害がある人たちを対象としているのか、利用者の障害特性は何か、地域で自立した生活を送るためにどのような支援が行われているのか等、調べておくことが大切である。

　用語については、社会福祉六法や用語辞典などを活用し、定義を調べるとよい。たとえば一言で「子ども」といっても、児童福祉法で「児童」「乳児」「幼児」「少年」についてそれぞれ定義されている。すでに学んでいるかもしれないが、児童養護施設では 18 歳以上になったら今後どのように生活するのかが課題になることが少なくない。先ほど述べた施設の設置に関する根拠法や「児童」の定義を調べておくと、その理由がわかる。一方、介護保険法においては、「要介護状態」「要支援状態」「要介護者」「要支援者」といった用語の定義がされている。このように事前学習は、私たちがこれまで「何となく」あるいは「わかっていたつもり」だった利用者のイメージや言葉が、知識として積み重ねられていく機会になる。この機会に正しく理解することが望ましい。

❹ 地域に関する情報

　実習施設・機関に関する情報のほかに、なぜ地域に関する情報を収集するのだろうか。その理由は、本節の冒頭でも記述したように、実習施設・機関がある地域の状況はそれぞれ異なり、地域の状況が異なれば地域課題も異なるほか、実習施設・機関の事業内容も異なるからである。何よりも、実習施設・機関は地域のなかにあるということを理解し、地域を構成する一員として捉えることが大切である。

　実習施設・機関が決まったら、その地域の人口、高齢化率、出生率、年齢別人口（年少人口、生産年齢人口、老年人口）、医療機関、福祉施設、学校、交通機関、地形など、可能な限り調べることが大切である。たとえば、人口について調べる際に、人数を調べて終わりにするのではなく、高齢者の単身世帯が多いのか、それとも若い世代が多いのか等、丁寧に調べるとよい。また、可能であれば人口の推移や将来予測についても調べることが求められる。たとえば高齢者の単身世帯が増加することがわ

かれば、将来どのような課題が出てくるか考えられる。若い世代の転入が増加するのであれば、子どもを産み育てるための環境は整えられているか等について考えることができる。一方、若い世代の転入の増加は今後5年ほど続くが、その後は減少傾向に向かうことが予測されるかもしれない。

このように事前学習を発展させると、福祉施設が多いのか少ないのか、今後必要とされる支援は現在の行政サービスで充足されそうか、住民参加型在宅福祉サービスで今後必要とされる領域は何か等、地域の状況を具体的に捉えることができるようになる。

また、都市部であっても、バス路線が廃止された地域では移動が課題になっていたり、高齢化が進んだ地域では商店街のシャッターが閉じられ買い物が生活課題となり、街が閑散としている地域がある。一方で、近年開発された地域では大型マンションが建設され、若い世代の転入が増加し、保育所や小学校が不足しているという地域もある。さらに、地域の担い手である住民の活動、すなわちボランティアや民生委員の活動が活発なのかという点にも違いがみられる。

こうした地域の状況については、行政のホームページに統計資料が掲載されているので参考にするとよい。また、総務省統計局のホームページでも各種資料が掲載されているほか、各種計画も参考になる。たとえば「地域福祉計画」「地域福祉活動計画」「介護保険事業計画」「障害者計画」「子ども・子育て支援事業計画」など福祉に関する計画のほか、自治体の基本施策の要となる「総合計画」がある。これらの計画では、自治体に関する基礎資料が紹介されているほか、これまでの計画の達成状況と将来展望、今後の施策などが掲載されている。こうした計画は住民にもわかりやすくまとめられているので、地域の情報を把握するための行政資料として活用することを推奨する。行政や社会福祉協議会のホームページを閲覧したり、資料室などを訪問して資料を入手しておくとよい。

事前に学習する地域の情報は、事前学習のみならず実習中にも役立つ。たとえば実習中に複数の地区を訪問する際に、事前学習で「高齢化率が高い地域で、昨年、バス路線が廃止になった」「坂が多い」「高齢者の外出の機会が減少している」「町内会の加入率が高い」等の情報を思い出すことができれば、利用者（地域住民）や実習指導者に対し、生活課題について具体的に話を聴くことができる。実習生は事前学習において、地域に関する基本的な学習をしているため、実習では地域を訪問し

表3-1　実習施設・機関について調べる内容

①実習施設・機関の基本的情報	・根拠法（例：○○○法第○条） ・実習先の施設・機関名、沿革、理念、運営方針、基本目標、組織体制、支援・サービス内容など
②職員に関する情報	・職員の配置基準（たとえば、児童養護施設であれば「児童福祉施設の設備及び運営に関する基準」、特別養護老人ホームは「特別養護老人ホームの設備及び運営に関する基準」、地域包括支援センターは「介護保険法施行規則」というように、根拠を調べる） ・配置されている職種（何を専門とする職種なのか）と人数 ・有資格者の人数など
③利用者に関する情報	・どのような人が利用しているのか（定義等） ・定員など
④地域に関する情報	・人口、高齢化率、出生率、年齢別人口（年少人口、生産年齢人口、老年人口）、医療機関、福祉施設、学校、交通機関、地形、地域組織の加入率、ボランティア活動の状況など

表3-2　実習施設・機関に関する情報の収集方法

・実習施設・機関のパンフレット
・実習施設・機関のホームページ
・総務省統計局のホームページ
・実習施設・機関がある地域の行政機関（市区町村役所等）のホームページ
・実習施設・機関がある地域の都道府県社会福祉協議会、市区町村社会福祉協議会のホームページ
・各種計画（地域福祉計画、地域福祉活動計画、介護保険事業計画、○○市（区）基本計画等）
・（事前に実習施設・機関を訪問する機会があれば）実習施設・機関がある地域の町内掲示板など

たり、実習指導者や利用者から話を聴いたりすることを通じ、地域で生活することに関する理解、それを支える専門職や地域住民の活動に対する理解をさらに深めることができるようになる。積極的に事前学習に取り組んでほしい（**表3-1、表3-2**）。

3　関連する社会資源

1　実習場面を想定した社会資源の理解

　社会資源については、すでにほかの科目で学んでいるだろう。「フォーマルな社会資源」「インフォーマルな社会資源」「社会資源の開発（創出）」等の言葉を聞いたことがあるのではないだろうか。社会福祉の領域においては、利用者が抱えている何らかの福祉ニーズを充足するために、あるいは地域課題を解決するために、社会資源が活用されている。

それでは、「社会資源の活用」「社会資源の開発（創出）」とはどういう意味なのか。実際の場面をイメージすることができるだろうか。実習生の多くは、実習中にケアプランや個別支援計画等、利用者一人ひとりに対する支援計画を作成する機会を得る。もし、これらの計画を作成する機会を得られなかったとしても、記録の閲覧などを通じて目にする機会はあるだろう。このときに実習生は、社会福祉専門職は利用者Ａさん（個人）のみに焦点を当てるのではなく、Ａさんの家族、友人・知人、近隣住民、関係機関をはじめとするさまざまな社会資源を活用する必要性に気づく。

　また、実習中は、地域ケア会議をはじめとする、多職種（多機関）が集まり話しあう場に同席する機会があるかもしれない。実習生の多くは、会議の内容を理解するだけで精一杯になってしまう。すなわち、その場ですべての各職種（機関）について調べる時間も余裕もないため、各専門職の発言の背景を考えることができなくなってしまう。

　ここでは、実習前に社会資源について調べておくことの重要性について、実習の場面をイメージしながら考えていく。課題に出されたから社会資源を調べるというのではなく、なぜ社会資源を把握しておくことが必要なのかについて理解したうえで事前学習に取り組むことが大切である。

■2 社会資源の活用

　近年、80歳代の高齢者の支援をするために居宅を訪問したところ、50歳代の子どもが40年間ひきこもっていることが判明したという例は珍しいものではなくなった。一見すると困りごとを抱えているように見えない世帯でも、ちょっとしたきっかけで困りごとが明らかになることがある。そして、その困りごとは複数の分野にまたがっていたり、制度の狭間に陥っていたりすることが少なくない。こうした現状を重視した行政は、対象分野別の窓口相談ではなく、包括的に相談を受け付け対応できる窓口（部署）の設置を進めているほか、地域住民が支え合い、誰もが安心して生活することができる地域づくりを目指している。

　これから紹介する事例では、以上の背景を理解したうえで、高齢者夫妻の生活をイメージしてほしい。そして、実習生がこの場面に同席していたとしたら、事前にどのような学びが必要になるか、社会資源に焦点を当てて考えてもらいたい。

事例

地域生活を理解する

　ある高齢者夫妻（以下、B夫妻）は、20年ほど前に、2人の定年退職を機に移住してきた。2人は杖を使用しており、近所を散歩することが日課になっていた。

　ある日、民生委員から最寄りの地域包括支援センターに相談があった。詳しい家庭の事情はわからないが、夫婦は二人暮らしだったはずだが、気がついたら孫の姿を頻繁に見かけるようになった。しかし孫の親の姿を見かけることはない。近頃は頻繁に近くのスーパーに買い物に出かけているようだが、インスタント食品が大量に入ったビニール袋を提げている姿を目にすることが多くなり、心配になって連絡したということだった。

　相談を受けたソーシャルワーカーは、早速、主任ケアマネジャーとともにB夫妻の居宅を訪問し、状況を確認した。遠方に住む娘の家庭の事情で3人の孫を預かることになったものの、自分たちは足腰が弱く孫を外で遊ばせることができないため、幼児2人を室内で遊ばせているが、朝から晩まで家の中を走り回り落ち着かないという。また、中学生の孫は育ち盛りで運動部に所属しているため食事の準備が追いつかず、インスタント食品をそのまま出すことが増えているということだった。さらに、昼と部活後の弁当までは作れず食費を手渡しており、年金のほとんどが孫のための支出になっている。最近は散歩に出かける機会も減り、十分な睡眠時間を確保することもできていないという。近隣との関係は悪くはないが、挨拶をする程度で家庭の事情を相談できる関係ではないとのことだった。

　ここまでの段階で、B夫妻は家庭の事情を誰にも相談していなかったことが考えられる。夫妻を見かけて心配した民生委員がソーシャルワーカーに相談しなければ、顕在化しなかっただろう。また、育ち盛りの幼児と中学生の孫の世話については、体力的にも経済的にも負担になっているのではないかと推測される。

　実習生は、ソーシャルワーカーが1人で課題を解決できると考えるだろうか。衣食住、保健、医療、経済、教育、子育て等、幅広い領域が関

係することに気づいただろうか。地域生活を支援するということは、一人ひとりの生活や環境を細かく捉え、生活課題を把握することが不可欠である。ソーシャルワーカーは、地域の関係機関やキーパーソンを把握しているからこそ、適切に関係機関および関係者に結びつけることができる。先の事例では、どのような社会資源を活用することができるだろうか。実習施設・機関の地域にある社会資源をイメージしながら考えてほしい。

事 例

社会資源を活用する

　B夫妻の話を聴いたソーシャルワーカーは職場に戻り、保健師に高齢者の健康状態について報告した。保健師は近日中にB夫妻に会い、健康状態の確認をするとともに、心身の状態が悪化しないよう、今後は身体を動かす機会を設けたいとのことだった。

　ソーシャルワーカーは主任ケアマネジャーとともに本日の訪問について振り返った。その結果、今後、保健師やB夫妻を交えて支援策を話しあい、関係する機関の協力を得ながらB夫妻の生活を支援するためのネットワークを構築する方針を確認した。

　後日開催された地域ケア会議では、B夫妻の意向を踏まえたうえで以下の内容が確認された。はじめに、B夫妻の生活を支えるために行政と連携をとり、必要な制度を利用できるようにすること。そしてB夫妻の健康状態を維持するために医療機関を受診し、かかりつけ医とのつながりをつくること。さらに利用・相談窓口を増やすため福祉施設を紹介すること。3人の孫の世話については、保育所や中学校と連携することになった。

　また、子育て支援団体や配食サービス等のボランティア団体を紹介し、B夫妻の負担軽減を図ることにした。さらに、介護予防のためのまち歩きを行っているサークルを紹介し、外出する機会を設けるほか、地域住民とかかわる機会を設定した。また、日常的な声かけや見守りは、民生委員や自治会長をはじめとする近隣住民の協力を得ることとした。

　事例から、B夫妻にかかわる社会資源の広がりやネットワークの構築を理解することができただろうか（**図 3-2**）。

　実習中に居宅訪問や地域ケア会議等に同席する機会があれば、現在ど

図3-2 社会資源を活用する前後の変化

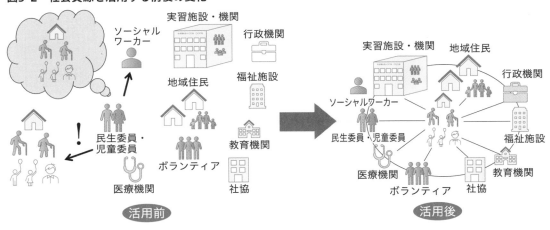

のような社会資源が活用されているのかを考えたり、利用者の困りごと
を解決するためにどのような社会資源を活用すればよいのか考えるとよ
い。もし、こうした学びの機会を得られない場合は、記録の閲覧を通じ
て社会資源の活用を学ぶことができる。支援の開始期から社会資源とつ
ながっていたのか、1年後は連携にどのような変化がみられたか、そし
て現在はどの程度の社会資源がかかわっているか、今後必要とされる社
会資源は何か等について考えてみるとよい。

　また、実習中は実習指導者に社会資源の活用について話を聴き、なぜ
その社会資源を活用しようと判断したのか、社会資源を活用したことで
利用者の課題がどのように変化したのか等について学びを深めることを
忘れてはならない。

　ここまで、社会資源に関する事前学習が実習中にどのように活かされ
るのかについて理解することができただろうか。ただ漠然と社会資源に
ついて調べるのではなく、どのような社会資源を調べる必要があるの
か、事例をもとに具体的に考え、調べることが重要である。

3 社会資源の開発

　前述したとおり、実習中は社会資源の活用について検討する機会があ
る。しかし、地域には利用者あるいは地域住民が抱えている地域生活課
題を解決するための社会資源がない場合もある。

　実習生がケアプランや個別支援計画をはじめとする個別の計画を作成
しようとする際に「こういう社会資源があったらいいな」と考え、社会
資源を調べたときに、イメージしていた社会資源がない場合はどうする

第3章 実習先決定後の準備

か。あきらめるだろうか。その案はなかったことにするだろうか。このようなとき、ソーシャルワーカーには社会資源を開発（創出）する力が求められる。以下、事例をもとに考えていきたい。

事例

社会資源の開発

　地域包括支援センターのCソーシャルワーカーに、Dさん（80歳、男性、一人暮らし）から、食事の準備が負担になっており、1日1食もしくは食べない日もあるという相談があった。Dさんは、温かい料理を誰かと一緒に食べたいという希望をもっていた。

　実はその地域には、唯一の配食サービスをしている住民参加型在宅福祉サービスがあったが、会食の場はなかった。Cソーシャルワーカーは、会食の機会を望んでいる高齢者はほかにもいるのではないかと考え、社会福祉協議会（以下、社協）のボランティアセンターにいるEボランティアコーディネーターに相談した。その結果、地域には食事に関するニーズがある一方で、配食サービスの担い手が高齢化しており、担い手の確保が課題になっていること、今後一人暮らし高齢者が増加し食事のニーズが増えるとともに、交流の場を設けることが課題になることが明らかになった。また、食事のニーズは子どもから高齢者まで、すべての世代で共通しているということもわかった。

　社協では、毎週土曜日に幅広い世代の男性が参加する料理教室を開催していた。最近ではメンバーから、地域の人にも自分たちが作った料理を食べてもらいたいという声が出ており、誰でも利用できる食堂を土曜日に開催しようかと話をしているという。Cソーシャルワーカーは、Dさんもその食堂に参加すれば料理教室のメンバーやほかの参加者とともに食事をし、交流できるかもしれないと考えた。

　最終的には、土曜日なら平日に利用できない地域住民が参加でき、地域交流の場になると考え、全世代型の食堂の開催を目指すことになった。また、男性の料理教室のメンバー以外にも担い手が必要になることから、Cソーシャルワーカーは、日頃から地域で何か活動したいと話している高齢者や老人会等の地域組織に声をかけ、協力を求めることにした。

一方、社協の声かけによりボランティア募集が始まった。平日は仕事があるためボランティア活動ができないが土曜日の数時間ならできるという若い世代も集まり、これまで社協の活動にかかわっていなかった世代とつながることができた。また、近隣の農家から野菜の提供、スーパーから調味料の提供、米屋から米の提供を受けられることになった。さらに、地元企業の社員が手伝いに来るほか、金融機関の社員が会計担当として参加することになった。町内会長からは、回覧板で周知したいという連絡があったほか、商店会から、この活動をサポートするための募金活動を始めたいという提案があった。

この事例から、社会資源を開発する場面をイメージすることができただろうか。Cソーシャルワーカーが1人で対応しようとせず他機関に相談したことで、地域全体の課題がより明確になり、多くの人や機関を巻き込みながら会食の場を設けることになった。こうしたアプローチは、日頃から住民や関係機関と関係を構築し、社会資源を把握しているからこそ可能になる旨を理解することができたのではないか。

また、事例において商店会や企業を巻き込んだように、社会福祉という枠に捉われず、地域を構成している一員として地域を捉えると、地域は社会資源の宝庫であることに気づく。たとえば、電気・ガス・水道会社は、ライフラインを定期的にチェックすることで生活の異変に気づくことが期待される。宅配業者は玄関先まで荷物を運ぶため、住人の顔がわかる。喫茶店では店員が利用客とおしゃべりをすることでおおよそのライフスタイルを推測することができるほか、商店では買い物代金の支払いが困難な高齢者を発見する場になることもある（**図3-3**）。

事前学習においては、実習施設・機関がある地域にどのような社会資源があるのか、どの機関（人）からどのような協力を得ることができそうか、考えておくことが大切である。そして実習中は、あったらいいなと考えた社会資源がない場合、どのような社会資源を開発することができそうか、考えてみるとよい。可能であれば、実習指導者と話しあう機会を設け、学びを深めてみることを推奨する。

図3-3　高齢者を取り巻く社会資源とそのかかわりの例

警察署・消防署
防犯・防災
困りごと対応

教育機関
福祉教育

飲食店
挨拶・会話

実習施設・機関
社会資源の開発

地域住民・地域組織
見守り・声かけ・地域活動への参加

新聞販売店
安否確認

電気・ガス・水道会社
ライフラインのチェック

民生委員・児童委員
日常的な支援

住民（市民）活動団体
配食サービス
地域拠点づくり

金融機関
出入金のサポート

商店（会）
買い物（支払い）支援

福祉施設
全世代型の食堂開催
（ロビー開放）

当事者団体
情報共有

行政機関
制度的なサポート

交通機関
移動支援

企業
空きスペースの提供

宅配業者
玄関先での声かけ

医療機関
健康管理

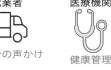
社協
組織化
担い手の養成

▌4 社会資源を捉える視点

　ソーシャルワーク実践において、社会資源の活用・開発は不可欠である。たとえば、近隣との付き合いがないという単身の一人暮らし高齢者が地域で暮らし続けるために、どのような社会資源を活用できるだろうか。自宅に閉じこもっているなら、社協が運営しているサロンに出かけたり、民生委員・児童委員が中心となっているお茶会に出かける機会を設けることが考えられる。エレベーターがない団地の４階に住んでおり、階段昇降が負担でごみ出しが生活課題となっているようであれば、近隣住民の協力を得て、ごみ収集日に一緒に出してもらえるよう依頼できるかもしれない。また、書道が趣味であれば、地域の書道サークルを紹介したり、小学校で書道の時間にボランティアとしてかかわる機会を紹介できる。一方、日常生活において常時介護を要する状態であれば、地域包括支援センターと連携し介護保険の申請手続きを進めることもできる。生活に困窮しているのであれば、生活保護の申請が可能かもしれない。毎日の安否確認は、自治会の見守り活動に協力を求めることもで

きるだろう。これを機に地域住民の活動拠点として居場所づくりを展開するのであれば、企業に空きスペースの提供を打診することもできる。

このように、地域にどのような社会資源があるのかを調べておくと、実習で利用者のアセスメントを行ったり、ケアプラン等の計画を作成する際に役立つ。また、社会資源は地域の状況により異なるため、ほかの地域と比較すると違いがわかり、地域の特徴を把握しやすい。近隣の市区町村、都道府県、国等のデータと比較し、学びを深めよう。そして実習施設・機関がある地域の社会資源が少ない場合は、どのような社会資源を開発（創出）できそうか、考えてみるとよい。

実習中は、毎日が新しい学びの連続である。その日に出会った利用者、地域住民、関係機関、関係職種について理解を深めることは容易ではない。可能な限り、事前学習において、実習施設・機関がある地域の社会資源について調べておくことが望ましい。

実習施設・機関で求められる価値・知識・技術

▌1 専門職としてのソーシャルワーカー

ソーシャルワーカーをどのようにイメージしているだろうか。社会福祉施設・機関でボランティアやアルバイトの経験があったり、すでに働いているという人もいれば、実習が初めての現場経験になるという人もいて、そのイメージは人によって異なるかもしれない。ソーシャルワーカーは、「相談に乗ってくれる人」あるいは「優しい人」といった漠然としたものではなく、職業倫理や専門的価値、知識、技術を有する専門職である。これまで学んできた国際ソーシャルワーカー連盟の「ソーシャルワーク専門職のグローバル定義」や「ソーシャルワーカーの倫理綱領」等で示されているソーシャルワーカーの価値・知識・技術などについて振り返り、具体的な場面を想定してみよう。可能であればボランティア等を通じて利用者とかかわったり、ソーシャルワーカーの業務を近くで見る機会を得ておくと、イメージしやすい。

ソーシャルワーカーのグローバル定義や倫理綱領は明文化されており、対外的にも、ソーシャルワーカーの専門性を示すことができるものである。そして、専門職として現場で活躍する際に（あるいは実践について迷ったり悩んだりした際に）ソーシャルワーク実践の共通基盤としてよりどころとなる。すなわち、専門性は学生のうちに身につくもので

はない。専門職になってからも利用者にとって最適な実践ができるよう学び続け、身につけていくもので、自己研鑽が求められる。こうした点を踏まえたうえで学びを深めておこう。

■2 ソーシャルワークの専門性

　実習施設・機関では、どのような価値・知識・技術が求められるのだろうか。詳細については演習科目で取り上げているが、「ソーシャルワーク専門職のグローバル定義」において、「ソーシャルワークは、社会変革と社会開発、社会的結束、および人々のエンパワメントと解放を促進する、実践に基づいた専門職であり学問である。社会正義、人権、集団的責任、および多様性尊重の諸原理は、ソーシャルワークの中核をなす。ソーシャルワークの理論、社会科学、人文学、および地域・民族固有の知を基盤として、ソーシャルワークは、生活課題に取り組みウェルビーイングを高めるよう、人々やさまざまな構造に働きかける[1)]」と示されている。

　この定義から、ソーシャルワークは利用者が発揮できなかった（あるいは抑圧されていた）力を引き出し、課題の解決に向かって主体的に取り組めるようアプローチするものであることがわかる。

　実習施設・機関ごとに利用者層や実践内容が異なるものの、「ソーシャルワーク」を実践していることに変わりはない。これまでほかの科目で学んできたように、ソーシャルワークは、利用者や地域住民の力を引き出したり、社会資源を活用・開発して課題を解決するに止まらない。個人の課題を、ほかにも同様の課題をもつ人がいるかもしれないと考え、地域あるいは日本が抱えている課題として捉えたり、時には世の中に福祉課題を提起するなど、個人・家庭・地域・社会といった環境に対して働きかけている。

　実習は、理論（講義）と実践の双方からソーシャルワークを理解する機会である。しかし、職員が「今から、倫理綱領でいう○○を実践します」と解説しながら実践するのではない。実習生が利用者と職員のかかわりを間近で見たり、実習生が利用者とのかかわりを通じ、「この場面は倫理綱領でいう○○ではないか」と考える力が求められるのである。

■3 実習施設・機関で求められる価値・知識・技術

　ソーシャルワーカーといっても、一人ひとりのこれまでの生き方や価値観などは大きく異なる。しかし専門職として業務を行う際には、個人

的な価値観に依拠するのではなく、ソーシャルワーカーという専門職として対応することが求められる。そのためには、自身の性格や考え方を客観的にみつめ、専門職として対応するためにどのような点を強化すればよいのか考えてみるとよい。

　また、ソーシャルワークを実践するためには、専門職の価値・知識・技術といった共通基盤を理解し、実践に反映させることが求められる。たとえば利用者を「力がなく弱い存在」として捉えたり、ソーシャルワーカーが主導して課題を解決しようとするのではなく、利用者にも力があると捉え、利用者とともに考える姿勢が大切である。先に述べた「ソーシャルワーカーの倫理綱領」では、「原理」「倫理基準」が示されている。実習開始までに理解しておくことが望ましい。

　実習は、これまで講義を中心に学んできた専門的知識や倫理が、現場でどのように実践に反映させているかを学ぶ場である。すべての人を平等に捉え、社会正義の実現を目指すという価値をもった専門職が、個人や地域にアプローチしようとする際に、熱意だけで実現できるとは限らない。また、専門的知識を有効に発揮するためには、専門的技術が必要になる。たとえば、個人や地域が抱えている課題をアセスメントするために面接技術やアセスメント技術が必要になる。また、課題を解決するためにネットワーキング、ファシリテーション、プランニング、調査、組織化などの技術のほか、実践を可視化し今後の支援に役立てるために記録の技術も求められる。すなわちソーシャルワーク実践は、専門職の価値・知識・技術が相互に影響しあうものであるといえる。

5　実習施設・機関がある地域の情報

1　実習施設・機関がある地域について学習する意義

　先に述べたとおり、実習施設・機関がある地域における人口、高齢化率、福祉施設・機関数等のデータを収集することにより、地域の現状を把握したり他地域と比較することができる。しかし地域には、データのみでは把握しきれないことがある。それは、その地域で育まれてきた文化や歴史、そしてそこで営まれている生活である。ソーシャルワークは人と環境との交互作用に働きかけるものであるから、利用者やその家族のみならず、実習施設・機関がある地域と、そこで営まれている生活を理解することが大切である。

私たちの生活は何らかの環境と交わりながら営まれている。たとえば最も身近な例を挙げると、家族や親戚、友人・知人がいる。学校にはクラスメイトがいるし、サークルに所属していれば学年を超えたつながりを構築することができる。また、アルバイトをしていれば、ともに働く仲間がいる。遠方まで通勤・通学することが可能になった現在、多くの人が1日の大半の時間を自宅から離れた学校や職場（地域）で過ごしている。しかし、私たちの生活の場は地域である。近隣との付き合いや、町内会をはじめとする地域組織の活動がある。日頃は地域組織の活動に参加していないとしても、災害が発生した際には近隣の声かけや助けあいが求められる等、私たちの生活は地域と切り離すことができない。すなわち私たちの生活は、多くの環境と交わりながら営まれているのである。

　以上のことから、ソーシャルワーカーが利用者（あるいは地域）に働きかけようとする際には、課題を抱えている利用者にのみ焦点を当てるのではなく、その環境にも目を向けてアプローチすることが求められる。このような視点で地域を捉えると、人口や高齢化率といったデータ（数字）のみならず、人々が生活を営む場として考える必要があることがわかる。

2 地域を捉える視点

　地域には、どのような人たちが生活しているだろうか。そして、どのような社会資源があるだろうか。

　一言で「地域住民」といっても、老若男女、支援を必要としている人からそうでない人まで、さまざまである。そして私たちも地域住民の一人であることを意識したことがあるだろうか。たとえば地域では、80歳代の親が長年ひきこもっている50歳代の子の面倒をみていたり、祖母が孫を育てていたり、小学生が弟や妹の世話をするため登校していないということがある。また孤立死においては、家族や職場とのつながりが断たれ、近隣との付き合いもないため誰にも気づかれなかったというケースが少なくない。その一方で、職場や地域とのつながりがあっても、実は苦しい生活を強いられていることに気づかれない（相談できない）という例もある。

　このように地域には何らかの課題を抱えている人たちも暮らしている。とりわけ生活課題はみえにくく、周囲に気づかれないことが多い。ソーシャルワーカーは、家族の状況や近隣との関係、福祉施設・機関との関係等についてアセスメントし、環境からどのような影響を受けてい

るのか、環境との交わりがないのか、それとも絶たれてしまったのか等、さまざまな視点で捉えていく。そして何らかの課題を抱えている人のみならず、環境にもアプローチしながら関係の調整を図っている。

また、人と環境の交互作用に注目する際に、人々の暮らしは地域の歴史や文化によって異なる点を考慮する必要がある。たとえば高齢者の介護や子育ては女性が担うものとされている地域や、福祉サービスを利用することに対してよく思わない地域がある。さらに地域外あるいは国外から転入してきた新しい住民を受け入れず、転入者が地域になじめないといった課題を抱えていたり、地域で座談会を実施すると役職者が全員男性だったり、女性が参加していても発言は男性ばかりだという地域もある。その一方で、転入者を積極的に受け入れる地域や、男性よりもむしろ女性が力強い活動をしている地域もある。

民生委員の活動区域や地域包括支援センター等の担当区域が異なることはすでに学習済みだと思うが、地域住民の生活は、このように分けられた区域ではなく、たとえば地域の東西を流れる川と南北に走る高速道路によって分かれているという地域もある。

近年は伝統的な地域の一部が開発され、高層マンションに多くの転入者が居を構えたり、外国人が住む地区が形成されるなど、顔のみえる関係ではなくなってしまったという地域の話も珍しくない。場所によっては、外国人労働者が多く暮らしている地域もあり、福祉課題を抱えている人のみならず、外国人に対する偏見や差別が地域課題となっている場合もある。

このように地域はさまざまな文化や伝統のうえに成り立っており、人々はそれぞれの地域で生活を営んでいる。ソーシャルワーカーが人と環境との交互作用に注目する際には、こうした地域特性を理解することも求められる。

▋3 地域を構成する一員としての実習施設・機関を理解するために

実習先（福祉施設・機関）を、地域を構成する一員であると捉えた場合、実習施設・機関と利用者という関係のみならず、実習施設・機関と学校、実習施設・機関とボランティア、実習施設・機関と地域というように考えてみるとよい。福祉教育の実践の場として子どもたちを受け入れていたり、専門職養成の場として実習生を受け入れていたり、ボランティアの活動の場として地域住民を受け入れている実習施設・機関は多

第3章 実習先決定後の準備

い。また、施設・機関の利用者が地域の飲食店で食事をする機会を設ける、地域住民に対して認知症予防のための講座を開催する、施設・機関のロビーを開放してカフェを開く、地域のイベントに参加するなど、地域と協力しあう取り組みが増えている。とりわけ近年は社会福祉法人の公益活動の一環として、地域貢献が積極的に行われている。

　現在は地域と良好な関係が構築されているとしても、実は建設当初は地域で反対運動が起きていたということがある。場合によっては、現在も地域に受け入れられず、地域になじめていないということもある。こうした施設コンフリクトは、たとえば障害や認知症に対する偏見や、福祉施設・機関に対する拒否感などが原因となっていることが少なくない。地域共生社会の実現が目指されている現在、福祉課題を抱えている個人や世帯のみならず、福祉施設・機関を含め、どのようにともに生きる社会を構築していくことができるかが問われている。

　最後に、データ以外の地域情報をどのように収集できるのかについて述べたい。たとえば転入者の数や外国人の居住者数については、行政のデータを参照できる。それ以外の方法で地域を理解するためには、その地域に足を運ぶことを推奨する。事前に実習施設・機関を訪問する機会があれば、町内の掲示板を確認するとよい。掲示板に敬老会の案内や子ども会に関するお知らせが掲示されていれば、地域組織の活動状況を把握することができる。

　地域の状況は多様であり、福祉施設・機関の建設反対というチラシが貼られている地域があれば、施設・機関のイベントの案内が掲示されている地域もある。町内の掲示板に掲示するためには町内会長の許可を必要とする地域もあるため、掲示板を通じて、実習施設・機関と地域との関係を垣間見ることもできる。

　また、街を歩いていると、道端のベンチに多くの高齢者が独りで座っている光景を目にすることがある。この地域では日中、どこに人が集まっているのだろうか、カフェには若者が多いが高齢者が日常的に利用している喫茶店はあるのだろうか、サロンは開催されているのだろうかと考えることができる。

　実習施設・機関決定後の学習は、利用者の理解から実習施設・機関がある地域の理解、さらに専門職の倫理に関する理解まで幅広く求められるが、ソーシャルワーク実践に不可欠な要素として捉えると理解が深まる。事前学習の重要性を理解したうえで積極的に取り組むことを期待している。

第**3**章 実習先決定後の準備

◇**引用文献**
　1）国際ソーシャルワーカー連盟・国際ソーシャルワーク学校連盟「ソーシャルワーク専門職のグローバル定義」日本社会福祉士会　https://www.jacsw.or.jp/06_kokusai/IFSW/files/SW_teigi_japanese.pdf

◇**参考文献**
　・厚生労働省「地域共生社会に向けた包括的支援と多様な参加・協働の推進に関する検討会（地域共生社会推進検討会）最終とりまとめ」2019.
　・日本社会福祉士会「ソーシャルワーク専門職である社会福祉士に求められる実践能力」（第10回社会保障審議会福祉部会福祉人材確保専門委員会資料）2017.
　・日本ソーシャルワーカー連盟「ソーシャルワーカーの倫理綱領」2020.

学習のポイント

● ソーシャルワーク実習に向けた実習計画の意義と内容、作成方法について理解する

1　実習計画の意義

　社会福祉士・精神保健福祉士養成課程がソーシャルワーク専門職養成を志向した教育として展開されるならば、その一部である「ソーシャルワーク実習」は次のようなものと想定できる。それは、学生が一定の専門的水準を有するソーシャルワーク実践の現場に身を置くことによって（臨床参加型）、実習先である施設・機関の理解、組織内のソーシャルワーカーの位置・役割の理解を含めつつ、そこで展開される実践行動（performance）を現場の実践過程と照合することで、事前の学びを踏まえた価値・知識・技術の総体としてのソーシャルワークの実践能力（competence）の獲得を目指すものである（目標志向型）。

　このような内容を踏まえると、実習計画は単に「学生の個人的な興味・関心のみを記載する」のではなく、社会福祉士・精神保健福祉士（の実習）として求められる「所定のねらい・内容を踏まえる」必要がある。ここで「あらかじめ目的や内容が決まっているならば、学生が個別に実習計画を作成する必要があるのか」という疑問が出てくるかもしれない。また、実習指導者はあらかじめ実習受け入れに向けて基本プログラムを用意している場合が多いことを考えれば、「実習施設・機関でプログラムが用意されているのであれば、学生はそのとおりに実習を行えばよいのではないか」という疑問もあり得る。多くの実習生が初めて長期間の実習として経験する「ソーシャルワーク実習」においては、「体験」による現実からの衝撃（reality shock）に重要な意味があり、「事前に適切な問題意識や具体的実習目標を設定することには無理があるのではないか」という見方もあるかもしれない。

　しかし、専門職養成教育の一環として実施される「ソーシャルワーク

★臨床参加型
「同行」「同席」「見学」にとどまらず、「実施」、つまり学生が「やってみる」ということ。

---

i　実習における reality shock は実習生にとって重要な経験ではあるが、ソーシャルワーク実践能力の獲得を志向する実習においては、それを超えることが求められる。

実習」において、学生の積極的な参加と限られた時間のなかで期待される成果を目指そうとすれば、学生自らの問題意識とそれに基づく実習テーマ（実習目標）の明確な設定が重要となる。

　実習計画は、実習を行う意味・動機、目指すゴール、そのための方法や手段としての希望する体験・経験内容について、学生が主体的に考え作成することを通して実習への動機づけを高め、事前の学習内容とも連動させながら十分な準備のもとで実習に臨むために必要といえる。また、実習計画は実習生と実習施設・機関（実習指導者）を媒介するものであり、実習指導者が作成する基本プログラムと照らし合わせ相互に内容を調整することで、現実的かつ効果的な実習となる。さらには実習の進捗状況の確認や最終的な成果の確認（実習評価）の際にも基準として活用されることからきわめて重要なものである。実習が養成校と実習施設・機関との間の「実習契約」に基づく場合は、学生が実習計画書を作成すること、実習指導担当教員が学生の実習計画書の指導を行うこと、実習指導者が実習計画書の作成に関与することは、実習関係三者それぞれの責務と位置づけられる。

2 ▶ 実習計画の内容と作成方法

　実際に実習計画を立てる場合、それは「ソーシャルワーク実習計画書」の作成を意味する。前述したように、社会福祉士・精神保健福祉士養成課程における「ソーシャルワーク実習」およびその事前・事後指導を行う「ソーシャルワーク実習指導」では、国家資格として充たすべき最低基準として厚生労働省通知で「ねらい」と「教育に含むべき事項」が明示されている。社会福祉士の場合は、通知の内容をより具体的かつ詳細に解説・整理した一般社団法人日本ソーシャルワーク教育学校連盟によ

---

ii　実習計画書は実習指導者にとっては学生の興味・関心を知る重要な材料である。その内容について学生と実習指導者、実習指導担当教員間で意見交換を行いながら、実習計画書と実習プログラムの内容を確定させていくことになる。

iii　本章において触れられている、社会福祉士養成施設、社会福祉士学校および精神保健福祉士養成施設等における、設置及び運営に係る指針、ソーシャルワーク実習の教育内容（「ねらい」「教育に含むべき事項」）などについて定めている通知とは、「社会福祉士養成施設及び介護福祉士養成施設の設置及び運営に係る指針について」（平成20年3月28日社援発第0328001号）・「社会福祉士学校及び介護福祉士学校の設置及び運営に係る指針について」（平成20年3月28日19文科高第918号社援発第0328002号）・「精神保健福祉士養成施設等の設置及び運営に係る指針について」（平成23年8月5日障発0805第3号）をいう。

る「ソーシャルワーク実習指導・実習のための教育ガイドライン」の内容も参照することが有用である（なお、このガイドラインは精神保健福祉士も参考にすることができる）。学生はあらかじめこれらの内容を理解したうえで、自身が実習で重点的に学びたい内容（実習テーマや実習目標、その達成方法など）を実習計画書に明確に記述することが求められる。

実習計画書の作成は、実習指導担当教員から必要な助言・指導を受けながら進めていくが、一般的な方法としては実習指導担当教員による個別指導、グループディスカッションやグループワーク（発表含む）、グループ指導などが想定される。これらを複数回にわたって繰り返しながら実習計画書を完成させる。

本章第3節で説明する事前訪問／事前打ち合わせで使用する実習計画書は、おおむね実習開始の2か月ほど前を目途に作成することになり、実習指導者との打ち合わせを済ませた「完成版」の実習計画書は、おおむね実習開始の2〜3週間前に完成しているはずである。つまり、実習計画書は「学生」「実習指導担当教員」「実習指導者」の三者の協働[iv]で作成するもので、作成段階における三者の協働の内容と程度が実習の内容を左右するといっても過言ではない。

実習計画書を実効性のあるものとするには、実習分野や実習施設・機関に関する一定程度の理解が不可欠となるため、実習計画書は事前学習の内容や進捗状況と深い関係にあると理解する必要がある。「実習計画書」と「事前学習」は相互にその内容に影響を与える関係にあると捉え、二つを関連させながらそれぞれの作成・学習に取り組むことが求められる。よりよい実習計画書とするためには、事前学習内容の充実が重要といえる。「ソーシャルワーク実習指導」に関する厚生労働省通知は、事前学習で取り組むべき内容としても活用することができ[v]、同時に実習計画書を作成する際にも踏まえるべきものといえる。

以上の内容を踏まえた実習計画書の作成における具体的な手がかりとして、先述した「ソーシャルワーク実習指導・実習のための教育ガイドライン」が活用できる。そこで示されている実習計画に関する留意点および「モデル実習計画書」の一部を紹介する（**表3-3**）。

---

iv　社会福祉士・精神保健福祉士ともに2か所で実習を行うことになるため、実習指導者がそれぞれ1名ずつと考えると、四者協働ということになる。

v　社会福祉士「ソーシャルワーク実習指導」の教育に含むべき事項（通知）では①②③④⑤⑥⑧、精神保健福祉士「ソーシャルワーク実習指導」の教育に含むべき事項（通知）では、アイウエオカキクコが該当する。詳細はpp.15-16参照。

　実習計画の作成にあたっては、ソーシャルワーク実習教育内容・実習評価ガイドラインの達成目標および行動目標を基準として、社会福祉士養成課程を修了し、社会福祉士国家資格を取得することができるレベルに到達するために、ソーシャルワーク実習で何を達成する必要があるのかを理解していることが前提になる。実習計画フォーマットに示された欄は、2か所の実習の期間中にすべての目標に対する実習内容が実施され、すべての達成目標の基準を一定の質で満たす必要がある。そのため、1か所目の実習終了時点での実施状況および評価を踏まえて、2か所目の実習の実習計画を作成または修正しなければならない。1か所目の実習施設・機関に関する実習計画作成において空欄があることは差し支えない。しかし、1か所目・2か所目を通算してすべての達成目標の基準を一定の質で満たす必要性がある。

　実習計画フォーマットの記入をするにあたっては、実習評価ガイドライン（巻末資料参照）の達成目標と行動目標の関係を確認しながら、実習予定の実習施設・機関等での具体的な実習内容を行動レベルで記述していく必要がある。その際、行動レベルの実習内容に関する記述について、各項目の実習内容が、ターゲットにしている行動目標の達成に資するものとなっているかどうか吟味しなければならない。行動レベルの実習内容に関する記述は、実習予定の実習施設・機関等のことを十分に理解したうえで作成し、実際にその内容に取り組んでいる実習中の自分（実習生）の動きが具体的に想像できるものとすべきである。一つの実習プログラムが複数の達成目標に対応する実習内容につながることもあるが、それぞれの達成目標に対してどのように取り組むかに焦点を当て、それぞれの実習内容を記述する。

---

vi　モデル実習計画書の内容は、「ソーシャルワーク実習教育内容・実習評価ガイドライン」に示されている19の達成目標に対応して構成されている。詳細は巻末資料を参照。

表3-3　実習計画書の例

ソーシャルワーク実習　実習計画書※
学生氏名：○○　○○
所属施設・学校名：○○大学
実習施設・機関名：特別養護老人ホーム○○園
実習施設・機関住所：○○県○○市○町○番地
実習施設・機関連絡先（電話番号）：○○○ - ○○○ - ○○○○
実習施設・機関連絡先（Eメール）：○○○@○○○.jp
実習指導者名：○○　○○
実習指導者所属部署：特別養護老人ホーム○○園　○○部
実習期間： 　　2021年○月○日（○）　～　2021年○月○日（○）
当該施設・機関での予定実習時間数（当該施設・機関での実習終了時の総実習時間数）： 　　　　　　　　　　　　○時間（　　　　　　　　　△時間）

署名

実習生	○○　○○
教員	○○　○○
実習指導者	○○　○○

＜実習の概要＞（実習施設・機関の種別や対象について）
実習施設・機関名：

> 特別養護老人ホーム○○園
> 　種別：老人福祉法に規定する特別養護老人ホーム、介護保険法における介護老人福祉施設

◆書き方のポイント
事前訪問／事前打ち合わせで得た情報のほか、実習施設・機関のホームページやパンフレット、根拠法などをもとに書く。

実習施設・機関の社会的使命：

> 　要介護高齢者が必要な介護を受けながら安心・安全に暮らすことができる生活の場を提供すること。

実習施設・機関が提供しているサービス：

> 　入浴、排せつ、食事等の介護、相談及び援助、社会生活上の便宜の供与その他の日常生活上の世話、機能訓練、健康管理及び療養上の世話を行う。

実習施設・機関がかかわりの対象とする人々：

> ・65歳以上の者で身体上又は精神上著しい障害があるために常時の介護を必要とし、かつ、居宅において介護を受けることが困難な者
> ・新規利用者の場合は要介護3以上である者（原則）。※市町村による措置入所の場合あり

＜実習生の実習内容の概要＞
実習中に実習生（あなた）が担当する主な内容（例：インテーク面接、アセスメントの実施、グループの運営、地域住民の会議の開催、クライエントに関係する法改正の確認、など）

> 　生活場面接、アセスメントの実施、地域のボランティア受け入れに係る初回説明、カンファレンスの進行役

◆書き方のポイント
次の項目「実習先で自分が取り組めると思う内容」について、事前訪問／事前打ち合わせ等で実習指導者などと打ち合わせた内容をもとに、実際に自分が実習で行う（担当する／実施・実行する）ことを書く。

※ソーシャルワーク実習は、厚生労働省通知にある教育に含むべき事項①～⑩のすべてを実施することが求められる。「ソーシャルワーク実習教育内容・実習評価ガイドライン」は通知内容を踏まえ作成されており、このモデル実習計画書はそれらの内容に基づいている。

実習先で自分が取り組めると思う内容（例：プログラム評価の実施と報告、助成金や補助金の申請書作成、会議の開催、プログラム開発、など）

> 敬老会におけるレクの企画（グループの運営）、地域のボランティア受け入れ説明会の開催

クライエント個人や家族、グループ、コミュニティと直接かかわりをもつ方法

> 実習施設は生活の場であるため、日常の支援場面や施設内のレクリエーション等の各種プログラムを通して入所者とかかわりをもつことができる。また、各種の面接・カンファレンス場面において家族や関係施設・機関のスタッフに加え、ボランティアの受け入れプログラムや夏祭り・敬老会などの行事を通じて地域住民等とのかかわりも可能である。

<スーパービジョンの実施>
毎週の定期的なスーパービジョンの日程

実習指導者：○○　○○	養成校教員：○○　○○

スーパービジョンに向けた実習生の準備内容

実習指導者：○○　○○	養成校教員：○○　○○

<実習の具体的な実施計画>
項目2：利用者やその関係者（家族・親族、友人等）との援助関係の形成
達成目標（2）：クライエント等との援助関係を形成することができる。

> 行動目標①：クライエント等との信頼関係を構築する際の留意点や方法を説明することができる。
> ・ソーシャルワークにおけるクライエント等との信頼関係（ラポール）の構築の意義、必要な知識・方法について、あらかじめ事前学習で取り組んだ内容を再度確認する。事前学習の内容が不足している場合は、追加で調べ学習を行う。また再確認した内容を、実習指導者に自分の言葉で説明する。実習生が複数いる場合は、グループワーク等を行い、個人報告を行ったうえで実習指導者やほかの職員から助言・指導を受ける。
> ・クライエント等との面接や生活場面におけるコミュニケーションの場に同席し、信頼関係の構築に係る知識を念頭に、実習指導者やほかの職員の面接の進め方を観察する。そのなかで気づいた点／気になった点をメモに整理し、まとめたものをスーパービジョン等の機会に実習指導者やほかの職員へ提出・報告する。

評価の実施方法（予定）：
□直接指導による評価（担当者：実習指導者）
□同僚やクライエントからのフィードバック
☑本人の作成した書類の確認（担当者：実習指導者）
□スーパービジョンでのディスカッション
□その他　（実習生同士での振り返り・ピア評価（実習生が複数いる場合））

◆書き方のポイント
実習施設・機関の概要を踏まえ、「同行・同席・見学」にとどまらず、実習において自分が実際に取り組める（担当する／実施・実行することができる）と考えられる内容について、実習指導担当教員と相談し指導をうけたうえで書く。

◆書き方のポイント
実習で「自分がどのように行動するか」についてイメージできるよう具体的に書く。また、これまで学んできた講義やテキストの内容から、科目横断的にこれまでの学びを確認しながら書く。例示では、「ガイドライン」の行動目標を使用している。

第**3**章　実習先決定後の準備

◇参考文献
・日本ソーシャルワーク教育学校連盟「ソーシャルワーク実習指導・実習のための教育ガイドライン」2020.
・日本社会福祉士養成校協会編『相談援助実習指導・現場実習　教員テキスト　第2版』中央法規出版, 2015.
・日本社会福祉士会編『社会福祉士実習指導者テキスト　第2版』中央法規出版, 2014.
・日本精神保健福祉士協会・日本精神保健福祉士養成校協会編『教員と実習指導者のための精神保健福祉援助実習・演習』中央法規出版, 2013.
・米本秀仁・久能由弥『相談援助実習・実習指導　第2版』久美出版, 2014.

第3節　事前訪問／事前打ち合わせ

● 事前訪問／事前打ち合わせの意義と内容・方法について理解する

1　事前訪問／事前打ち合わせの意義

　事前訪問は、ソーシャルワーク実習での学びを効果的なものにするために、学生が実習前に実習施設・機関へ訪問し、実習指導者と実習内容などについて意見交換や実習に向けた各種の確認を行い、実習に対する双方の認識や内容・方法などを共有する場（機会）である。その時期は実習開始のおおむね1か月半から2か月前である。個別に事前訪問を行うのではなく、養成校が開催する「実習事前説明会（事前打ち合わせ会）」に実習指導者が参加し、その場で学生（および実習指導担当教員）とやりとりを行う方法もある。そのため、ここでは「事前訪問／事前打ち合わせ」と併記するが、基本的には事前訪問を想定している。

　本章第2節でも確認したように、社会福祉士・精神保健福祉士養成課程におけるソーシャルワーク実習は、学生の興味・関心のみに基づく単なる「体験学習」ではなく、「ソーシャルワーク専門職として社会福祉士・精神保健福祉士を養成する教育課程の要」であり、学生が実践現場に身を置く経験を通じて価値・知識・技術の総体としてのソーシャルワーク実践能力を習得することを目的としている。ソーシャルワーク実習が目標志向型である前提を踏まえると、事前訪問／事前打ち合わせでは、養成校において実習指導担当教員からの指導を受けたうえで、学生が問題意識や興味・関心、学びたい内容を記載した実習計画を提示する。

　一方、実習指導者は厚生労働省通知にある「ねらい・教育に含むべき

図3-4　実習内容の合意

事項」ならびに一般社団法人日本ソーシャルワーク教育学校連盟による
「ソーシャルワーク実習指導・実習のための教育ガイドライン」を踏まえ、
組織・機関の実情に合わせた標準的な「ソーシャルワーク実習基本プロ
グラム」（以下、基本プログラム）を用意する。双方の内容を確認し、
すりあわせを行うことで、実習を有意義なものとすることができる（実
習生、実習指導担当教員、実習指導者の三者による実習内容の合意）。厚
生労働省通知[i]にも明記されており、実習に向けた重要なプロセスと位置
づけられる。

　もし学生がソーシャルワーク実習の目的を十分に理解しないまま、そ
して実習分野や実習施設・機関および必要な事項に関する学習が不足し
たまま実習計画を作成し、それに沿って実習を開始するとしたら、実習
指導者が用意した実習での経験・体験内容と不一致が生じることで、限
られた時間を有効に活用できず、期待していた学びを得られない可能性
がある。また、実習指導者はソーシャルワーク実習で求められる内容を
踏まえずに、現場の実際のみに基づき基本プログラムを作成し、学生の
問題意識や目標・興味・関心を十分に確認しないまま実習を受け入れる
ことになれば、実習がスムーズに進まなかったり、適切に学生を指導す
ることができないことも考えられる。

　このように学生と実習指導者の間で、実習内容、方法、実施上の要望
などに関する認識の不一致を回避し、実習全体の方向性を共有して実習
開始を迎えるための準備が欠かせない。そのため、養成校は実習指導者
に対して、厚生労働省通知（ねらいと教育に含むべき事項）を踏まえて
あらかじめ基本プログラムの作成を依頼している。実習指導者は自らの
施設・機関においてソーシャルワーク実習として提供できる内容を準備
し、学生も実習の目的や事前学習を踏まえ、できるだけ具体的な実習計
画書を作成する。事前訪問／事前打ち合わせは二つの計画を突きあわせ
ることで、内容を共有し適切性や現実性、実習実施上の工夫や留意点な
どを互いに確認し[ii]、実習開始前に合意することを目指して行われる。

---

i　厚生労働省社会・援護局長通知平成20年3月28日社援発第0328001号（最終
　改正令和2年3月6日社援発第0306第21号）では、社会福祉士「ソーシャルワー
　ク実習指導」の教育に含むべき事項に「⑧　実習生、実習担当教員、実習先の実習
　指導者との三者協議を踏まえた実習計画の作成及び実習後の評価」とある。また、
　厚生労働省社会・援護局障害保健福祉部長通知平成23年8月5日障発0805第3
　号（最終改正令和2年3月6日障発0306第4号）では、精神保健福祉士「ソーシャ
　ルワーク実習指導」の教育に含むべき事項に「コ　実習生、実習担当教員、実習先
　の実習指導者との三者協議を踏まえた実習計画の作成」とある。

　事前訪問／事前打ち合わせを行うための準備・手続きとして、まず学生は実習施設・機関へ事前に電話連絡し、実習指導者にアポイントメントをとらなければならない。これはおおむね訪問希望日の1か月～2週間前までに済ませる。複数で実習に行く予定の場合は、学生間の予定を事前に確認してから電話する（実習依頼文書への回答書などで実習指導者が個別に対応することがあらかじめわかっている場合はその限りではない）。服装は、実習指導者から特段の指示がない限りスーツを原則とし、身だしなみにも注意する。実習施設・機関までの経路と所要時間も調べておかなければならない。事前訪問／事前打ち合わせ当日の前後の時間を使って、実習施設・機関の立地や周辺環境について実際に見て確認することも、実習開始前に実習施設・機関への理解を深める一助になる。事前訪問／事前打ち合わせに持参するものは事前電話の際に実習指導者に確認しておくとよいが、例示するならば**表3-4**が想定される。

表3-4　事前訪問／事前打ち合わせに持参するもの（例）

①　実習計画書（養成校から実習指導者へ事前に送付している場合もある）
②　事前学習内容（①の一部として記載されている場合もある）
③　筆記用具・メモ用紙
④　事前訪問／事前打ち合わせの記録[*]（養成校で用意している場合）
⑤　関係するテキスト・参考書・授業資料
⑥　その他、事前電話で実習指導者から指示されたもの

★事前訪問／事前打ち合わせの記録
事前訪問のあと、実習指導者と打ち合わせた内容を「事前訪問／事前打ち合わせの記録」に記入し、実習指導担当教員に提出するなど養成校での事前指導のなかで活用する。

　事前訪問／事前打ち合わせの内容は養成校や実習施設・機関ごとに多少の違いはあるが、一般的なものとしては**表3-5**のとおりである。

　事前訪問／事前打ち合わせでは、**表3-5**のとおり多くの内容が扱われるが、そのなかで最も重要なのは「①実習計画書の検討」である。事前訪問／事前打ち合わせが学生と実習指導者の顔合わせ・波長合わせのみの機会という位置づけであれば、わざわざお互いの予定を合わせて実施する必然性はないかもしれない。しかし、事前訪問／事前打ち合わせの主な内容は「実習計画書を学生と実習指導者の協同作業として検討しつつ、実習内容について合意する」ことである。要する時間は、その内

---

ii　実習計画書の内容や学生とのやりとりのなかで実習指導者は学生に対する理解を深めつつ（学生をアセスメントする）、基本プログラムの必要性、修正内容とその程度を検討することになる。

表3-5　事前訪問／事前打ち合わせで扱われる内容（例）

① 実習計画書の検討
② 実習生の心構え（マナー・ルール）
③ 個人情報保護・守秘義務について
④ 服装・身だしなみ
⑤ 実習時間・勤務体制
⑥ 更衣室・休憩室などの利用ルール
⑦ 実習時に持参するもの
⑧ 健康管理
⑨ 遅刻・欠席時の手続き
⑩ 交通手段（通勤経路・方法）
⑪ 事故などへの対応方法（保険適用範囲など）
⑫ 実習記録など提出物について
⑬ 施設・機関内の見学

容や方法にもよるが、おおむね60〜90分程度が想定される。

　図3-5にあるように実習計画書の検討は、まずは学生が実習指導担当教員の指導・助言を受けながら作成した実習計画書の内容、具体的には実習分野／実習施設・機関を選択した動機や問題意識、実習テーマ（実習目標）の内容、それを達成するための小目標、そしてその具体的達成方法として実習で経験・体験したい事項について、自分の言葉で実習指導者に説明することから始まる。実習指導者はその内容を聞いたうえで、疑問に思ったことや確認したいことを質問することもあれば助言をすることもある。学生はそれらに応答するといったやりとりを繰り返しながら、必要に応じて実習計画書を修正していく。さらに、実習指導者は実習基本プログラムを学生に示しながら説明するため、学生はその内容を聞いたうえで実習計画書の内容が実施可能であるかを確認しつつ、実習指導者に要望を伝えたり不明な点について質問する。実習指導者は学生の要望・質問内容に関する実施の可能性や工夫が必要な点などを伝え、お互いに納得できる内容になるようやりとりを行う。

　事前訪問／事前打ち合わせで実習内容について合意したあと、学生は養成校の事前指導のなかで実習指導担当教員に結果を報告し指導を受け

図3-5　養成校での指導と事前訪問の関係

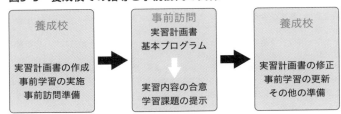

ながら（事前訪問／事前打ち合わせの記録がある場合はそれを作成する）、必要に応じて実習計画書を修正し完成させる。なお、事前訪問／事前打ち合わせ後には実習計画書の修正と並行して、実習指導者から事前学習課題を提示された場合も含め、追加的に事前学習を行うことが必要になることも少なくない。実習指導者は事前訪問／事前打ち合わせで合意した内容をもとに実習の基本プログラムを必要に応じてアレンジし、実習開始までに準備し、実習指導に関係するほかのスタッフなどとも共有しておく。

　このように、事前訪問／事前打ち合わせの実施、特にそこでの実習内容の合意は、実習の成否に影響する重要なものであることを理解したうえで、学生は事前学習と関連づけながら実習計画書を作成しなければならない。実習指導者からさまざまな理由により「事前訪問の必要はない」と言われた場合でも、実習指導担当教員に相談するなどしたうえで、必ず事前訪問／事前打ち合わせの機会をもつ必要がある。

◇参考文献
・日本社会福祉士養成校協会『相談援助実習指導・現場実習 教員テキスト 第2版』中央法規出版, 2015.
・日本ソーシャルワーク教育学校連盟「ソーシャルワーク実習指導・実習のための教育ガイドライン」2020.
・日本社会福祉士会編『社会福祉士実習指導者テキスト 第2版』中央法規出版, 2014.
・日本精神保健福祉士協会・日本精神保健福祉士養成校協会編『教員と実習指導者のための精神保健福祉援助実習・演習』中央法規出版, 2013.
・米本秀仁・久能由弥編著『相談援助実習・実習指導 第2版』久美出版, 2014.

第4章

実習中の学習

　本章は、実習生が、ソーシャルワーカーが働く「現場」に臨み、直接見聞きし、体験しつつ学びを深めていく際の要点や留意点について記してある。

　第1節では、実習スーパービジョンの意義や目的、実習指導者や実習指導担当教員とのスーパービジョン関係や、実際の内容について理解を深める。

　第2節では、「実習計画書」の作成方法と実習中の活用方法について、また実習の成果を確実なものとするための達成状況の確認方法や、中間評価の活用の仕方について理解することが重要となる。

　さらに、第3節と第4節を通じ、実習中に直面するであろう「悩み」と「起こり得る問題」について、その内容と対応策について、しっかりと学んでほしい。

● 実習スーパービジョンの意義について理解する
● 実習スーパービジョン関係について理解する
● 実習指導者と実習指導担当教員のスーパービジョンについて具体的に理解する

1 実習スーパービジョンの意義

1 実習スーパービジョンの目的

　現場で実施されているスーパービジョンの目的と実習スーパービジョンの目的に違いはあるのだろうか。村井は、実習スーパービジョンと現場で実施されるスーパービジョンは基本的に同じである、という立場をとりながら、実習スーパービジョンの特徴として以下の 6 項目を挙げた。[1]

❶　実習契約に基づいて行われる
❷　実習指導者と実習生との間で実施される
❸　すべての実習生に対して行われる
❹　定期的に、また必要に応じて随時行われる
❺　利用者ならびに実習生の権利擁護に着目する
❻　養成校の行うスーパービジョンと連動する

　上記 6 項目のうち、着目したいのは、❺利用者ならびに実習生の権利擁護に着目する、という特徴である。配属施設・機関にもよるが、実習生は利用者との直接的かかわりを通じてソーシャルワーカーとしての価値・知識・技術を再検証する。実習スーパービジョンを通して、実習生が何を目的としてどのように利用者にかかわろうとしているかを把握し、適切なかかわりができるよう指導（スーパーバイズ）する。これにより利用者の施設・機関での生活の安全が守られる。利用者の権利を擁護することは、実習スーパービジョンの目的の一つであるといえよう。これは、実習生が施設・機関の準職員として当該施設・機関のサービス基準に準じた行動をとる、とも解釈できる。

　実習スーパービジョンのもう一つの目的が実習生の権利擁護である。

一般社団法人日本ソーシャルワーク教育学校連盟による「ソーシャルワーク実習指導・実習のための教育ガイドライン」で実習生の立場の弱さが指摘されているように、実習生は「教えてもらっている」「施設に迷惑をかけているかもしれない」といった気持ちをもち、その気持ちが萎縮につながってしまうこともある。また、実習生のプライバシーを守ることも重要である。だからこそ、実習スーパービジョンでは利用者の権利擁護と同時に実習生の権利擁護にも焦点が当てられる。

2 一般的スーパービジョン関係と実習スーパービジョン関係の違い

図 4-1、図 4-2、表 4-1 に一般的なスーパービジョン関係と実習スーパービジョン関係を示した。これらの図表からも明らかなように、実習生は、実習指導者と養成校における実習指導担当教員の 2 名から、そ

図4-1　一般的スーパービジョン関係

図4-2　実習スーパービジョン関係

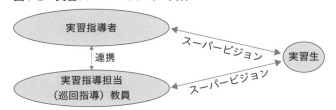

表4-1　2 人の実習スーパーバイザーの役割分担

	時　期	内　容	備　考
実習指導者	・事前訪問時を含めた配属実習期間中	・利用者（家族）との関係 ・職員との関係 ・実習指導者との関係※	
実習指導担当教員	・実習事前指導時 ・配属実習期間中 ・実習事後指導時（年間を通じて）	・実習指導者との関係※ ・実習生自身の問題（実習目的、知識、モチベーションや学生の個人的に抱えている課題等） ・実習指導担当教員や他の実習生との関係	実習指導者との関係が困難なとき、実習生や実習指導者からの依頼により実習指導担当教員がスーパービジョンすることも可能である

※　どちらが行うかは、実習指導者と実習指導担当教員の相談により決める
出典：日本社会福祉士会編『社会福祉士実習指導者テキスト 第 2 版』中央法規出版, p.252, 2014. を一部改変

れぞれの役割分担と情報交換のもとに実習スーパービジョンを受けることになる。これを実習スーパービジョンの二重構造と呼んでいる。

■3 実習スーパービジョンに対する実習生の姿勢

　実習生は、実習現場において「専門職の卵」として養成校で学んだ知識や技術を実際の現場で検証し、学びを深める。実習生のなかには、スーパービジョンを、自分の未熟な部分をさらされ、あれこれ指摘される場、とイメージし不安を抱く者もいるだろう。しかし、その発想は転換すべきである。実習生の多くは未熟であり、不安を抱えて実習に取り組む。実習指導者もそのことは十分理解して実習生を受け入れている。そのため、実習スーパービジョンの場において実習生は、その特権として自分の未熟な点をおおいにさらけ出してほしい。しかし「さらけ出す」ということは決して自虐的な意味ではない。ここでいう「さらけ出す」は、わからないことについてわかったつもりにならず、実習指導者に積極的に質問する姿勢、態度を示すということを意味する。よく学生から、「指導者さんは忙しくてなかなか質問するタイミングがとれなかった」といったコメントを受けることがある。たしかに実習指導者は多忙を極めているかもしれない。しかし、施設内を移動しながらでも、「先ほどの○○について質問があります」というメッセージを実習指導者へ送ることは可能である。たとえその場で実習生のメッセージに対応する時間がなくとも、1日のどこかで実習生の質問に答えてくれるであろう。そのような関係を通じてよいスーパービジョン関係が構築されると考えられる。そのようなスーパービジョン関係において、実習指導者が過去の失敗体験や、ソーシャルワークについての想い等めったに聴けない話をしてくれるかもしれない。

　先にも述べたが、実習生がクライエントにかかわることでサービスの質が低下することは避けなければならない。実習スーパービジョンを受けることで、今自分が行っている実習が実習計画どおりに実施されているか、実習中のかかわりが専門職としてのかかわりとして適切であるか等を確認でき、引き続き安心してクライエントにかかわることができるであろう。

　実習指導者にとっても、実習スーパービジョンを通して実習生とかかわることは有益なことであることもぜひ理解してほしい。多くの実習指導者は、学生が今学んでいる最新の情報を欲している。したがって実習スーパービジョンの場では、臆することなく自身の学んだ知識を実習指

導者にぶつけてほしい。

　実習指導者と実習生の関係は、実習生が専門職として現場に出ると専門職同士の関係に変化する。また実習中に受けた実習スーパービジョンの経験は将来実習指導者として実習生を受け入れ、実際に指導する際の基盤となるであろう。それだけ、実習スーパービジョンの関係で得た経験はその実習生の将来に大きな影響を与える。実習生にはぜひ「心地よいスーパービジョン」を経験してほしい。ここで用いた「心地よいスーパービジョン」とは、実習生としての自覚のもと、実習指導者やほかの職員と良好な関係を構築し、自由に意見や質問をする環境下における実習であり、そこで行われるスーパービジョンを意味する。「心地よいスーパービジョン」を経験したスーパーバイジーは将来心地よいスーパービジョンを実施できるスーパーバイザーに成長すると考えられる。

▎4 効果的な実習スーパービジョンのための実習生の役割

　実習スーパービジョンは、実習指導者、実習生、そして実習指導担当教員を中心としてほかの施設・機関職員等の交互作用によって実施される。実習スーパービジョンを有効に機能させるために、実習生はスーパーバイジーとして以下の役割が指摘されている。

❶実習開始前にスーパービジョンに関する基本的知識を習得する

　ソーシャルワークにおけるスーパービジョンの意義や目的、構造等についてあらかじめ理解しておく必要がある。そもそもスーパービジョンに関してはソーシャルワーカーであれば誰もが習得しておかなければならない知識であるが、ソーシャルワーク実習を行うにあたってあらためて自身の知識の確認を行わなければならない。

❷実習生自身の能力を確認し、向上させる

　実習生として、ソーシャルワーク実習という具体的な目標の達成のための動機づけや職務遂行能力を点検し、高める必要がある。この役割を遂行するためには、自身の判断、行動傾向を理解すること（自己覚知）や、実習を行うにあたって必要とされる各種知識、技術の点検、向上が必要となる。

❸スーパービジョンに関する知識とスーパーバイジーとしての経験の有無を実習指導者と共有する

　ソーシャルワーク実習においては一般的なスーパービジョンとは違った構造でスーパービジョンが展開される。実習生はスーパーバイジーとしてスーパービジョンに関する自身の経験を実習指導者と共有しておく

必要がある。

❹実習スーパービジョンの契約を結ぶ

実習生は事前訪問時に、実習プログラムに基づいて実習指導者とスーパービジョンの契約を結ぶ。契約とは、お互いの紹介とスーパービジョンの機会や対象、養成校の実習指導担当教員の実習期間中のかかわり等を確認、合意することである。これは実習生、実習指導者間での作業であるが、実習生は意識して事前訪問に臨む必要がある。

❺スーパーバイジーとして果たすべき役割と態度を涵養（かんよう）する

実習生はスーパーバイジーとしてスーパービジョンに能動的である必要がある。自身の実習について語り、実習を行う過程において生じるさまざまな疑問や問題を解決するために積極的に実習指導者に相談をもちかける態度が期待される。またそのための準備も必要である。これは❶につながる。

❻実習スーパービジョンを通じて受けた指導を実践し、その結果を報告する

スーパービジョンは契約に基づいて行われる。したがって、スーパービジョンにおいて受けた指導は実践する義務が生じる。実習生はその指導を実践し、その結果を報告しなければならない。この報告には、できたこと、理解したことだけでなく、できなかったこと、理解が困難だったことも含まれる。これらを実習指導者と共有することでさらなるスーパービジョンに発展する。

❼実習スーパービジョンを評価する

ここでいう評価とは、自身がスーパーバイジーとしてスーパービジョンを受けてどのような成長があったかを実習指導者と共有することである。これは、実習指導者のスーパーバイザーとしての成長にもつながる。

❷ 実習スーパービジョンにおける実習指導者、実習指導担当教員の役割

実習中、実習指導者は養成校の実習指導担当教員から一時的にその権限を委譲される形で実習指導が展開される。実習指導者がスーパーバイズするテーマは、❶実習生と利用者、❷実習生とほかの職員、そして❸実習生と実習指導者間の関係で生じた問題に限られている。一方、実習生個人が抱える問題、たとえば実習生の実習に対する準備不足や、心身の健康状態による遅刻や欠勤等といった問題が実習に影響を及ぼしてい

ると考えられる場合のスーパービジョンは、養成校の実習指導担当教員に委ねることが原則である。ところが実際の場面においては、それぞれの役割が峻別されているとはいえない。

重要なことは、実習が開始される前段階で、実習中に起こることが予測される問題に対してどのような役割分担で実習生をスーパーバイズしていくかについて、実習指導担当教員と実習指導者間であらかじめ確認、合意をしておくことである。

実習のプロセスに基づき具体的に述べることとする。実習前指導の段階から、実習指導担当教員と学生間のスーパービジョンで取り扱われていた何らかのテーマがあったとする。そのテーマが実習に影響を及ぼすことが予想できる場合、実習指導担当教員は、実習生の了承を得たうえで、その情報を実習指導者と共有する。そして、実習中に起こることが予測できる問題が発生した場合のお互いの役割についての確認、合意をする。

実習生が、実習指導者への開示を望まない場合、実習指導担当教員は学生の気持ちについて十分に話しあったうえで、学生の意思を尊重しなければならない。しかしその場合においても、実習中にその問題が実習に影響を与える事態になった際の対応についてはあらかじめ話しあっておく必要がある。

3 定期的スーパービジョンと不定期に実施されるスーパービジョン

スーパービジョンの形態には、❶個別スーパービジョン、❷グループスーパービジョン、❸ピアスーパービジョン、❹ライブスーパービジョン等といった多様な形態がある。実習スーパービジョンにおいても、それら形態のいくつかの組み合わせで実施されると考えられる。実習中のスーパービジョンの機会には、定期的なスーパービジョンと突発的なスーパービジョンがある。定期的なスーパービジョンとは、その名のとおり、一定期間ごとに実施されるスーパービジョンであり、実習指導者が実施する定期的スーパービジョンの例としては、毎日実習終了前の30分で実施される1日の振り返りを通したスーパービジョンなどが挙げられる。このスーパービジョンは、個別に、もしくは複数の実習生が同時に実習を行っている場合、グループスーパービジョンの形態をとることもある。その場合は、実習生同士のピアスーパービジョン的要素も

組み込まれる。

実習指導担当教員が定期的に実施するスーパービジョンの機会としては帰校日指導が挙げられ、実習指導担当教員と実習指導者が協働で実施する定期的なスーパービジョンの例が巡回指導である。帰校日指導と巡回指導については後に詳細に述べる。

突発的なスーパービジョンは、実習生が現場で対応に困っているときに実習指導者がその場でスーパービジョンを行うライブスーパービジョン、と考えればイメージしやすいだろう。そのほかにも突発的な出来事により実習指導担当教員が急遽実習施設・機関を訪れてスーパービジョンを行う場合や、実習生が帰校日指導の機会等を利用して実習指導担当教員に実習についての悩みを打ち明け、その悩みに対するスーパービジョンが行われることもある。

4 ▶ 実習指導者による実習スーパービジョン

ここでは、実習指導者による実習スーパービジョンについて、実習の展開を追いながら解説する。実習施設・機関は多岐にわたり、実習プログラムもさまざまであるため、実習を通じて実習生が体験するであろう一般的プログラムをモデルに展開する。

1 実習開始段階における実習スーパービジョン

実習開始段階における実習生の課題は、新たな環境への適応ではないだろうか。よく学生から「実習初日はわけのわからないまま終わった」とか「わからないことがわからなかった」といったコメントを実習巡回時や実習事後指導で受ける。施設・機関の理解や、その施設・機関の利用者の理解、その施設・機関で実施されているプログラムや専門職の理解など、その施設・機関の全体像の理解が実習目標の中心となることが多い。施設・機関の理解やクライエントの理解は、実習前段階で入念な学習が行われている。したがって、ここでいう理解は、調べて得た知識と実際を検証することを意味する。実習開始段階における実習スーパービジョンは、実習生の環境適応や緊張の緩和等がその焦点となることが考えられる。初日の実習記録に「実習初日お疲れ様でした。慣れない環境で大変だったと思います」といった実習指導者からのコメントが多いことにも裏づけられよう。また、実習生の漠然とした理解を整理し、明

確化し、補強するといった作業が実習中、スーパービジョンを通じて行われる。実習指導者によるスーパービジョンでは管理的機能、教育的機能が中心となることが理解できる。

2 実習展開段階における実習スーパービジョン

　実習プログラムにもよるが、この段階では実際に利用者にかかわりをもったり、ほかの専門職に同行しその業務を観察したり、外部の関連組織において講義を受けたりと実習生はさまざまな体験をする。実習生もスーパービジョンのもと、徐々に自己の考えや判断により実習を行うことが許容される。成功体験や失敗体験、困難だったこと、理解できなかったことなどがスーパービジョンを通じて整理され、明確化される。「実習スーパービジョンにおける実習生の責任」がいかに発揮できるかがこの段階のスーパービジョンを左右する。スーパービジョンはスーパーバイザーとスーパーバイジーの協働作業であることを実感する段階でもある。

　展開段階も中盤を過ぎると、個別的なかかわりを実習プログラムの中心としている施設・機関では、実習生がクライエントとのかかわりを通じて個別支援計画を立てることを目標に実習が展開される。実習指導者は、実習生が選んだクライエントとの個別ケースワークの展開を俯瞰したスーパービジョンを実施する。

　実習期間中、実習記録を通じたスーパービジョンも行われる。実習記録を通じたスーパービジョンでは、実習生が観察したことか、職員から聴いたことか、それとも実習生が実際に行ったことか等といった整理がなされ、実習中体験したこととその理解に整合性がとれているかに焦点が当てられる。実習記録の書き方については第 2 章第 2 節を参考にしてほしい。

　なお、実習記録を通じたスーパービジョンは、実習指導担当教員の巡回指導や帰校日指導でも実施される。

　実習展開中に実習生が経験するエピソードを一つ紹介したい。一般的スーパービジョン関係は、「同職種間」で成立するが、実習生はさまざまな専門職について実習を行うため、実習中は、社会福祉士以外の専門職からの指導を受けることも多い。つまり実習スーパービジョン関係以外にも実習生は多くの指導者から指導を受ける。ほかの専門性を学ぶことは、自己の専門性の確立には必要なことであるが、専門職それぞれの支援に対する違いの間で実習生が板挟みになり、混乱してしまうことが

時として起こる。このようなエピソードもスーパービジョンで取り扱う
テーマである。

3 実習終了時における実習スーパービジョン

　実習全体を振り返る段階である。実習指導者は、初日から最終日まで
実習生がどのような体験をしたか確認し、実習事後指導につなげていく
段階である。この段階の振り返りでは、専門職の卵として、どのような
体験からどのような理解を得ることができ、成長につながったかが実習
指導者間で共有される。失敗体験からも学ぶことは多い。むしろ失敗体
験から学ぶことのほうが多いのかもしれない。実習を振り返って、あの
時の失敗体験から何を学び、その体験を今後どのように活かしていきた
いのかについての共有も行われる。スーパービジョンを通じたそれら共
有により実習生の成長が把握され、それが実習スーパービジョンの評価
につながる。

5 ▶ 実習指導担当教員による 実習スーパービジョン

1 実習指導担当教員による実習スーパービジョン

　図4-3 にもあるように、実習指導担当教員は、学生が実習関係の科
目を履修している間を通して実習スーパービジョンを実施する。たとえ
現場実習の期間であっても、実習指導担当教員は実習生との連絡の手段
をもち、場合によっては、既定の巡回指導日以外にも実習施設・機関に
訪問し、実習指導者と連携しながら実習スーパービジョンを実施する。
もし実習生が実習指導者等実習先スタッフとの関係で悩んでいるようで
あれば、実習施設・機関を訪問する前に、電話等の手段を使い、スーパー
ビジョンを実施する。パソコン等の通信端末を使ってお互いの顔を見な
がらコミュニケーションがとれるようになり、遠隔でのスーパービジョ
ンの方法の幅も広がっている。

2 巡回指導を通じた実習スーパービジョン

　実習中、実習指導担当教員は、おおよそ1週間に一度配属先施設・
機関を訪問し、実習生の実習の状況を把握し、適切なスーパービジョン
を行わなければならない。養成校によっても巡回指導の頻度は異なる
が、毎週巡回指導を実施する場合と、巡回指導と帰校日指導を組み合わ

図4-3　実習巡回指導のプロセスと話しあわれる主な内容

実習指導者と実習指導担当教員との面談　　実習生の今までの取り組みを確認。把握された課題に対する今後の指導方針の確認。

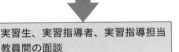実習指導担当教員と実習生との面談　　実習体験と学びの整合性の確認。実習指導者の把握した課題についての事実確認。今後の実習プログラムの検討等。

実習生、実習指導者、実習指導担当教員間の面談　　実習指導担当教員と実習生との面談で把握された事項の共有化。実習生の代弁、交渉等。今後のプログラムの検討等。

※面談の順番は状況に応じて変更可

せて実施する場合もある。

　実習巡回指導は、❶実習指導担当教員と実習指導者との面談、❷実習指導担当教員と実習生との面談、そして❸実習指導担当教員と実習指導者、実習生の三者による面談のパターンがある。

　実習巡回指導については、面談の順序、時間等厳格に規程はないので、養成校が作成した実習巡回ガイドラインに則って実施されているが、参考までに、実習巡回指導のプロセスの一事例を紹介する。

　実習指導担当教員は、まず実習指導者との面談を行う。ここでは実習指導者から実習プログラムとそれぞれのプログラムの達成目標等が示される。そのプログラムをもとに、今までの実習内容から実習指導者が把握している実習生の課題や評価できる点等の共有がなされる。そのうえで、実習指導者、実習指導担当教員それぞれがどのように実習生を支援していくか役割分担がなされる。

　実習指導者との面談をもとに、実習指導担当教員は実習生との面談を行う。実習指導担当教員は実習生が今までの実習でどのような体験をしてきたかを確認し、その体験や学びが実習ノートにしっかりと記録されているか確認する。同時に、実習生が現在疑問に思っていることや困っていること、実習指導者には言えないこと等があれば適宜スーパービジョンを展開する。また、実習生との面談で、実習指導担当教員は実習指導者からの評価を実習生に伝え、そのことについて実習生の語りを促す。そして、このあとの三者面談で共有したい実習生の気持ちや思いを受けとめ、具体的にどのように面談を実施するかを実習生と相談する。

　三者面談では、実習指導担当教員と実習生との面談の結果をまず共有し、実習生に現在の思いや希望を語ってもらう。場合によっては実習指

導担当教員が代弁者の役割を担うことも考えられる。それらの作業をもとに、今後の実習をどのように展開していくか三者で共有する。この段階で実習生には実習現場に戻ってもらい、実習指導担当教員と実習指導者で今後予想される出来事と、その出来事が起きた際の情報の共有と解決のための連携の取り方について共有し、巡回指導が終了となる。

■3 帰校日指導を通じた実習スーパービジョン

帰校日は、学生にとって実習期間中、慣れ親しんだ環境に戻り、一息つける機会である。また、実習中に顔を合わせることができない同級生との意見交換を通じてピアスーパービジョンとしての効果も得られる機会である。帰校日指導の具体的な形態としては、グループワークを通じて実施され、必要に応じて個別スーパービジョンが実施される。

グループワークを通じた帰校日指導の一事例を紹介する。学生は5名ほどのグループに分かれ、帰校日振り返りシートに、今までの実習内容とそこから学んだこと、考えたこと、困難に感じていること等を自由に書く。それをもとに1人5分で振り返りシートの内容を発表し、全員が発表し終えたあと、グループで意見交換を行い、その内容を集約し、教室全体で共有する。その後、今回の帰校日指導で気づいたことや今後の課題等についてあらためて帰校日振り返りシートに加筆する。

個別指導では、記録の提出状況や遅刻、欠勤についての確認等を個別に行い、個別にスーパービジョンが必要な学生や、スーパービジョンを希望する学生に対しての対応を行う。

◇引用文献
　1）日本社会福祉士会編『社会福祉士実習指導者テキスト 第2版』中央法規出版，pp.249-251，2014.

◇参考文献
　・大塚達雄・井垣章二・沢田健次郎・山辺朗子編著『ソーシャル・ケースワーク論——社会福祉実践の基礎』ミネルヴァ書房，1996.
　・日本社会福祉士会実習指導者養成研究会『実習指導者養成研修プログラム基盤構築　2001年度研究事業報告書』2002.
　・日本社会福祉士会編『社会福祉士実習指導者テキスト 第2版』中央法規出版，2014.
　・日本社会福祉士養成校協会編『相談援助実習指導・現場実習 教員テキスト 第2版』中央法規出版，2015.

第2節 実習中の評価

● 実習過程における実習計画の活用方法について理解する
● 実習計画の進捗状況および教育目標の達成状況の確認方法を理解する
● 中間評価の結果の活用方法について理解する

1 中間評価における実習計画書の活用

1 実習計画の活用の実際

　実習計画は、作成しただけでは絵に描いた餅である。具体的な行動目標が設定され、それが計画に反映されていることにより、達成度評価を行うことができる。「計画作成・目標設定→実施およびモニタリング→修正・改善→評価」という一連の流れを念頭に置き、教育評価との関係性を意識して実習計画を活用することが重要である。

❶教育目標の達成状況の確認

　実習計画書は、教育目標別の達成状況を確認するために活用することができる。ただし、実習計画書を実習中に効果的に活用するための前提および条件がある。それは、実習前に通知の教育内容や一般社団法人日本ソーシャルワーク教育学校連盟のガイドラインを踏まえて実習計画を作成しているかということである。達成度評価の観点からいえば、日本ソーシャルワーク教育学校連盟の「ソーシャルワーク実習教育内容・実習評価ガイドライン」(巻末資料参照)の達成目標および行動目標を基準・規準とすることが妥当である。

　まず、目標別に達成状況を確認することが重要である。実習の流れに沿ってみていくと、実習が始まる段階に入ったら、あらためて計画書を

---

i　本章において触れられている、社会福祉士養成施設、社会福祉士学校および精神保健福祉士養成施設等における、ソーシャルワーク実習の教育内容（「ねらい」「教育に含むべき事項」）について定めている通知とは、「社会福祉士養成施設及び介護福祉士養成施設の設置及び運営に係る指針について」（平成20年3月28日社援発第0328001号）・「社会福祉士学校及び介護福祉士学校の設置及び運営に係る指針について」（平成20年3月28日19文科高第918号社援発第0328002号）・「精神保健福祉士養成施設等の設置及び運営に係る指針について」（平成23年8月5日障発0805第3号）をいう。

開き、達成目標と行動目標を確認し、何を目指して行動するかを意識することが大切である。実習が始まったら1週間単位で計画の進捗状況や目標の達成度を確認（モニタリング）し、必要に応じて修正や目標の再設定を行う。実習の後半には、ソーシャルワーク専門職になるためのコンピテンシーを習得することができたのかという観点から評価を行う。たとえば、実習計画書と教育目標の全体像をあらためて確認し、達成できたこととできていないこと、目標以上の実習を行ったこと、まったく実施できなかったことなどを明らかにする。これらは実習指導者と必要に応じて、目標を再設定する。

以上のように、目標、すなわちゴールを強く意識した学習を継続することにより、実習終了後、ソーシャルワーク専門職を目指す者として「何ができるようになっているか」ということの説明責任を果たすことにつながる。実習計画書を一度も見ることなく実習が終わったということが起こらないようにしなければならない。

❷計画全体の進捗状況の管理と修正

実習計画書は、実習計画の進捗を管理し、適宜修正するために活用することができる。

実習は、ソーシャルワーカーの実践能力を習得するために行われるものであるため、教育目標やプログラムは多岐にわたる。そのため、実習計画に記載した学習内容を所定の時間内に組み込むことができるかが課題の一つとなる。したがって、目標別、プログラム別など、それぞれ日程管理をすることも実習を遂行するうえで重要となる。

たとえば、日程計画の立案や進捗管理の手法として、ガント・チャー

★ガント・チャート
縦軸に実施項目、横軸に月日をとり、線を用いて計画の実績を表示するグラフのこと。ソーシャルワーク実習では、実施項目には、教育目標、プログラムなどが該当する。

表4-2　ガント・チャートの記入例

項目	日程	1	2	3	4	5
教育目標	クライエントのアセスメントを実施し、ニーズを明確にする				→	
	地域アセスメントを実施し、収集した情報を統合して SWOT 分析を行う		→			→
	実習施設・機関等の各職種の種類について把握し、説明できる				→	
プログラム	個別支援計画の立案とプレゼンテーション（1回目）					→
	保護者懇談会企画					→
	利用者宅訪問同行					→

ト＊（**表4-2**）がある。なお、実際にチャート図を作成しなくても、このような項目別の日程管理のイメージをもって実習計画の進捗管理や修正ができればよい。実習指導担当教員や実習指導者の指導を踏まえ、進捗管理しやすい手法を選択して取り組むことが大切である。

▌2 評価表の活用

　実習評価表は、実習終了後、総括的評価として使用するだけではなく、実習中盤に行う中間評価や実習終盤または最終日に使用することもある。評価表に記入し、評定を行うことにより、どの教育目標に取り組んだのか、どの程度取り組むことができたのか等が明らかとなる。なお、実習生本人による自己評価と実習指導者による他者評価を組み合わせて実施する。

　評価表の活用方法の例は**表4-3**のとおりである。

表4-3　評価表の活用方法例

① 自己評価として評価表に記入、評定を行う。
② 同時に、他者評価として、実習指導者も評価表に記入、評定を行う。
③ 中間評価の結果を踏まえ、実習指導者ならびに実習指導担当教員からスーパービジョンを受ける。
④ 巡回指導時に評価内容について実習指導担当教員・実習指導者・実習生の三者による共有化を図り、今後の学習課題や新たな目標を設定する。

　評価表の確認は、基本的には実習指導担当教員と実習生との間で行われるものであり、実習の状況を観察し、直接指導した実習指導者が同席するわけではない。したがって、評価した当事者が不在のため、評価や評定の理由や根拠を確認しにくく、適切な評価情報を実習生にフィードバックすることが難しくなる。この問題を回避するためには、自由記述欄または特記事項欄に評価の根拠や理由が書かれていなければならない。

　実習生には、学習の主体として、評価の内容や評定の理由を知る権利がある。評価表は自分自身の学習の成果および情報であることを認識し、適切な評価を受けることができるよう実習指導担当教員や実習指導者に対して積極的に働きかけることも大切である。

1 中間評価の意義と目的

❶中間評価の意義

　実習は、多くの人々や組織等がステークホルダーとしてかかわり、その関係性やシステムのなかで、さまざまな条件や環境が整えられることで計画どおり展開することができる。実習が始まると、クライエントや実習施設・機関の状況、実習生自身の健康状態や家庭の事情、学習の進捗状況（目標の達成度、学習の理解度、目標設定等）、自然災害や感染症などの状況の変化に対して臨機応変に対応することが求められる。中間評価は、そのような変化に対応し、実情を踏まえた実習を展開するために必要な教育・学習活動である。

　中間評価は、実習計画を見直すだけではなく、指導目的、学習目的、管理目的、研究目的といった「教育評価の目的」の観点からみても重要である（**表4-4**）。また、「教育評価の種類」の観点からみても、個人内評価や形成的評価を実施することによって実習開始前に作成した実習計画をより具体性の高い内容に見直すことができ、実習生の知識・技術・態度の実態に即した計画の立て直しにつなげることができる（**表4-5**）。また、品質管理の観点からみると、中間評価はPDCAサイクルの*Check（チェック：測定・評価）としての意味があり、教育や学習の質を担保し、計画を管理するうえで重要な教育・学習活動といえる。そして、計画に対する進捗状況を確認、管理する機会となることから、モニタリングとしての機能も有している。

　なお、中間評価としているが、厳密に実習期間の真ん中でなくてもよい。大切なことは、実習期間中に学習の進捗状況や学習環境を計画的に確認し、適宜改善や修正を図るということである。やりっぱなし、任せっきりといった放置状態をつくらないことを心がける必要がある。

❷中間評価の内容

　中間評価は、実習生・実習指導担当教員・実習指導者といった評価主体別にそれぞれ行うべきことがある。実習生の立場からみると、自己の実習経験を振り返り、残りの実習の遂行に向けてよいところを伸ばしたり改善したりするための評価を行う。

❸中間評価の方法

　中間評価を形だけのものにしないためには、評価するための情報を収

★ **PDCAサイクル**
P（Plan：計画）→ D（Do：実行）→ C（Check：測定・評価）→ A（Action：対策・改善）の頭文字を取ったもの。仮説検証型プロセスを循環させ、品質を高めようとするもの。

表4-4　実習中に行う評価活動

実習過程 評価主体	実習中
実習生	【学習目的】 ・目標の達成状況の確認 ・実習計画やプログラムの進捗状況、課題の確認 ・ソーシャルワーク実習教育内容・実習評価ガイドラインの確認 ・パフォーマンスに関する課題の確認 ・実習記録の確認 ・実習評価表（中間）の記入と確認 ・スーパービジョンの内容や課題の確認 【管理目的】 ・実施日数、実習時間の確認 ・出勤状況（出勤簿）の確認 ・健康状況の確認
実習指導 担当教員	【指導目的】 ・巡回指導、帰校日指導での実習状況の確認 ・実習記録の記入状況の確認 ・実習計画の進捗状況や課題の確認 ・目標の達成状況の確認 ・各実習施設・機関における実習内容の確認 【管理目的】 ・実習生の健康状態の確認 ・実施日数、実習時間の確認 ・実習記録の記入状況の確認 ・実習指導者のスーパービジョンの確認 【研究目的】 ・事前学習の効果や課題、目標の達成度、記録の方法等の確認 ・各実習施設におけるソーシャルワークの実施状況や実習内容の確認
実習指導者	【指導目的】 ・実習指導者自身の指導内容の評価 ・実習記録の記入状況の確認 ・実習計画の進捗状況の確認 ・目標の達成状況の確認 ・各実習施設・機関における実習内容の確認 ・スーパービジョンの内容や課題の確認 【管理目的】 ・実習生の健康状態の確認 ・実施日数、実習時間の確認 ・実習記録の記入状況の確認 ・実習指導者のスーパービジョンの確認 【研究目的】 ・事前学習の効果や課題、目標の達成度、記録の方法等の確認 ・実習施設におけるソーシャルワークの実施状況 ・実習プログラムの内容や課題の確認

第4章 実習中の学習

集し、準備しておくことが前提となる。実習開始前に準備しておく内容を評価の手順に沿って整理したのが**表4-6**である。中間評価は、【手順4】の結果の処理と解釈に該当していることからわかるように、事前の準備が必要不可欠である。なお、【手順1】と【手順2】は基本的に実習前に実施し、【手順3】は実習中に実施することになる。

　実習生は、実習指導者からの具体的な助言や指導、質問などを実習記録または予備ノートに正確かつ丁寧に記載し、中間評価の際に活用でき

表4-5　評価の種類と中間評価の意義

種類	意義・目的
個人内評価	・一人ひとりの実習生に即して、実習開始から中間評価を実施までの実習目標の達成状況を基準として、時間の経過における進歩や変化の状況（縦断的個人内評価）や、異なる目標間の長短や優劣（横断的個人内評価）を明らかにする。 ・最大の長所は、学生の横断面的な長所や短所、縦断面的な進歩状況を示し、指導に有効な資料を提供すること。
形成的評価	・実習指導担当教員や実習指導者の立場から指導や学習過程を通してさらなる学習を要する部分を判断するための情報収集等のこと。 ・目標に照らした進捗状況や、実践能力の修得状況に関するフィードバックを実習生に提供する。 ・形成的評価は診断的な意味をもち、目標に照らした実習生の進歩状況に関する情報を、実習指導担当教員と実習生の双方に提供することを示す。 ・実習指導者側と実習生がお互いに情報を共有化することにもなるため非常に重要である。

表4-6　中間評価に向けて実習開始前に準備する内容

手順	内容
【手順1】 評価の目的の確認	以下に記載されているねらい、教育目標を事前に確認する。 ①通知「ソーシャルワーク実習」のねらいと教育に含むべき事項 ②日本ソーシャルワーク教育学校連盟「ソーシャルワーク実習教育内容・実習評価ガイドライン」の教育目標 ③所属する養成施設・養成校の実習科目のシラバス ④所属する養成施設・養成校の実習科目の評価表
【手順2】 評価目標の具体化	実習中の行動を評価するためには「○○ができる」といった具体的な目標が必要となる。 「ソーシャルワーク実習教育内容・実習評価ガイドライン」の行動目標を確認する。
【手順3】 評価資料の収集	実習生自身が実習中に評価資料（情報）を収集する。 評価資料の収集場面（いつどのような場面・機会で収集するか）も考えておく。
【手順4】 結果の処理と解釈	前段で収集した資料を解釈するために、採点や統計などをして利用すること。解釈の方法としての絶対評価、総体的評価、個人内評価を含む。

るよう準備しておく必要がある。

　中間評価の際は、所属する養成施設・養成校の実習科目の評価表を活用することがきわめて重要である。その理由は、評価表はソーシャルワーカーとして目指すべきねらいとなる教育目標を基準に作成されており、目標を達成するために具体的に行動すべき内容が含まれているため、達成度評価として活用できるからである。つまり、ゴールに向かって進んでいる自分の現在の立ち位置が把握できるということを意味している。評価表の記載内容と照合し、実習計画や目標の達成状況等を確認することにより、中間評価の結果を踏まえた実習指導者または実習指導担当教員からのスーパービジョンを適切に受けることにつながる。実習指導者や実習指導担当教員の立場からしても、指導内容や基準が明確になり、実習生に説明責任を果たすだけでなく、実習指導担当教員・実習指導者・実習生の三者による共有化を図り、今後の学習課題や新たな目標の設定につながる。

　モニタリングの結果によって、実習生、実習指導者、実習指導担当教員の三者は実習計画をより効果的で効率的なものに修正する必要がある。

▌2 自己評価

❶実習中に行う自己評価の意義と有用性

　実習開始から中間評価に至るまでに学習してきたことを時間の流れに沿って丁寧に振り返ることにより、原因と結果を確認し、考察することにつながる。また、自分自身の学習状況や変化などを言語化することは、学習課題の確認と改善に向けた成長のための作業となる。

❷自己評価の方法

　自己評価の方法としては、自己採点、自由記述（学習ノート、感想文、リアクションペーパー、レポートなど）、自己評価票（カード）・ワークシート、チェックリスト・質問紙などがある。

　実習生自身が評価の主体となって自分の現状を振り返り、何らかの方法でそれを記述することになる。自分の現状を言語化して確認していくプロセスが大切とされる。

　実習生は、適切な自己評価のため、実習指導担当教員や実習指導者から**表4-7**の留意点を踏まえ、助言や指導を受けるとよい。

❸自己評価の注意点

　自己評価は形成的評価には適しているが、単独で成績評定の材料にすることはできない。たとえば、実習目標とは関係なく自分の実習経験に

表4-7　自己評価を行う際の留意点

- 実習生の現場での言動について学生と一緒に議論し、自己評価を実施することが実習目標（通知・ガイドライン）や求められる実践能力（コンピテンシー）のどの部分に関係しているのかを説明する。
- 実習目標や求められる能力に対して、実習生のどのような言動が関係しているのか、実習指導担当教員の認識を述べる。
- 実習指導者による評価と自己評価に矛盾または違いがある場合は、なぜそのような認識の違いが発生しているのか理由を提示する。
- 実習指導担当教員と実習生とがそれぞれ評価を行い、その結果を踏まえて、実習生のストレングスや今後取り組むべき学習課題を明確にする。
- 学習課題を解決するための具体的な学習活動または実践を実習生と一緒に考える。

ついて著しく厳しい（もしくは著しく甘い）評価をつけたり否定的（もしくは肯定的）に捉えたりする実習生の場合、目標に対する達成度や理解度等を適切に評価することが難しくなる。したがって、自己評価を行う際は、「ソーシャルワーク実習教育内容・実習評価ガイドライン」に示されている教育目標（達成目標と行動目標）に対する実習生の具体的な言動を確認するとよい。成績評定を行う際は、自己評価と実習指導者や実習指導担当教員による他者評価の分析結果を総合的に判断することが求められる。

3 他者評価・相互評価

　他者評価とは、実習指導者および実習指導担当教員が実習生を対象に行う評価のことをいう。他者評価は、自己評価の補完的な役割をすることも想定される。実習生自身による自己評価と実習指導者および実習指導担当教員による他者評価を組み合わせることにより、両者の強みと弱みをカバーして効果を発揮する。

　他者評価としての実習指導者の評定は、目標に照らした進歩状況や、実践能力の修得状況に関するフィードバックを実習生に提供するという形成的評価の対象となる。実習指導者の評定を評価資料の一つとして位置づけ、適切な解釈を行うことが求められる。

　また、情報収集の観点からみると、自己評価と他者評価の両方をバランスよく実施することにより、偏りのない評価を行うための情報を集めることができる。たとえば、実習記録に書かれていない言動や成長および変化は、自己評価と他者評価、または実習生同士の相互評価の組み合わせによって掘り起こされる。実習開始から終了に至るまでに積み重ねてきた時間や行動を丁寧に確認する作業が、新たな気づきや成長への糸口を見つけることにつながる。必要十分な情報をもとに適切な評価を行

い、評価の理由や根拠を把握することで、実習生は初めて実習経験を踏まえた成長への一歩を踏み出すことができる。

　相互評価とは、実習生同士が行う評価のことをいう。実習中は、帰校日指導として養成校に実習生が集まり、実習内容の振り返りや課題の確認などを行うことが多い。これは、同じ実習生の立場ということもあって心理的サポートを感じる場合もあり、悩みや課題も共有しやすい。また、自分が抱えている実習課題について、異なる価値観や視点から意見を聴くことにより、実習課題に対して異なる角度から考えることにつながる。相互評価を効果的に使用することも重要である。

実習中に直面する悩み

学習のポイント

● 実習生が実習中に直面し抱える「悩み」について、その構造や内容を理解する
● 「悩み」への対処方法や対応策を学ぶ

1 実習における「悩み」の捉え方

1 「悩み」の定義

ここではまず、悩みとは何かについて理解を深めておきたい。「悩み」とは辞書的には、「克服できずに困っている精神的苦痛[1]」を指す名詞であり、動詞「悩む」は「どうしていいかわからずに困って心を痛める[2]」という意味である。ちなみに「苦痛」には精神的だけではなく肉体的なものもあり、「苦悩」は「解消できずに困っている深い精神的苦痛[3]」を指す（傍点、筆者）。実際のところ悩みは、「心配ごと」や「不安」、「葛藤」等として意識される。「文法的にも『悩む』は本来、自動詞で目的語をとらない。『○○を悩む』ではなく『○○で悩む』[4]」のであり、「ある心配ごと」、「ある事態」が生じ、「悩む」のであろう。

生活を営むなかで、悩みのない人などいるだろうか。その人の立場や環境、性格にかかわらず、悩みのない人はなく、歴史や文化を問わず、人間にとって悩みは普遍的なものといえる。古今東西、小説や詩歌、演劇や映画などのテーマが人の悩みに根差しているのも理解できる。悩みをもつこと、悩むことが当たり前のことであり、生きていくこと、生活していくことと同じ意味であるかのように、世の中は「悩み」であふれている。

実習中の実習生も例外ではなく、多くの悩みに直面する。知り合いのいない実習現場に実習生として入り込み、利用者とのかかわりなど初めての慣れない体験をするなかで、悩むことはある意味当然のことといえる。また、悩むことは決して悪いことでもない。悩みの種について、省察し、リフレーミング★することで、変化や成長を促すきっかけともなる。

ここで実習生の悩みの例を示すと、実習生は、実習に臨む際の重要な準備の一つとして、実習計画を立案し、実習目標を具体化し、自らの達

★リフレーミング
主に家族療法の領域で用いられる方法。物事をみたり、捉えたりする際の枠組み（フレーム）をはずし、違うフレームでみることで、今までとは異なる理解の仕方をすること。

成課題を設定することがある。これらについて「事前の準備が不十分なのではないか」「実習計画の立て方が甘いのではないか」「自分の力以上の達成課題を設定してしまったのではないか」等々の思いや考えが混在し、悩みを抱えてしまう場合があるかもしれない。しかし、こういった悩みをそのままにせず、実習を進めるなかで、随時、計画・目標・課題を振り返り、フィードバックを受けつつ適切に見直すことで、充実した実習経験にすることができるだろう。このように悩みは、実習のよりよい成果を得るためのきっかけに変えることができるのである。

2 「悩み」の特質

　実習生にとって、いつでも抱え得る悩みはどのような特徴、特質をもっているだろうか。**図4-4**は、悩みの特質を示したものであるが、第一の特質は、「個人性」である。つまり悩みという出来事・事態は、あくまでも、個人のこころの内の出来事であるということである。他者との間で同じような悩みを抱え、それに対して共感が広がることは不思議なことではないが、悩みは、そのときの事態や内容を反映した個人性を帯びたものといえる。

　そして第二の特質であるが、それは「主観性」である。客観的には高い才能やスキルをもっていると判断できることでも、本人にとっては悩みにつながるであろうし、他者が危険とは感じないことをひどく恐れ、悩みを抱えることも少なくない。

　そして、第三の特質は「合理性」である。悩みが理にかなっていると

図4-4　悩みの特質

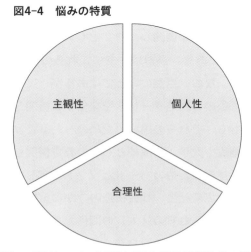

出典：小嶋謙四郎「悩みの構造(1)──その心理学と解決」『保健婦雑誌』第17巻第10号, pp.53-55, 1961. の考え方をもとに筆者作成

いうのはどういうことであろうか。それは悩みが、「生活の破綻を予防することができ」、「生活の危機を予知する信号機という役割を、りっぱに果たして」おり、「生活の保持という目的に適合した働きをしている[5]」ということを意味している。このことを実習生に置き換えてみれば、たとえば、実習施設・機関の利用者と適切な関係が築けないのではないかと不安を抱え悩んでいるとしよう。その不安は、適切な関係が築けた段階で結果的に解消されることになるが、他方で、よりよい適切な関係をつくるために、知識や方法を再確認して臨んだり、実習指導者などほかの人のやり方を観察したり、利用者に負担を強いるようなかかわりを避けたりするなど、悩みが、大きな失敗という危機を回避するための考えや行動につながっていると考えることができる。これが悩みの「合理性」である。

2 実習における「悩み」の構造

1 実習における関係構造

　前項においては、悩みというものをどのように捉えたらよいのかについて触れてきた。ここでは、実習という機会において悩みがどのような点から生じるのか、その構造についてみておくことにしたい。図4-5 は、実習における関係の構造を示したものである。まず実習展開において中核となる「人」であるが、教育機関で学ぶ「学生」と指導し学生の学びを支える「実習指導担当教員」、実習施設・機関を利用し生活を営んでいる「利用者」（利用者集団）、そして、実習施設・機関において勤務し専門的支援を展開しつつ学生の実習指導にあたる「実習指導者」（職員集団）である。実習は、主にこれらの「人」の関係のなかで展開されている。なお、当然のことではあるが、実習施設・機関は、社会福祉や保健医療の専門的サービスを提供する機関としての第一義的な目的と使命をもち、それらの達成のためのハードとソフトを整えている。また、養成施設や大学、養成校としての教育機関も、それぞれの目的と使命をもち、達成のためのハードとソフトを有している。さらに、それぞれの機関は、広く社会、社会構造のなかに位置づけられている。実習における悩みは、これらの「人」の関係、また、その関係が位置づけられている機関や、それらを取り巻く社会の実状も背景にしながら生じるものといえる。

図4-5　実習における関係構造

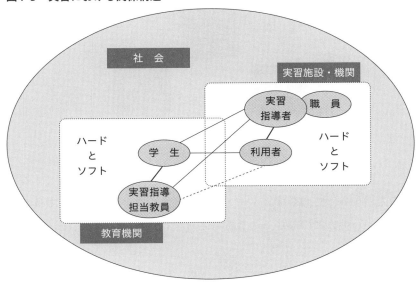

　実習生が臨む実習施設・機関、実習が展開される「場」は、種々の生活課題を抱えた利用者支援の最前線であり、さまざまな人々が関係しあっている。また社会の実状が持ち込まれ、反映される「場」でもある。使命や目的、方針や仕組みに沿い、一定の目標や方向を目指して日々、活動している「場」といえる。このような実習が展開される「場」は、複雑性や多様性、動態性や曖昧性（あるいは「ゆらぎ」）をもっており、それゆえに、実習生の悩みを産出しやすいといえるかもしれない。

2 ソーシャルワークの構成要素と悩み

　また図4-6は、ソーシャルワークの構成要素を示したものである。種々な表現の仕方がみられるが、ここでは社会福祉・ソーシャルワークの思想や原理、また実践の倫理をも含むものとしての「価値」、ソーシャルワークを展開する際に不可欠となる人や環境、政策や制度にまつわる「知識」、そして実際に展開するうえでの技能やスキルからなる「技術」の三つから示している。実習における実習生の悩みは、これらソーシャルワークの「価値」「知識」「技術」をめぐって生じ、「ジレンマ」を抱えるという構造をもっている。折悪く目に飛び込んだ不適切ではないかと考えられる支援の実態と「人間の尊厳」の確保という価値との間で生じたジレンマを解消することができず、悩みを抱える実習生も少なくない。教科書に示されていた制度の内容と実習施設・機関で説明を受けた実際との差異を埋められない場合や、実習を進めるうえで、最低限の知

図4-6　ソーシャルワークの構成要素

識や方法をもっておらずスタートラインにすら立っていないのではないかと迷い、悩みにつながることも考えられる。

<h2>3　実習における具体的な「悩み」と対処</h2>

　悩みは誰もが抱えてしまうものであること、実習という「場」や「状況」は悩みを生み出しやすい構造をもっていることを理解したうえで、実習における具体的な悩みを考えてみると、主に次の3点に関する悩みが生じているように思われる。それらは、

❶　実習生自身の悩み

❷　実習指導者（職員集団）や実習指導担当教員（教員集団）との間で抱える悩み

❸　利用者・クライエント、患者との間で抱える悩み

である。

<h3>1　実習生自身の悩み</h3>

　実際には❶〜❸それぞれ単独ではなく相互に関係しあって悩みが発生していると考えられるが、たとえば、❶について「私は、ソーシャルワーカーに向いていない性格だと思います」「このまま実習を続けるのが苦痛です……というより、利用者さんや職員さんに申し訳ないです」と表現されるかもしれない。その場合、後述の❷や❸をめぐる悩みの要因を、自己肯定感が低く、自身による行動に問題があったとすべてを自分のせいにしてしまったり、理想や目標が高く、プロセスより結果を重視し、完璧思考に陥ってしまったりと、自分の力量不足やパーソナリティの問題に結びつけてしまう場合も少なくない。また、内容や事象によっては、

バウンダリーが曖昧になったり崩れたりして、実習生が元来抱えていた悩みやメンタルヘルス上の課題などが表面化してしまう場合も考えられる。

　実習という「場」や「状況」は、さまざまなものとの「新たな出会い」の連続であり、なかでも、「自分との出会い」、自己理解を促進させる機会ともなる。それだけに自らが揺さぶられ、不安定な状態に置かれることが多いといえる。湯澤は実習のなかで「自分と出会い」自己理解を深めることが、実習生の変容にとって大きな意味をもつことについて、その側面に触れており、実習生自らの悩みを積極的に捉えるうえで参考になると考えられるため、以下に示しておくことにしたい[6]。

　　……現場実習のなかで自己理解を深めることは、学生の変容によって大きな意味をもつが、その契機にはいくつかの側面がある。一つは、関係形成における自分のかかわりの特徴を知ることであり、また、自分のありのままの感情から気づきを得ることである。二つには、自分の価値観やこだわりに目を向け、吟味することである。三つには、自分の「できたところ」「いいところ」を見つめるとともに、自分の限界を見つめることである。四つには、他者の生活の歴史に出会うことで自分自身の歴史を振り返り、意味づけ直すということである。これらを通して、自分を活用する方法に気づくことが、学生の変容につながっていく……

２ 実習指導者や実習指導担当教員との間で抱える悩み

　次に❷実習指導者や実習指導担当教員との間をめぐっても悩みが生じてしまうことがある。「A指導者さんは、熱心に指導してくださるのだけれど、結局、中身が理解できない」「スーパービジョンの内容を実行することができない」「来週の訪問指導のとき、B先生に話すことがない……大丈夫だろうか……」「C先生は、私の実習の進み具合をどう思っているのだろうか……」「指導者や教員から聞かれても、期待されている意見や考えをうまく言えない」などといった実習生の思いや感じ方から悩みを抱えてしまう場合がある。

　また、実習に対する「評価をする／される」という関係性や、「忙しそうで、声をかけるタイミングがなく、なかなか質問ができない」という「場」や「状況」への強い思いなどが反映されている場合も多く、これらは、適切なスーパービジョン関係が形成されているか否かの問題で

もあるといえよう。加えて、実習指導者のみならず、実習指導者とほかのソーシャルワーカー、ソーシャルワーカーと看護やリハビリテーションに代表される他職種からの指導・助言内容の違いを十分に消化・会得することができず、ジレンマを感じ、悩みとして抱え込んでしまうことも少なくない。

■3 利用者等との間で抱える悩み

そして❸利用者等との間で抱える悩みであるが、「Dさんは、懸命に話しかけてくれるのだけれど、何を伝えたいのかさっぱりわからない……、どうしたらよいのだろう……」「Eさんが、会うたびに、製作した工芸品をくれようとする。傷つけないように断りたい……、いやEさんの気持ちを無下にするのはよくない……、いただくことで関係が形成できるかもしれない……、次にEさんに会ったときにどうしよう……」「Fさんが、理由がはっきりしないけれど苦手だ……、話しかけてほしくないなぁと思ってしまう……、実習生だから積極的にかかわっていかなければ学びにならない」等、実習の初期段階で抱えるものがあるだろう。あるいは、「信頼関係がつくれていたと思っていたのだけれど、今日話しかけたら、突然拒否された……なぜだろう」や「担当していた患者さんが調子を崩した……私のせいではないだろうか」と、ある程度、利用者との関係性を築くことができ、実習内容にも慣れてきた実習中盤や終盤で考え込んでしまうことなどもある。

これらは一例ではあるが、実習生は利用者や患者との間でさまざまなことを考え、思いどおりにならず、悩みを抱えてしまうことがあろう。その際、「利用者の立場に立つ」ことや「思いをしっかり受けとめる」こと、「信頼関係を形成する」こと等が達成できているのか、いないのか、また疾病や障害の特性を理解したうえで、個別理解や客観的判断ができているのか、いないのかについてなどが、悩みの背景になっていると考えられる。

■4 悩みへの対処

ここまで述べてきたような悩みへの対処・対応について、その要点に触れておくことにしたい。悩みを抱えることは、特に、新しい「場」や「状況」の連続である実習という経験においては必然ともいえる。「聞かれてこその『悩み』[7]」という言い方があるが、抱えている悩みについて、まずは「話すこと」とそれを「聞くこと（聴くこと）」が対処、対応の

基本となろう。実習指導者、実習指導担当教員との間での、適切な関係と役割に基づく実習スーパービジョンは、悩みを話し、聞く「場」として不可欠であり、その際には、「支持的スーパービジョン」が積極的に活用される。また、自校・他校にかかわらず、同様の実習を経験している、あるいは経験してきた実習生相互の話し合いの「場」は、「ピア（仲間）」の力（ピアサポート）を活用でき、悩みを語りあう際に重要なものとなろう。

　また、悩みの内容や背景などに応じて、グループスーパービジョンの方法により、実習生の共通課題として取り上げたり、ロールプレイングの手法を活用し、外在化し客観視を進めたりすることで、悩みに向きあうことが大切となろう。さらには、昨今、ソーシャルワーク実践のなかで活用されている「ソーシャルスキルズ・トレーニング」や「オープン・ダイアローグ」、また「当事者研究」の方法を用い、実習生自らが自分自身のことについて理解を深めること（自己理解、自己覚知）は、悩みを受けとめ、かつ、理解し解消に向かうあり方として採用する価値があるように思われる。

　最後に、実習終了後においても悩みが尾を引いているような場合には、実習生本人のみならず、実習指導担当教員も含めて、細心の注意を払った対応が求められる。

★オープン・ダイアローグ
開かれた対話と訳され、1980年代からフィンランドの西ラップランド地方のケロプダス病院で実践されてきた統合失調症に対する介入方法。

◇**引用文献**
　1）中村明『日本語語感の辞典』岩波書店，p.780，2010.
　2）同上
　3）同上，p.294
　4）髙橋秀実『悩む人──人生相談のフィロソフィー』文藝春秋，p.6，2019.
　5）小嶋謙四郎「悩みの構造(1)──その心理学と解決」『保健婦雑誌』第17巻第10号，p.54，1961.
　6）湯澤直美「社会福祉実習教育における現場の力──普通・常識を問い返す，磁場と学生の変容」尾崎新編『「現場」のちから──社会福祉実践における現場とは何か』誠信書房，pp.259-260，2002.
　7）前出4），p.11

◇**参考文献**
　・尾崎新編『「ゆらぐ」ことのできる力──ゆらぎと社会福祉実践』誠信書房，1999.

実習中に起こり得る問題

- 実習中に起こり得る問題とその種類について学ぶ
- 実習中に起こり得る問題への防止と対策について学ぶ
- 実習中に起こり得る問題とソーシャルワーカーの倫理との関連について理解する

1 実習中に直面するトラブル

　実習は、単に利用者の生活支援を体験するだけのものではない。実習生には、日々の学生生活とは異なる環境下で起こり得るトラブルに留意し、それを回避するとともに、トラブルが発生した場合にも適切に対処することが求められる。

　こうした実習施設・機関でのトラブルの発生は、実習中のみならず、就職後の勤務上にも通ずる項目が多いため、危機意識をもちながら、ソーシャルワーカーとしての自己管理能力や対処能力を養う機会にしてほしい。

　実習生は実習費用を支払ったうえで実習を行うため、給料が支払われる施設・機関スタッフとは状況が異なる。それは、施設内でソーシャルワークの体験をさせてもらうためであり、さらには実習中のサポートをお願いしているためである。つまり、ソーシャルワーカーとしての疑似体験を、現場に守られながら行うための費用であるといえる。ただし、周囲から適切な支援を受けるためには、実習生は実習中に起きた出来事や、抱えた悩みを適切なタイミングで適切な者へ報告・連絡・相談しながら実習を進める責任があることを自覚する必要がある。

　トラブルの発生に関しては、実習生がトラブルに巻き込まれるケースと、実習生がトラブルを引き起こすケースの両面が考えられる。また、トラブル発生の状況としては、実習現場内で起こるものと、自宅も含めた実習施設・機関以外の場所での発生が考えられる。さらに時間的経過から捉えると、実習期間中に発生するトラブルと実習期間前後に発生するものもあり、配属実習さえ何とか乗り越えればよいという軽い気持ちで臨むものではないことがわかる。

2 トラブルの種類と防止・対策

　以下、項目ごとに想定されるトラブルと、その防止や対策について考える。

1 実習中のけが

　実習現場によっては、利用者やスタッフとともに作業やリハビリテーションプログラムを行うことがある。そうした活動場面を中心に、けがや事故が起きる可能性がある。あるいは支援でかかわる利用者にけがを負わせてしまうこともゼロではない。

　そうした事故やけがの発生を防ぐためにも、各プログラムへ参加する際のオリエンテーションには、真剣に臨む必要がある。作業上の留意事項やかかわる利用者への配慮の有無について、スタッフからしっかりと説明を受けておかなければならない。

　また、万が一事故やけがが発生した場合は、その処置が優先されるが、実習施設・機関への報告はもとより、養成校へもなるべく早く状況を説明し、指示を仰ぐことを忘れてはならない。

　最後に、その状況にもよるが、実習施設・機関では実習指導者が実習生の責任を負ってくれているので、実習指導者への状況報告を確実に行う必要がある。

2 実習中の病気

　まず何よりも、自らの体調管理に気をつけ、毎日の検温等で体調の変化の把握に努めることである。病院や入所施設などでは閉ざされた空間の中で虚弱な利用者が療養している場合もあり、スタッフも施設内感染には特に敏感になっている。実習期間や実習プログラムがずれてしまうことを危惧して、体調の異変を感じても無理に実習を行おうとする気持ちもわからなくはないが、自分だけの問題ではないことを自覚し、事前に実習指導者と電話等で相談のうえ、出勤の有無を決定する。

　また、実習生の持病や障害の扱いに関しては、実習への支障が多少でも懸念されるものに関しては、実習指導担当教員と協議のうえで実習施設・機関へ事前に連絡し配慮を検討してもらうことが望ましい。たとえば最近ではLGBTの実習生に対する対応も図られているが、そうした実習施設・機関の配慮は実習生からの情報の伝達により初めて可能とな

る。それにより養成校と実習施設・機関が連携し、実習プログラムや実習環境上の配慮を行うことができるのである。

3 実習の中断

　想定していなかったトラブルや、自覚はしていたがこれまで対処してこなかった実習生自身の課題など、さまざまな事情で実習が中断となる場合がある。いずれにしても実習に何らかの支障を生じたまま、無理に推し進めてもよい結果をもたらさないばかりか、むしろ問題を広げてしまう可能性もある。

　実習生自身が実習の続行に限界を感じる場合もあれば、実習指導者や実習指導担当教員といった周囲の支援者が実習の続行を問題視する場合もあり、いずれにしても関係者間での協議が必要となる。実習生としては、これまで行ってきた実習準備や、国家資格の取得や就職にも関係するものでもあり、また家族をはじめとした支援者の期待も背負っているため、実習の中断は大変な決断となる。中断という状況はシビアなものには変わりはないが、実習を体験しなければ自覚できなかった自身の課題や職業選択のズレに学生のうちに気づくことができた点を肯定的に受けとめ、その後の方向性の検討に活かしてほしい。

4 ヒヤリハット

　ヒヤリハットとは、ミスを食い止めはしたものの、重大な災害や事故につながる一歩手前でヒヤリとしたりハッとした出来事を指す。

　医療や介護現場での対処トラブルが象徴的ではあるが、もちろんソーシャルワーカーの業務上においてもヒヤリハットは起こり得る。

　実習ではスタッフ同様の責任を負う場面もあることを考えると、実習生も例外なくヒヤリハットに出くわす可能性があることを自覚して実習に臨む必要がある。

　以下、実習中にヒヤリハットが発生しやすい項目を紹介する。

❶鍵や書類の管理

　精神科病院での実習や、実習施設・機関内の宿泊施設を利用する実習では、施設・機関内の鍵の管理を任される場合がある。そのような場合、鍵の紛失のみならず、きちんと施錠されているかどうかの確認を怠ってはならない。

　あるいは、実習を行いながら大切な情報を書き留める実習中のメモを携帯している場合、実習中は肌身離さず管理する必要がある。

ケース記録や患者カルテ等、利用者のプライバシーにかかわるものを閲覧する場合は、周囲を確認し、利用者の目の届かない環境で行う配慮が求められる。

❷紛失や物損

ソーシャルワーカーは業務の特質上、利用者の深い個人情報に踏み込み、その把握に努める必要がある。それは実習中も同様である。先述の鍵の管理もそうであるが、実習期間中に借り受けた物の管理は徹底しなければならない。

さらには、実習ノートや実習中のメモ（実習情報を書き留めたもの）など、自己管理が終始求められる物に関しては、実習生自身で管理上のルールを決めるなどして、その把握に努める必要がある。

あるいは紛失しないまでも、学習のために実習指導者が貸してくれた重要な書類や書籍等を、通いの道中に雨で濡らしてしまうようなことも起こしやすいミスであるので、移動の際には十分気をつけたい。

物損に関しては、公的な物や第三者の物を不意に傷つけたり壊したりしてしまう場面が想定される。万が一そのようなトラブルが起こった場合は、包み隠さず早急に施設・機関に届け出る必要がある。実習に際しては、こうした場合に備えて**学生教育研究災害傷害保険（学研災）**など何らかの損害保険に加入しているはずなので、あわせて養成校にも報告することを忘れてはならない。

❸遅刻・欠席

寝坊や公共交通機関の遅延など、結果として遅刻しそうな場合、まずはその状況を実習施設・機関側にお詫びとともに報告する。朝が早く実習指導者が不在の場合は、連絡を受け取ったスタッフに伝言をお願いする。連絡の際には、発信が一方的になるメールはなるべく避け、電話での連絡を優先する。また、到着に時間がかかりそうな場合は経過報告を行う。あわせて養成校側にもその旨を報告することを忘れてはならない。

欠席に関しては、体調不良や忌引き、自然災害による交通機関の麻痺などさまざまな理由が想定される。体調不良は無理をせず実習指導者と電話で相談をする。

自然災害の場合は外出自体が危ないこと、場合によっては実習施設・機関が閉館している場合もあるため、判断に困る状況の場合は出かける前に実習指導者に連絡を入れる。

■5 守秘義務の問題

守秘義務は、社会福祉士や精神保健福祉士の倫理綱領にも盛り込まれている基本的な援助姿勢であるが、勤務中のみならず勤務外あるいは退職後も遵守すべきものである。もちろん実習生にとっても同様であるだけでなく、自分自身の情報発信も気づかぬうちに守秘義務に抵触する可能性がある。

そのため、何を発受信するのか、いつ発受信するのか、何のために発受信するか、その行為は何につながるかといったことを自覚しながら、実習生は自身の情報を取り扱う必要がある。以下、トラブルが想定されるケースを挙げる。

❶ SNS（ソーシャルネットワーキングサービス）の利用

日常生活では身近なツールであるSNS（ソーシャルネットワーキングサービス）も、実習に関しては情報リテラシー（情報を自己の目的に適合させて活用する能力）が問われ、時にトラブルの発端となることがあるので注意が必要である。

実習期間中を問わず、実習施設・機関に関する内容や利用者の情報を発信することは禁止である。また、実習に関連するハラスメントやストーカー行為に対する不安や不満に関しても、たとえそれが事実であろうとSNSで発信することは大変なリスクを伴うものである。SNSを利用する際は、実習に関する一切の情報は、自身の生活情報とは切り離さなければならない。

また、利用者やスタッフと電話番号やメールアドレス、SNSのIDをはじめとした個人情報を交わすことは避けなければならない。そうした行為は実習終了後の関係や個人的な関係をもつことにつながるものであることを自覚し、個人で責任がもてないのであれば実習に関係のない情報開示の求めには毅然とした態度で臨む必要がある。

❷通勤中の行動

実習の道中、たとえば電車内で知人と実習施設・機関の話をしたり、資料を広げて日誌の下書きを考えたりする行為はありがちではあるが、実はそうした公共の場面こそが情報リテラシーが問われるときである。今は実習施設・機関ではないから、利用者やスタッフがいないから大丈夫というものでもなく、周囲には施設・機関や利用者の関係者がいないとも限らないという危機管理の意識が実習生には求められる。

6 金品の授受

実習中に利用者から差し入れやジュース代などとして金品を渡されるような場合があるかもしれない。そうした金品の授受は社会福祉士や精神保健福祉士の倫理綱領などによって禁止されている。

利用者にとっては、実習期間中のかかわりにおいて実習生との関係に肯定的な思いが募った結果としての行為であり、それは実習生にとってもありがたいことである。よって、そうした利用者の行為に対する、実習生としてのうれしさや感謝の気持ちはしっかりと伝えるべきである。

それと同時に、利用者の思いを損ねることなく、金品の授受をどう断るかについては、実習前から検討しておくとともに、実習指導者からのアドバイスも念頭に置きながら、丁寧に取り組んでみてほしいテーマである。

7 ハラスメント

ハラスメントとは、簡単にいうと「嫌がらせ」である。

ハラスメントの種類は数多くあるが、代表的なものとしては、性的嫌がらせである「セクシュアル・ハラスメント（セクハラ）」、立場が優位にある者から業務の範囲を超えた精神的・身体的苦痛を与えられる「パワー・ハラスメント（パワハラ）」、言葉や態度によって精神的あるいは継続的な嫌がらせを受ける「モラル・ハラスメント（モラハラ）」などが挙げられる。

実習生のなかには、滞りなく実習を終えたいという思いや、成績を評価される立場から、こうした問題を我慢しようとする者もいる。実習施設・機関では指摘しにくい場合は、実習指導担当教員に相談したり、帰校日指導の際に学生ハラスメント相談窓口に問い合わせるなどして、決して一人で問題を抱え込まないようにすることが大切である。

8 ストーカー行為

ストーカー行為とは、付きまとい、待ちぶせ、面会・交際の要求などのことである。好意や興味・関心の高さから生じることが多く、実習施設・機関での出会いをきっかけに執拗にこれらの行為を繰り返されたり、個人情報の開示を強要される場合が想定される。実習生にとって、実習中はスタッフや利用者との関係性が実習に影響を与えるため、関係を深めるために必要以上に個人情報を開示することには留意が必要である。

もし、相手の態度に異変や問題を感じた場合は無理に一人で対処しよ

うとせず、ハラスメント同様に早急に養成校側に相談することが重要である。

9 虐待や権利侵害の目撃

　万が一、施設・機関における利用者の処遇やスタッフの対応に対して、虐待や権利侵害が疑われるような場面を目撃してしまった場合、実習生は戸惑いや葛藤、混乱や失望といったマイナスの感情を抱えることとなる。

　自身の立場ではどうにもならないと気持ちを抑え、見て見ぬ振りをするようなことはあってはならないが、その場で指摘することにはリスクが伴う。人が人の生活を支える福祉の世界には正解がないばかりか、時にこうした過ちも起こり得る。実習では対人援助の術を学ぶだけでなく、こうした専門職倫理に抵触するような過ちを通して、自身を戒め、専門性を身につける必要性を実感したり、実践的な権利擁護の術に取り組むことにも意義がある。

　そのためにも、実習生一人で思い悩むのではなく、そうした葛藤を実習指導者や実習巡回教員（実習指導担当教員）にも打ち明け、その場の状況の共有を図りながら、マイナス体験をも実習効果を高める機会にする必要がある。

10 スタッフ間（人間関係）の板ばさみ

　実習生は、実習開始前には利用者とのかかわりに意識を向けがちであるが、それと同時に大切なのが施設・機関スタッフとの関係性である。

　施設・機関の利用者にとって、スタッフは大事な生活環境であり、良好な関係が望まれる。実習生もまた、実習の支援をしてもらうスタッフとの関係性は実習への取り組みに大きな影響を及ぼすものである。

　よって実習生としては、どのスタッフとも良好な関係を築くように努めるが、時としてそれが難しい局面もある。たとえば、利用者へのかかわり方や支援に対する考え方がスタッフによって異なり、個々の利用者の特性のみならず、個々のスタッフの考えも汲み取る必要が生じる場合や、スタッフ同士の人間関係に巻き込まれ、両者の狭間で板ばさみに悩まされる場合などである。

　施設・機関内での人間関係への対処は、状況を客観的に整理したり、実習生を取り巻く人間関係を実習指導者に把握しておいてもらう意味での報告が大切である。

11 実習指導者との関係性

これまでに述べたように、実習の指導やトラブルへの対処など、実習指導者の担う役割は大きく、養成校を離れ現場で実習を行う実習生にとって実習指導者は将来の職業モデルとしてだけでなく、よき支援者として非常に頼りになる存在となる。

しかし、その実習指導者との関係がうまく築けない場合もある。そうした場合は、実習効果が低下するだけでなく、実習生が抱えた問題が消化できずにストレスを抱え、場合によっては実習の継続すら難しい局面を迎えることになる。

実習生は、実習指導者との関係構築に努めることは重要であるが、それでもなお実習指導者との信頼関係が築かれぬまま、実習環境に支障をきたす状況が続くようであれば、実習巡回教員に相談し、第三者に調整を図ってもらうことを検討する必要がある。

12 スーパービジョンの確保の問題

ソーシャルワーク実習が福祉ボランティアと大きく異なるのは、さまざまな体験を振り返る機会、すなわちスーパービジョンが確保されていることである。その作業によって、実習生はソーシャルワークを理解し、自己認識を高めることができるのである。その体験をひもとく手段の柱が、「実習日誌を通した指導」と「実習の振り返り（フィードバック）の時間」であるといえる。

実習指導者がすべての場面で実習生に立ち会うことは不可能なため、タイムリーに指導やアドバイスを行うことはできない。そのため、通常は1日の終わりに、「実習の振り返りの時間」を設け、実習生と実習指導者が実習の体験を共有し、大切な局面をひもとき、実習生に整理を促すためのスーパービジョンを行う。その後、実習生はその振り返りをもとに、セルフスーパービジョンとして「実習日誌」の作成に取り組み、さらに理解を深めるといった流れが確保されるところに実習の価値がある。

ただし、こうした機会の確保は各施設・機関によってまちまちであるため、実習生は事前訪問や実習開始日のオリエンテーションなど初期の段階で実習指導者にスーパービジョンの予定や形態に関して確認をとるとよい。また、実習が開始されたなかで、振り返りの機会がなかったり実習日誌の回収が滞っているようであれば、実習指導担当教員に報告し、調整の対応を図ってもらうようにする。

第5章

実習後の学習

　ソーシャルワーク実習は、実習前→実習中→実習後という学習のプロセスと積み上げを重視し、各段階で設定された教育目標を達成するために準備されたプログラムを系統的に学習するものである。

　ソーシャルワーカーの専門性を発揮するためには、価値・知識・技術を統合化して実施する能力が必要となる。実習後に実施するスーパービジョンや自己評価・他者評価、総括などの学習を通して、実習体験や記録などの結果を分析、解釈、評価することにより、ソーシャルワークの価値・知識・技術の統合化につなげることが可能となる。

　実習後の学習は、ソーシャルワーク専門職および専門職業人として社会的責務を果たし、役割を遂行するための自己研鑽の始まりといえる。本章で学習した内容を踏まえ、自身の実習体験を分析し、その成果を将来のクライエントのために活用できるようになってほしい。

実習後に行う評価

学習のポイント

- 実習後に行う評価活動の意義と方法を理解する
- モデル評価表の構造および記入の留意点を理解する
- 評価表の活用方法と留意点を理解する

1 実習過程における総括的評価の意義

　実習の成果や課題を正確に評価するためには、学習の流れに即して、診断的評価・形成的評価・総括的評価・確認的評価といった目的や方法が異なる評価を適切なタイミングで実施することが大切である（図5-1）。

　実習後に実施するのは、主に総括的評価と確認的評価で、そこでは実習生の目標達成度や知識および技術の習得度などを確認するための情報を収集する。総括的評価は、「最終的であること」を特質としており成績をつける際の基盤となる。また、確認的評価は、通知の教育に含むべ

表5-1　評価の種類

診断的評価	学習に入る前に、その学習のために有効となる入力条件を調べるための評価
形成的評価	学習過程の途中で、さらなる学習を要する部分の判断をし、学習をうまく遂行させるために実施する評価
総括的評価	「最終的であること」を特質とし、一定の期間をもって実施された指導・学習の終了後に、その成果である出力情報を得るための評価
確認的評価	学習者の臨床的知識・技能の保持を保障するという観点から技術演習や実習等、一定の教育完了後に実施する評価

図5-1　学習の流れと各評価の実施のタイミング

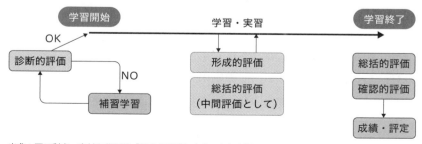

出典：西口利文・髙村和代編著『教育心理学』ナカニシヤ出版，p.160，2010. を参考に一部筆者加筆

き事項とソーシャルワーク実習教育内容・実習評価ガイドラインの教育
目標（達成目標と行動目標）に掲げられている知識および技術の習得状
況を確認することを目的としている。したがって、評定（優・良・可、
ABCDE など）を見て終わるのではなく、「知識や技術を活用して何が
できるようになっているか」という実践能力を確認することを意識して
評価を実施することが重要である。

評価主体別に実習後に行う評価活動は**表 5-2** のとおりである。

2 自己評価

実習の評価は、評価基準を明確にし、実習指導者の評定だけではなく、
実習生本人の自己評価についても考慮して行うこととされている。

前項で述べたとおり、自己評価は実習を総括するうえで非常に重要な
手法となる。実習生自身が評価主体となり、実習を総括して評価を実施
することにより、評価表や実習記録に書かれていないこと、成長や変化
などといった複雑な内容を説明することが可能となる。これは実習生に
しかできない評価である。実習生の「姿勢・意欲」は自己評価によって
目に見える形で説明される。

達成度評価の観点からみると、教育目標の達成度や残された課題が何
かを明らかにすることが大切である。したがって、実習後に評価表の確
認作業をする際は、実習記録の内容や実習中に行ったスーパービジョン
の内容を踏まえ、総合評価の符号だけでは解釈することができないもの
を見つけ、数値化されない言動や思考を丁寧に第三者が理解できるよう
言葉にすることが非常に重要である。

また、「意欲をもって取り組んだにもかかわらずできなかった」「目標
をもたずに取り組んだのにできてしまった」などというケースも想定さ
れる。達成度のチェックにあたっては、「なぜ達成できたのか」「なぜ達
成できなかったのか」双方の理由を検討することも必要である。

---

i　本章において触れられている、社会福祉士養成施設、社会福祉士学校および精神保
　健福祉士養成施設等における、設置及び運営に係る指針、ソーシャルワーク実習の
　教育内容（「ねらい」「教育に含むべき事項」）などについて定めている通知とは、「社
　会福祉士養成施設及び介護福祉士養成施設の設置及び運営に係る指針について」（平
　成 20 年 3 月 28 日社援発第 0328001 号）・「社会福祉士学校及び介護福祉士学校
　の設置及び運営に係る指針について」（平成 20 年 3 月 28 日 19 文科高第 918 号社
　援発第 0328002 号）・「精神保健福祉士養成施設等の設置及び運営に係る指針につ
　いて」（平成 23 年 8 月 5 日障発 0805 第 3 号）をいう。

表5-2 実習後における評価主体ごとの主な評価活動

評価 主体	実習過程	実習後
実習生		【学習目的】 ・自己評価（評価表の記入） ・実習指導者との評価表の確認 ・実習指導担当教員との評価表の確認 ・他者評価（実習指導者によるスーパービジョンと評価） ・相互評価（ほかの実習生とのグループワーク） ・実習報告書の作成 ・実習後のアンケート等の実施 ・実習報告会の準備と発表
		【管理目的】 ・実施日数、実習時間の確認 ・出勤簿の確認 ・実習修了証明書の確認
実習指導 担当教員		【指導目的】 ・評価表の記入内容の確認と指導 ・各実習施設・機関における実習内容の確認
		【管理目的】 ・実習生の健康状態の確認 ・実施日数の最終確認 ・実習記録の確認 ・実習指導者への評価内容の確認（必要に応じて実施） ・単位認定
		【研究目的】 ・授業評価の実施 ・事後アンケート調査の実施 ・各実習施設・機関における実習内容の確認
実習指導者		【指導目的】 ・評価表の記入（総括的評価・確認的評価） ・評価表の内容や評定の説明 ・評価表に関する事後の問い合わせへの対応
		【管理目的】 ・出退勤状況、実習時間、実施日数の確認 ・修了証明書の発行
		【研究目的】 ・実習生へのアンケートの実施 ・実習受け入れおよび指導に関する研究会の実施 ・実習報告会への出席

3 他者評価・相互評価

1 実習指導者の評定の位置づけ

ソーシャルワーク実習の評定は、実習指導者が評価表を用いて実施する。評価表は養成校が作成することが多いが、実習施設・機関が独自で

作成している場合もある。実習施設・機関が独自で作成した評価表を用いる場合は、評価項目や評定基準など具体的な内容について事前に確認し、実習前の実習指導で共有しなければならない。

2 実習施設・機関の実習評価と成績評定

実習施設・機関の実習指導者の評定は、学生の目標達成度や行動の熟達度等を確認するうえで重要となる。しかしながら、実習指導者の評定は成績評定や単位認定そのものではない。成績評定や最終的な単位認定は養成校が行うものであり、実習指導者の評定のみに委ねることはできない。実習指導者の評定を評価資料の一つとして位置づけ、適切な解釈を行いながら実習全体の評価を行う。

3 学生同士による相互評価

実習の総括や知識および技術の習得度などを確認するにあたっては、ソーシャルワーカーを目指す学生同士で話しあいながらそれぞれの実習経験を振り返り、教育目標に対する実践や考えたこと、目標を達成するための方法や工夫などを共有することも効果的である。

自分とは異なる経験や考え方をもっている他者の意見を聴くことにより、客観的かつ多面的に自分の実習を振り返ることにつながる。なお、帰校日指導で学生同士話し合いをさせるのは、この相互評価に該当する。

4 実習計画の評価

実習計画の評価をする際は、まず、実習開始前に作成した実習計画書もしくは中間評価のあとに修正した実習計画書を見直し、実習経験を踏まえて再度実習を行うとした場合、どのような計画を作成するか考えてみるとよい。実習を通じてソーシャルワーク実践を観察・体験し、何らかの知識や技術について実践的理解ができているはずである。そのような実習経験を踏まえ、あらためてソーシャルワーカーになるための実習教育目標を達成するためには、実習計画に何を入れればよいのか、どのような日程で展開すればよいのか、誰に協力を求めればよいのか、などが鮮明に浮かび上がってくる。これが一つの成功体験として、就職した際の専門職としての自分のありようをイメージすることにつながる。

また、実習計画は達成目標および行動目標を基準・規準として作成し

ている。したがって、目標の達成度について実習記録や実習指導者の
スーパービジョンのメモ等を活用しながら確認、評価を行う。そして、
確認的評価の観点から、知識および技術の習得度や定着度を確認し、今
後の授業や学習において取り組むべき課題を設定することが重要であ
る。ここでも「やりっぱなしにしない」ということを心がけ、最後まで
学習に臨むことが大切である。

5 実習全体の評価（実習評価表の活用方法）

　実習評価表は中間評価の際に見直す作業を行うが、総括的評価とし
て、実習終了時に再度見直すことになる。実習生、実習指導者が同じ評
価表を使用するため、評価の目的や記入方法などをまとめた「実習評価
の手引き」を作成し、実習生と実習指導者および実習施設・機関側が実
習評価の目的を理解し、活用することが重要となる。評価表の活用の流
れや方法の例を示したのが**表5-3**である。

　評価表を確認する際は、いくつか留意すべき点がある。評価表の確認
は、基本的には実習指導担当教員と実習生との間で行われるものであ
り、実習の状況を観察し、直接指導した実習指導者が同席するわけでは
ない。そのため、評価した当事者（実習指導者）による評定の理由や根
拠を確認できず、実習生に対して適切な評価情報のフィードバックがで
きないという問題が生じる。この問題を回避するためには、自由記述欄
または特記事項欄に評価の根拠や理由等を実習指導者にきちんと書いて
もらう必要がある（巻末資料参照）。さらに、実習生が直接説明を受け
ることを希望する場合は、必要に応じて実習指導担当教員が実習指導者
につなぐ役割を果たすことが求められる。実習生は、学習の主体として、
評価の内容や評定の理由を知る権利がある。評価表は自分自身の学習の

表5-3　実習後における評価表の活用方法の例

① 　実習生の自己評価として、評価表に記入する。
② 　実習指導者も同じ評価表を使用して記入する。
③ 　実習生と実習指導者による実習の振り返りを行い、スーパービジョンを実施する。
④ 　実習終了後、実習指導担当教員による個別指導として、実習生と実習指導者の評
　　価表を照らし合わせ、スーパービジョンを実施する。
⑤ 　実習報告書の作成に活用する。
⑥ 　実習報告会のための資料作成に活用する。
⑦ 　ソーシャルワーク専門職になるための自己学習の基準として活用する。

成果および情報であることを認識し、適切な評価を受けることができるよう、実習生自ら実習指導担当教員や実習指導者に対して積極的に働きかけることも求められる。

　実習施設・機関の実習評価と成績評定についていえば、実習指導者の評定は、実習生の目標達成度や行動の熟達度等を確認するうえで重要となる。しかしながら、実習指導者の評定だけで成績評定や単位認定を行うのは通知の規定からみても妥当とはいえない。また、達成度評価の観点からみても、達成度評価は100％完全習得のみを目的とするものではなく、達成までの連続体をなすとする考え方であることから、実習計画に設定した目標が達成できないからといって低い評定にするのは誤りである。設定した行動目標に対してどの程度達成できたのか、達成度の分割点のどの位置にいるのかなどを考慮に入れる必要がある。実習指導者の評定は、目標に照らした進捗状況や、実践能力の修得状況に関するフィードバックを実習生に提供するという形成的評価の対象として活用するものである。実習指導者の評定を評価資料の一つとして位置づけ、適切な解釈を行いながら実習全体の評価を行うことが重要である。

第５章　実習後の学習

159

- ソーシャルワーク実習の事後学習の目的を理解する
- 実習経験からソーシャルワークを体系的に理解するための事後学習の内容とその方法を理解する

1 事後学習の目的

　ソーシャルワーク実習の学びは実習期間中に完結するものではない。事前学習でしっかりと準備を整えることに加えて、事後学習で実習体験をあらためて多角的に検討することにより、初めてソーシャルワークの価値・知識・技術を体系立てて理解していくことが可能になる。その意味において、実習後の学習は実習前・実習中の学びと同様に重要なものといえる。

　事後学習に取り組むにあたり、ソーシャルワーク実習の目的は社会福祉士・精神保健福祉士養成であることを確認しておきたい。学生たちは、社会福祉に関するさまざまな施設・機関で働く社会福祉士・精神保健福祉士のもとで実習を行う。ただし、あくまでもそこでの学びは社会福祉士・精神保健福祉士としての価値と倫理に基づくソーシャルワークを行うための実践能力を養うことに主眼があり、個別の施設・機関でソーシャルワーク機能を担う専門職（例：病院のソーシャルワーカー、特別養護老人ホームの生活相談員など）を目指すことを目的とするものではない。

　そこで事後学習では、実習を通して学んできた各社会福祉現場における個別的な（スペシフィックな）ソーシャルワークに、あらゆる社会福祉現場に共通する普遍的な（つまりはジェネラリスト）ソーシャルワークとしての意味づけをしていくことになる。そのなかでは、各社会福祉現場でさまざまに展開されている支援実践とソーシャルワークの価値・知識・技術との関連性や連動性を明確化し、ソーシャルワークとそれを担う社会福祉士・精神保健福祉士について理解を深めていくことが重要である。

　これらを通して、通知の「ねらい」にある「社会福祉士として求めら

れる役割を理解し、価値と倫理に基づく専門職としての姿勢を養う」「精神保健福祉士として求められる資質、技能、倫理、自己に求められる課題把握等、総合的に対応できる能力を習得する」「ソーシャルワークに係る知識と技術について具体的かつ実践的に理解し、ソーシャルワーク機能を発揮するための基礎的な能力を習得する」「実習で得た具体的な体験や援助活動を、専門的援助技術として概念化し理論化し体系立てていくことができる総合的な能力を涵養（かんよう）する」等の目標を達成することが、事後学習の目的となる。加えて、これらの目標や事前学習で設定した実習課題に関する自らの達成状況を評価し、不十分な点を明確化したうえで今後の学習課題を設定していくことも、事後学習の目的であることを意識しなければならない。以下に、国家試験の受験資格取得に必要なすべてのソーシャルワーク実習を終えたあとに取り組むべき事後学習の内容と方法を整理する。

2 事後学習の内容と方法

1 実践にソーシャルワーク理論を結びつける帰納法的学習

　実習で観察・体験してきたことは、各福祉現場に勤務する社会福祉士・精神保健福祉士の支援実践や日常業務（以下、実践）である。社会福祉士・精神保健福祉士は、ソーシャルワークの価値・知識・技術に基づいて実践の方向づけをしたり、それらを活用して実践を遂行することでソーシャルワーカーとしての役割を果たしている。そのため、事後学習では、目に見える形で表出される社会福祉士・精神保健福祉士の実践を再確認するだけでは不十分であり、実践とソーシャルワークの価値・知識・技術との関連性について考察することが必要となる。

　実習前・実習中・実習後の学習の関係性を整理したものが図5-2である。

　多くの学生にとって、実習前に現場の実践を観察・体験する機会はあまりない。講義でソーシャルワークの価値・知識・技術に関する理論を重点的に学びつつ、事例等を用いてソーシャルワークの理論がどのように社会福祉士・精神保健福祉士の実践に表出されるのかを考えていくことになる。つまり、実習前の学習は、理論先行型の演繹法的学習★が中心といえよう。これに対して、実習後の学習は、実習で観察・体験してきた実践にソーシャルワークの価値・知識・技術といった理論を結びつけ

★演繹法的学習
演繹法とは、普遍的命題（公理）から個別的命題（定理）を導く推論である。つまり、この場合の演繹法的学習とは、ソーシャルワークに関する理論から、個別の福祉現場における実践のあり方を検討する理論先行型の学習方法を意味する。

図5-2　ソーシャルワーク実習前・実習中・実習後の学習の関係性

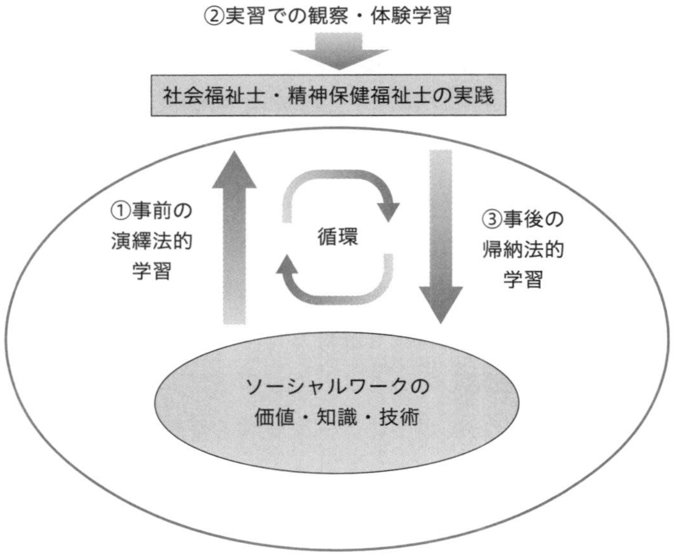

②実習での観察・体験学習

社会福祉士・精神保健福祉士の実践

①事前の
演繹法的
学習

循環

③事後の
帰納法的
学習

ソーシャルワークの
価値・知識・技術

★帰納法的学習
帰納法とは、個々の具体的事実から一般的な命題ないし法則を導き出す思考の手続きである。つまり、この場合の帰納法的学習とは、個別の福祉現場における実践のあり方から、ソーシャルワークの理論を導き出す実践先行型の学習方法を意味する。

ていく帰納法的学習★が中心となる。

　この学びのプロセスを整理すると、①実習前には演繹法的学習によってソーシャルワーク理論と実践を学習し、②実習で現場における社会福祉士・精神保健福祉士の実践を実際に観察・体験したうえで、③実習後に帰納法的学習によって、観察・体験してきた実践をソーシャルワーク理論と結びつけていく。さらに、帰納法的学習によって得た学びをもとに、再び演繹的に現場における実践のあり方を考察するという学習の循環を経て、ソーシャルワークとそれを担う社会福祉士・精神保健福祉士について立体的に理解することが可能となる。

2 社会福祉士・精神保健福祉士に共通するソーシャルワークの価値・知識・技術の抽出と多様な実践方法の整理

　社会福祉士・精神保健福祉士による実践は多様であり、所属施設・機関の種別が違う場合、内容や方法が異なることは少なくない。施設・機関の領域や種別が同じ場合でさえも、その実践は近似しつつも完全に同じというわけではない。そのため、各実践に必要となる知識や技術は現場の特性に応じて多岐にわたる。そこには、ソーシャルワークの知識や技術に加えて、各現場特有の知識や技術も含まれることとなる。また、それらの実践の根源にある価値にも、ソーシャルワークによる価値だけでなく、各施設や機関に固有のもの（法人等の理念として位置づけられ

ていることが多い）も含まれている場合がある。

　ジェネラリストとしての社会福祉士・精神保健福祉士について理解を深めるためには、各実践から社会福祉士・精神保健福祉士にとって普遍的なソーシャルワークの価値・知識・技術を抽出することが求められる。加えて、その普遍的なソーシャルワークの価値・知識・技術に基づいた実践には、多様な展開方法があることについても理解を拡げていくことが必要となる。つまり、社会福祉士・精神保健福祉士として普遍的な価値・知識・技術と、それらに基づいた多様な実践方法の両面を理解することが事後学習の目的の一つとなる。

　しかし、自らの実習経験を振り返ることだけで、普遍的なソーシャルワークの価値・知識・技術を抽出し、またその実践の多様な展開方法を理解することは難しい。そのため事後学習においては、学生同士がそれぞれの実習経験をもちより、多様な社会福祉士・精神保健福祉士の実践を比較・検討するという協同学習に取り組むことで、そこに共通するソーシャルワークの価値・知識・技術を抽出し、またソーシャルワーク実践の多様な展開方法を整理していくことになる。

3 現場におけるソーシャルワークと普遍的なソーシャルワークとを結びつけるための学習方法

　事後学習として、実習で観察・体験した社会福祉士・精神保健福祉士の実践にソーシャルワーク理論を結びつけたり、普遍的なソーシャルワークの価値・知識・技術を抽出するために、個人での振り返り、学生同士のグループによる協同学習としての振り返り、さらには実習指導担当教員とのスーパービジョンなどの方法がある。

　また、事後学習ではただ個人やグループで振り返りを行うだけでなく、振り返った内容を報告書や報告会の形で整理して他者にも確認してもらうことが重要である。そのため、実習後の学習では実習報告書の作成と実習報告会に取り組むことが求められる。実習報告書の作成と実習報告会の準備・実施については、次節で説明する。

❶自らの実習経験の振り返り

　事後学習における自らの実習経験の振り返りとは、実習中にどのような出来事があったのかをただ確認するのではなく、そこで観察・体験した実践がどのような経過で生じたのか、どのような意味をもっていたのかについて再度考察を深めていくことを意味している。また、自らの実習経験を振り返る際には、実習で観察・体験した社会福祉士・精神保健

福祉士の実践とソーシャルワークの価値・知識・技術との関連性について考察することが重要である。

実習中は、矢つぎばやに生じる出来事を確認することで手いっぱいになってしまい、十分に理解を深められないことも少なくない。しかし、実習から時間をおき、落ち着いた状態であらためて実習経験を振り返ることにより、新たな気づきや理解を得ることができる。これは、当事者として経験した自らの実習を客観的に捉えなおす作業ともいえよう。

自らの実習経験を振り返る素材としては、実習計画（またその達成状況の評価）、実習日誌、ケース研究の記録、実習評価表が有用である。

❷学生グループでの実習経験の共有と振り返り

社会福祉士・精神保健福祉士による実践は現場ごとに多様であるものの、各学生は限られた施設・機関で実習を行うことになる。そこで、実習を終えた学生同士で相互の実習経験を共有し、振り返るというグループでの協同学習（グループ学習）に取り組むことで、社会福祉士・精神保健福祉士に共通するソーシャルワークの価値・知識・技術を抽出したり、現場の特性に連動したソーシャルワーク実践の多様な展開方法を理解していくことが可能になる。その際、各学生の実習経験の違いに着目するのではなく、各実践現場に共通するソーシャルワークの価値・知識・技術は何か、またソーシャルワークの実践理念がどのような方法で展開されていたのかを意識しなければならない。

このグループ学習に用いる素材としても、実習日誌、ケース研究の記録、実習評価表などが有用である。

❸学生―実習指導担当教員間のスーパービジョン

事後学習において、学生個人または学生グループで実習経験への考察を深めていく際にも、実習指導担当教員とのスーパービジョンが重要になる。

事後学習の基本は、個人学習・グループ学習を問わず学生自らの振り返りである。学生が自らの実習経験の意味を考察するなかでは、当然見落としている視点があったり、知識が足りずに十分振り返りを深められないことが少なくない。また、実習評価表を確認したり、ほかの学生の実習経験と自らの経験を比較するなかで、自身の実習経験に否定的な意味づけをしてしまい、心理的に落ち込んでしまうこともある。スーパービジョンの教育的機能や支持的機能は、このような知識不足や心理的な負担に対してとても有効である。

実習指導担当教員に対して事後学習での考察を語るなかで、考察に不

足していた視点や知識を明確化したり、否定的に捉えた出来事に別の意味づけをしていくことが可能となる。複数の学生と実習指導担当教員によるグループスーパービジョンでも同様の効果が期待できよう。加えて、実習中だけでなく事後学習でもスーパービジョンの効果を実感することは、ソーシャルワーク専門職としての成長に継続的なスーパービジョンが必要であることの理解にもつながる。

❹実習現場へのフィードバックと再体験

図5-2（p.162）で示したとおり、実習後の帰納法的学習で学びが完結するのではなく、さらに事後学習の成果をもとに現場のソーシャルワーク実践を考えていく演繹法的学習に取り組むといった学習の循環が重要である。そのため、ソーシャルワークとそれを担う社会福祉士・精神保健福祉士を立体的に理解するためにも、実習後の考察について実習指導者にフィードバック（報告）したり、再度現場での観察・体験に取り組むことが重要な課題となる。定められた実習や講義期間だけですべての学びを達成することは難しい。実習後にも主体的に実践的な学びを深めていくことが必要であり、そのような姿勢は、各倫理綱領の「専門職としての倫理責任」に定められる「専門性の向上」に通じるものであることを意識したい。実習中に忙しそうな実習指導者を見ていると、実習後に再度連絡することを遠慮してしまうかもしれないが、自らの専門性を向上するための積極的な姿勢は社会福祉士・精神保健福祉士になるために獲得しなければならないものである。

実習成果の報告

- 実習成果を報告する目的について理解する
- 実習総括レポートの作成方法について理解する
- 実習報告会における発表の準備と方法を理解する

1 実習成果を報告する目的

　実習成果の報告は、ソーシャルワーク実習を終えたあとに取り組む事後学習の一つである。事後学習では、実習指導担当教員からの個別スーパービジョンやほかの実習生とのグループスーパービジョンを通して、一人ひとりが実習体験における成果を振り返る。その振り返りの内容を文章としてまとめたものが「実習総括レポート（実習報告書）」であり、プレゼンテーションの形式で報告するのが「実習報告会」である。

1 通知からみた実習報告の目的

　実習成果を報告する目的は、社会福祉士・精神保健福祉士の国家資格を得るための通知に次のように規定されている。

> 【ねらい】
> 「実習を振り返り、実習で得た具体的な体験や援助活動を、専門的援助技術として概念化し理論化し体系立てていくことができる総合的な能力を涵養する」（社会福祉士）
> 「具体的な実習体験を、専門的知識及び技術として概念化し理論化し体系立てていくことができる能力を涵養する」（精神保健福祉士）

　実習後の学習では、実習前に講義で学んだソーシャルワークの知識や、演習で模擬的に体験した援助技術を、現場実習においてどのように実践的に理解したのかを明確にしていく。そのうえで、現場での実感を伴った理解から、あらためてソーシャルワークの概念や理論に立ち返り、その意味を学びなおすという目的がある。つまり、実習生にとって

の実習報告とは、理論と実践の結節点ということができる。将来ソーシャルワーカーとして働く際にも、常に理論と実践を行き来しながら専門性を高めていくことが求められる。その第一歩として、実習で得た具体的な体験や援助活動を、専門的援助技術として概念化し理論化し体系立てることに取り組み、実習成果として報告することを通して、総合的な能力を身につけることを目指す。

2 実習の成果とは

ソーシャルワーク実習を振り返るなかで、何が「実習成果」として見出されるだろうか。『大辞林（第3版)』によると「成果」とは、「なしとげた結果。できあがったよい結果」と定義される。しかし、実習成果の報告では、達成できたことや成功体験だけでなく、中途半端に終わったことや失敗体験も「成果」となり得る。なぜなら、失敗やうまくいかなかった体験からこそ、実習生としての課題が発見できるからである。通知においても、実習体験や実習記録を踏まえて課題を整理することが、教育に含むべき事項として明記されている。

【教育に含むべき事項】
「実習体験や実習記録を踏まえた課題の整理と実習総括レポートの作成」

実習中に達成できたことは「成果」であり、どのような準備やプロセスで達成できたのかを分析し、報告することができる。だがこの背景には、自分のマイナスの体験には触れたくないという無自覚な思いや、実習指導担当教員やほかの学生によい評価をされたいという自然な欲求があるかもしれない。プラスの結果だけに焦点を当てず、肩の力を抜いて、マイナスに感じている体験にも目を向けてみる。ここから自身の課題が発見されれば、今後ソーシャルワーカーを目指すうえで必要な行動変容の足がかりとなる。これこそが実習の「成果」であり、成功体験以上に有意味な結果となっていく（**図 5-3**）。

図5-3 「成果」の意味

一般的定義……なしとげた結果。できあがったよい結果。

実習報告の場合……成功体験 ／ 失敗体験｝ここから何を学んだか＝成果

実習生は今の段階ですべての実習課題を達成しなければならないわけではない。実習報告では学習の経過報告、すなわち、実習計画に照らして「ここまでは達成でき、ここは課題として残った」という客観的な整理が必要である。また達成できたか否かだけでなく、その背景要因を探り、成功や失敗の体験から何を学んだのかのプロセスを明示していくことが求められる。

このように、残された課題も含めて実習成果を報告することは、実習生自身の成長につながるだけでなく、アカウンタビリティ（説明責任）[★]としても重要である。現場実習は、実習指導担当教員からの指導だけでなく、実習指導者や利用者、実習施設・機関、地域住民の協力があってこそ成立している。また、実習生による実習報告は、後輩学生の実習に対するイメージやモチベーションの形成にも大きな役割を担っている。実習生がどのような体験から何を学んだかという「成果」をありのままに報告することは、実習施設・機関や養成校へのフィードバック[★]としても活かされる点にも留意したい。

3 客観的な報告とは

実習総括レポートや報告会は、実習指導者や実習指導担当教員、他学生に読まれる・聞かれることを前提としている。そのため、第三者にもわかる客観的な書き方や表現が求められる。

この場合の「客観的」とは、実習生が自身の実習体験を冷静に外側から捉えなおそうという主旨であり、独りよがりに主観に閉じこもった感想文や体験発表では不適切だということである。

では、客観と対局にある主観はどう扱えばよいのだろうか。実習そのものは実習生の主観的体験である。現場に出て緊張したり意気込んだり、利用者を目の前にして戸惑ったり悩んだりと、実習生一人ひとりに固有な感覚的なものである。

また実習を終えたあとは、緊張感から解き放たれて気が抜けたり、ふだんにはない頑張りから燃え尽きてしまったりもするだろう。実習指導者から褒められた人は達成感や高揚感にあふれ、逆に厳しい指導を受けた人は挫折感や無力感を味わっているかもしれない。

実習報告で「客観」を求められたとき、これらの主観的体験や感情は捨てなければならないと思いがちである。しかし、客観的に捉えるためには、まずは自身の「主観」を徹底的に洗いなおす必要がある。

図5-4　実習生の主観的体験の客観化

〈各実習生の主観〉	〈主観的体験の検証〉	〈客観的に捉えなおす〉
実習中の主観的体験 実習後の感情・感想 →	なぜそのように捉えたか なぜそのように感じたか →	自分の思考や態 度、視点を俯瞰

　実習直後はまだ生々しい感覚や感情に覆われて、自身の実習体験を冷静に捉えることは難しい。しかし実習後１～２か月が経過し、実習指導担当教員や他学生とともに事後学習に取り組むことによって、自らの主観的体験から少しずつ距離をとることができるようになる。なぜ実習中はそのように捉えたのか、なぜ自分はそのように感じたのかを、丁寧に振り返ってみる。そこには必ずきっかけとなる背景や根拠があるはずである。それが明らかになれば、自分がもっていた思考パターンや態度、視点を俯瞰することができる。これが客観的に捉えなおすまでのプロセスである（**図 5-4**）。

4　ある実習生が実習中の体験を客観的に捉えなおすプロセス

❶実習生による体験の記述

> 　私は特別養護老人ホームの利用者のニーズを理解したいと思い、実習が始まってから積極的に挨拶をしたり、自分から利用者に声をかけた。特に私と話してくださるＡさんは、若い頃の話やご家族のことを教えてくれた。話しやすく、関係ができてきたと思ったので、Ａさんを対象にアセスメントと個別支援計画を立てたいと実習指導者に相談した。Ａさんは受け入れてくださり、私は毎日、実習の時間が空いたときにＡさんの居室を訪問するようになった。身体的な状況や入所してからの思い、趣味やこの施設での楽しみなどを聞いていった。翌日には、前日に聞き足りなかったことをメモし、できる限り詳しく聞けるようにした。
>
> 　１週間ほど経ったとき、私がいつもどおりＡさんの居室を訪ねると、Ａさんから「今日はごめんね」と突然言われた。私は驚いて、どうしてか意味がわからず、ただ「はい……」と言ってドアを閉めた。急に聞き取りができなくなって困ったなと思った。次の日、Ａさんのところに行こうとしたが、また断られるかもと思って行けなかった。
>
> 　実習指導者との振り返りの時間に、Ａさんのことを相談した。「２日前まで笑顔で質問に答えてくれていたし、何か問題があったんでしょうか。もう少しでアセスメントが完成するんです」と伝えた。すると実習

指導者は「Aさんは少し疲れているように見えたよ。それに、Aさんは毎日趣味の縫い物の時間と、昼寝の時間をとられているよ。よくAさんの様子を観察してごらん。もしわからないことがあれば、介護職員にも聞いてみては」とアドバイスをくれた。

　まず、実習生は振り返ってみたい体験について、実習記録や実習中のメモを数回読みなおそう。事実として何が起こり、誰がどのように行動し、自身は何を感じたかを記述していく。この実習生の記述からは、途中まで順調にいっていた利用者とのかかわりが、ある日突然途絶えてしまったことがわかる。実習生は驚き、戸惑い、自分から動けなくなってしまったという体験である。

❷主観的側面への焦点化

　次に、実習生の体験の主観的側面に焦点を当て、その背景にどのような考え方や態度があったのかを確かめる。実習生はこのとき、「自分はAさんに拒否された、つらい」「聞き取りができなくて困る」「このままではアセスメントが進まず焦る」という心情だったと述べる（図5-5）。

図5-5　実習生の体験の主観的意味の確かめ

利用者Aさんの発言……「今日はごめんね」

Aさんに拒否されてつらい
実習生……………聞き取りができなくて困る
アセスメントが進まず焦る

❸主観的体験の背景要因を探る

　実習生はその後、Aさんに直接かかわることを中断し、ユニットの介護職員から情報を得ながら、Aさんの生活の様子を観察した。そして1週間後にお孫さんが来所されたあと、Aさんとのかかわりは再開できることになった。再開できるまでの1週間は、実習生にとってとてもつらく、悩んだと述べる。この展開について、実習生が事後学習において振り返ったAさんの状況は、以下のとおりである。

・私が毎日居室を訪れていたため、Aさんの生活リズムが崩れていた。
・質問攻めにしたことによって、Aさんは徐々に疲れてしまった。
・来週お孫さんが施設に来るため、手作りの人形をあげたいが、利き手に麻痺があるため1日に少ししか縫うことができず、焦っていた。

・私が一生懸命に話しかけるため、Ａさんは断ることを申し訳なく感じ、なかなか言い出せずにいた。

❹ 背景要因の分析からテーマの抽出へ

実習中は、Ａさんへの聞き取りが再開できてうれしい気持ちや、アセスメントが進められて本当に安堵したと実習生は述べた。しかし、事後学習を進めるなかで、上記のＡさんの状況が一つひとつ整理されたことにより、実習生は後悔の発言もするようになる。「私はＡさんとよい関係を築けていたと思っていたが、本当はＡさんの生活リズムをじゃましていた」「私が質問することでＡさんが疲れてしまったことに気づけなかった」「Ａさんのニーズを理解するために話を聞いていたのに、お孫さんへの思いや焦っている気持ちをまったく理解できていなかった」「初めから介護職員にも相談しておけばよかった」等である。

ここから実習生は、利用者のニーズの理解における要介護高齢者の生活リズムの大切さ、ほかの専門職との情報の共有等のテーマを取り上げ、実習総括レポートで考察することになった。

❺ 感想文から客観的な表現へ

実習生は、上記のテーマに基づき実習総括レポートを書いてみたものの、反省めいた感想文になってしまった。そこで、あらためて自身の体験について実習指導担当教員と振り返った。Ａさんに拒否されたとき、なぜあれほどつらく、困ったり焦ったりしていたのか。その背景には、どのような自分自身の思考や態度があったのか、実習記録から再び確かめることにした。

その結果、「実習生として積極的に利用者にかかわらなければならない」「利用者を理解するために情報収集は詳しく行うべき」「実習中にアセスメントと個別支援計画を完成させたい」といった実習生自身の暗黙の強い思いが見出された。もちろんこれらは、実習生として大きく誤った内容ではない。だが、これらの実習生の熱意や願望よりも、現場実習で優先されるべき「利用者の主体性の尊重」が実習中には理解されていなかった。このために、実習生は「つらい」という体験でとどまっていたことに、事後学習での振り返りを通してようやく気づいたのである。

以上のように、実習生の主観的体験の背景には、無意識に陥っていた「〜ねばならない」「〜べき」「〜したい」という思考や態度が必ずある。それらを丁寧に洗い出すことによって、単なる後悔や反省で終わらせず

第 5 章 実習後の学習

図5-6　実習生の主観的体験の背景を探り客観的に捉えなおすプロセスの例

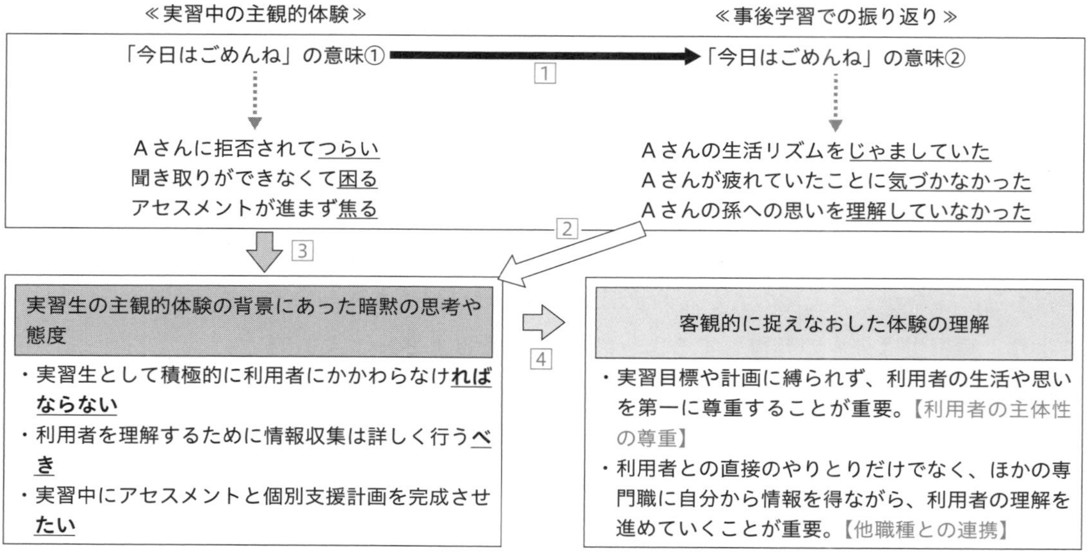

≪実習中の主観的体験≫　　　　　　　　　　　　　　　≪事後学習での振り返り≫

「今日はごめんね」の意味①　━━━━━ 1 ━━━━━▶　「今日はごめんね」の意味②

Aさんに拒否されて<u>つらい</u>　　　　　　　　　　　Aさんの生活リズムを<u>じゃましていた</u>
聞き取りができなくて<u>困る</u>　　　　　　　　　　　Aさんが疲れていたことに<u>気づかなかった</u>
アセスメントが進まず<u>焦る</u>　　　　　　　　　　　Aさんの孫への思いを<u>理解していなかった</u>

2

3

実習生の主観的体験の背景にあった暗黙の思考や態度

・実習生として積極的に利用者にかかわらなけ<u>れ
ばならない</u>
・利用者を理解するために情報収集は詳しく行う<u>べ
き</u>
・実習中にアセスメントと個別支援計画を完成させ
<u>たい</u>

4

客観的に捉えなおした体験の理解

・実習目標や計画に縛られず、利用者の生活や思い
を第一に尊重することが重要。【利用者の主体性
の尊重】
・利用者との直接のやりとりだけでなく、ほかの専
門職に自分から情報を得ながら、利用者の理解を
進めていくことが重要。【他職種との連携】

に、実習体験を客観的に捉えなおすことができる。実習報告では、事後学習におけるこの主観から客観へのプロセスをまとめることも一つの方法である（**図5-6**）。

　ソーシャルワーク実習は人々の生活や人生に深く関与する体験となる。そのため、実習生も自らの主観を大きく揺さぶられることになるだろう。このような自己覚知を通して、ソーシャルワークの価値や倫理を洗練させていくことも、実習報告の目的の一つである。

2　実習総括レポート（実習報告書）の作成

　実習総括レポートは、実習生が実習成果の報告を文書によって行うものである。これまでに述べたように、実習体験そのものを事実として並べたり、主観的な感想を書いたりするものではないことに注意が必要である。実習体験を通して得られた学びや、発見した課題について考察し、実習を直接見ていない人にも伝わる客観的な書き方を意識する。

1　実習総括レポートを書く時期

　実習総括レポートを事後学習のどの時点で作成するかは、養成校によって異なる。事後学習の比較的早い段階では、実習体験の時系列的まとめとして、記憶が新しいうちに作成することができる。

　事後学習の中間で三者協議（実習生・実習指導者・実習指導担当教員による実習の振り返り）を行う場合は、レポートの下書きを協議資料として用いることが効果的である。実習指導者に養成校での事後学習の進捗状況を伝えることができ、レポートの内容や書き方にフィードバックが得られる。

　また、実習総括レポートを事後学習の最終段階として、実習報告会を終えたあとに作成する場合は、ソーシャルワークの学びの集大成として書くことができる。それぞれの時点で書く意義があるため、レポートの作成を意識しながら事後学習に取り組んでいくことが重要である。

2 実習総括レポートの内容

　実習総括レポートの内容は、実習体験における学びの考察である。たとえば、事前学習で身につけた知識が、実習では利用者への情報提供の役に立ち、より安心した生活につながった、などプロセスを意識しながら書くことができる。あるいは、うまく実践できたときの自分を取り巻くシステムはどうだったか、周囲との関係性や交互作用に着目して分析することもできる。

　このように実習体験を直接振り返ることもできるが、実習後の振り返りを振り返ることもできる（**図5-7**）。主観から客観へのプロセスでも述べたように、実習中の捉え方と、実習後に振り返りを行ってからの捉え方とでは、実習生の思考や視点に変化が生じているからである。その変化のありさまを記述し、分析することが、そのまま考察にもつながる。

図5-7　事後学習における二重の振り返り

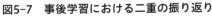

　実習総括レポートの具体的な内容として、**表5-4**のような項目が例に挙げられる。様式は養成校によって異なるが、実習成果の報告書という目的は同じである。

表5-4　実習総括レポートの例

<table>
<tr><td>

「実習総括レポートのタイトル」
取り上げたテーマが端的にわかるもの

学籍番号・実習生氏名

（1）実習施設・機関の概要や特色
　　　実習施設・機関の種別や法的根拠、事業やサービス、利用者の状況、地域の特徴、沿革や理念、関連施設・機関等

（2）実習プログラムの内容
　　　実習で体験したソーシャルワーク業務や地域活動
　　　実習の時期や内容を簡潔に整理したもの

（3）実習課題の達成状況
　　　実習計画で設定した実習課題がどのように達成できたか、残された課題についての考察
　　　実習施設・機関評価と自己評価との比較、事後指導における振り返りのプロセス等

（4）実習施設・機関を取り巻く現状と課題
　　　実習を通して理解した、実習施設・機関や利用者を取り巻く現状と社会的課題

（5）ソーシャルワーカーの専門性と役割
　　　上記（4）の課題の解決に、実習施設・機関のソーシャルワーカーはどのような専門性や機能を発揮していたか、そこでの役割等

（6）実習を通した自己覚知と今後の目標
　　　ソーシャルワーカーを目指すうえで、自分自身をどのように理解したか、今後どのような行動変容に取り組みたいか等

</td></tr>
</table>

3 実習総括レポートの作成上の留意点

各実習生が作成した実習総括レポートは、「実習報告集」として冊子や電子媒体にまとめられる。養成校の内部でのみ配付される場合もあるが、多くは実習施設・機関等の外部にも配付される。したがってレポート作成の際には、個人名や住所、利用している事業所等は匿名にし、プライバシーの保護が確実に行われているか、実習指導者や実習指導担当教員によるチェックを受けることが不可欠である。

またレポートの内容が、特定の人物や組織（利用者や家族、職員や事業所、特定の地域や団体）に対する批判になっていないかも注意が必要である。考察の際に批判的な視点をもつことは有効であるが、まずは実習生自身の実習体験を批判的に分析しなければならない。そのうえで、制度上の課題や、よりよいサービスに向けての自身の考えとして、意見を述べることは可能である。特に事例や地域活動を取り上げる場合は、関係者を傷つけたり辱めたりすることのないよう倫理的に配慮されているか、実習指導担当教員からのチェックを受ける必要がある。

3 実習報告会での発表

実習報告会は、実習生が実習や事後学習を通して得た成果を、プレゼンテーションの方法で報告するものである。スライドを用いた口頭発表や、ポスター展示での発表、シンポジウム形式による発表等、さまざまな形式がある。また実習生が個人で発表する場合と、グループで発表する場合とがある。ここではグループでスライドを用いた発表を想定して説明する。個人で取り組む場合も、発表までの手順は同様である。

1 実習報告会までの流れ

実習報告会の発表までには**図5-8**のような流れがある。グループのメンバーで協力し、各段階で締切日を設定しながら計画的に進めていく。

2 実習報告会に向けた具体的手順

❶テーマや内容を決める

最初の手順として、実習報告会で発表するテーマを決定する。そのテーマを通して自分たちは何を伝えたいのかを明確化する。そのためには、グループのメンバーがどのような実習体験をし、どのような学びを

図5-8　実習報告会までの流れの例

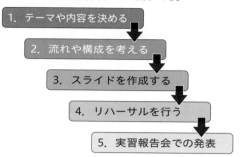

1. テーマや内容を決める
2. 流れや構成を考える
3. スライドを作成する
4. リハーサルを行う
5. 実習報告会での発表

表5-5　テーマ提出用紙の例

テーマ提出用紙

班名	班
メンバー氏名	（　　　　　　　　　）（　　　　　　　　　） （　　　　　　　　　）（　　　　　　　　　）
テーマ	
このテーマを通して伝えたいこと	

得たのかを互いに知る必要がある。一人ひとりが発表に向けて主体的に取り組むためにも、この最初の手順は重要である。筆者の実習クラスでは、2コマを使って表5-5のテーマ提出用紙を完成させる。

① **各メンバーの実習総括レポートの考察内容を活用する**

すでに実習総括レポートを作成している場合は、レポートで考察した内容を、グループ内で1人ずつ発表するという方法がある。あるいは、事前にメンバーのレポートを読んだうえでディスカッションするという方法も効率的である。レポートには、各メンバーの実習成果が客観的に文章でまとめられているため、お互いの学びや関心を端的に理解できる。各メンバーの実習体験はそれぞれに異なるが、学んだことや見出された課題には共通点があるはずである。まずはテーマの方向性を探るため、グループ内で実習成果を共有し、そこから実習報告会で何を伝えたいかを話しあう。

② ブレイン・ストーミングの手法を用いる

　ブレイン・ストーミング*の手法を用いて、各メンバーから発表テーマのアイデアを出していくこともできる。実習記録や事後学習の振り返りシート等を用いて、実習における学び、気づき、疑問を書き出していく。付箋紙を1人20枚程度配り、1枚に1項目記載する。5W1Hを意識し、具体的な体験を根拠に書いていくと、ほかのメンバーにもわかりやすい。

　書き出しが終わったら、メンバーは1人ずつ、付箋紙に記載した内容を口頭で紹介し、模造紙に貼っていく。全員が貼り終わったら、KJ法*で付箋紙を整理する。

　付箋紙の内容から、意味や文脈が近いものをカテゴリー化する。カテゴリーにタイトルをつけ、カテゴリー同士の関係を検討し、位置を並べ替える。また小カテゴリーを統合して大カテゴリーを作成してもよい。カテゴリー全体の関係性を整理し、矢印や線で図解化する（**図5-9**）。

　模造紙全体を見渡し、どのような気づきが学びへとつながっているのか、疑問の背景にはどのような実習体験があったのか、学びと学びとの関係性等、自由に議論してみる。このような視覚化の作業を通して、実習報告会で取り上げるテーマが明確に浮かび上がってくる。

③ ソーシャルワークの概念や理論と結びつける

　テーマがいくつか定まってきたら、そのテーマが関連するソーシャルワークの概念や理論について検討する。すでに事後学習のなかでも取り組んできたであろうが、社会福祉士・精神保健福祉士の倫理綱領やソー

★ブレイン・ストーミング
オズボーン（Osborn, A. F.）が考案したアイデア発想法。「批判厳禁」「自由奔放」「質より量」「便乗歓迎」の四つのルールを守りながら、芋づる式にアイデアを出し、互いの発想をつないでいく方法。

★KJ法
川喜田二郎が考案した発想法。数多くの断片的なアイデアや情報を組み合わせ、要旨を抽出していく。問題の全体像を描き出し、解決アイデアの方向性を見出す方法。アイデアの文脈や背景も考慮していくことが重要。

第5章　実習後の学習

図5-9　カテゴリー化の例

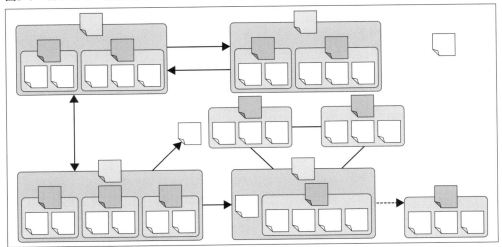

シャルワーク専門職のグローバル定義、またミクロ・メゾ・マクロといった実践レベルの枠組み、バイステックの7原則、各種アプローチ等、これまでに講義で学んできた知識と照らし合わせ、現場実習における実践的学びを体系化していく。単なる現場体験のまとめではなく、ソーシャルワーク実習としての学びの意味に焦点化していくことが重要である。

❷流れや構成を考える

テーマが決定したら、次に発表の流れや構成を検討していく。たとえば、スライド12枚で15分の発表を想定し、**表5-6**のようなスライド番号表を作成する。

テーマを伝えるためには、結論を述べるだけでなく、なぜその結論に至ったのかを論理的にわかりやすく説明する必要がある。実習報告会は実習の成果を報告する場であるため、実習生の体験に基づく発表でなければならない。したがって、実習中に取り組んだ事例や地域活動、検討会議等の具体的体験を根拠として、そこでどのような工夫や修正があったのか、実習生自身の知識や技術がどのように変容したのか、そのプロセスを丁寧に追っていくような流れが重要である。

またソーシャルワークの概念や理論を引用する際には、後輩学生にもわかるように定義から丁寧に説明する。極端な理論的考察にならないよ

表5-6　スライド番号表

(　　) 班　学籍番号 (　　　)　氏名 (　　　　　)	
テーマ：	伝えたいこと：
スライド1：	
スライド2：	
スライド3：	
スライド4：	
スライド10：	
スライド11：	
スライド12：	

うに、実習中の体験から導き出された理解であることを示しながら、段階的にスライドを展開する必要がある。

❸スライドを作成する

実習報告として見やすいスライドを作成するために、**表 5-7** の点に留意する。

表5-7　スライド作成時の留意点

> ・文字の大きさ（32ポイント以上）やフォント（ボールド体等）で見やすくする
> ・1 スライドに 7 行以内にする
> ・長い文章でなく箇条書きにする
> ・図や表を活用（特にエコマップや地域ネットワーク等）する
> ・強調部分は文字色の変更、太字や下線などで工夫する
> ・アニメーションは多用しない
> ・各スライドに見出しをつける（流れがわかるように）

スライドに文字を詰め過ぎず、要点を箇条書きで簡潔に示すことが大切である。発表では口頭で説明や接続詞を付け加えることができる。見出しは発表全体における目次の役割であり、そのスライドが何を伝えることを目的としているのかがわかる言葉で示すことが必要である。

❹リハーサルを行う

① リハーサルまでの準備

スライドが完成したあと、リハーサルまでに準備が必要である。発表の役割分担、各スライドの説明の仕方を具体的に決めておく。台本は準備してもよいが、本番で台本にかじりつき下を向いた発表にならないように、ある程度は覚えておく。具体的な事例や場面は、会話調で発表したり、ロールプレイで表現したりすることもできる。発表者はリハーサルまでに、説明や表現を繰り返し練習しておく。

② リハーサル当日

リハーサルはできれば本番の会場で、時間を計り、発表を最初から最後まで通してみる。発表全体の流れを検討し、必要に応じてスライドの順序を入れ替える。発表者の立ち位置、話すスピードや抑揚、目線、ポインターの指し方など、最終調整を図る。

リハーサルは 1 回だけでなく、2 ～ 3 回できることが望ましい。1 回目の反省点を 2 回目で改善し、3 回目で流れを完成させることができる。リハーサルを十分に行っておくことで、発表当日も自信をもって臨むことができるだろう。

③ 学生同士でピアチェック

発表者側からは実際にどのように見えているか、聞こえているかが判

断できないため、実習指導担当教員やほかの学生がリハーサルを見て
チェックしていく。実習報告会当日までに修正できる点は、率直に指摘
しあって、よりよい発表にしていく。**表5-8**はチェックポイントの例
である。

表5-8 リハーサルのチェックポイントの例

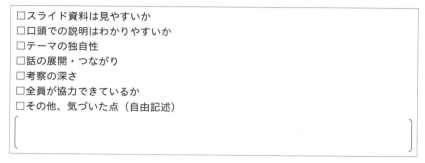

□スライド資料は見やすいか
□口頭での説明はわかりやすいか
□テーマの独自性
□話の展開・つながり
□考察の深さ
□全員が協力できているか
□その他、気づいた点（自由記述）

❺実習報告会での発表

　実習報告会は、大教室で実習生全員の発表が順に行われる形式や、実
習分野やテーマで分かれる分科会形式もある。それぞれの会場でスムー
ズに発表が行われるよう、司会進行や照明・マイク係等の役割を実習生
や後輩学生が担う場合もある。

　発表者は発表のデータや資料を準備し、服装等の身だしなみを整え、
体調や気持ちに余裕をもって発表に臨む。もし発表中に予想外のトラブ
ルが起きても、グループの場合はメンバー間で助けあい、落ち着いて対
応する。事後学習の評価は、実習報告会の本番だけでなく、それまでの
協働のプロセスや準備した発表内容も含まれることを心に留めておく。

　近年は新型コロナウイルス感染拡大の影響もあり、オンラインで報告
会を行うことも考えられる。オンラインで行う場合は、事前にカメラや
マイク、パソコンの画面共有等の機器の使用方法を習得し、安定した通
信環境を確保することが不可欠である。発表者は画面越しでの発表にな
るため、より明瞭な発話やボディランゲージ、十分な間のとり方が必要
になる。ロールプレイングを行う際は、広角で撮影されても一人ひとり
の表現が伝わるよう、明確な動きや語り方が求められる。また発表内容
（口頭・スライド資料）だけでなく、画面に映りこむ背景も含めて、著
作権や肖像権、個人情報等の取扱いには十分な注意が必要である。

　一方、聴き手からの質問を受ける場合は、あらかじめどのような方法
で受けるのか、聴き手に周知しておく必要がある。聴き手が直接マイク
を通して質問する方法のほか、チャット機能を使用して質問を受け付け

ることもできる。オンラインによる報告会のメリットとして、通常は参加が難しい実習施設・機関の利用者や、実習に協力してもらった地域住民が参加できる場合もある。サービスの利用者やカウンターパート★としての住民に向けて、ソーシャルワーク実習の成果を報告できることは有意義であり、当事者の立場から専門職養成教育に意見をもらう貴重な機会となる。

3 実習報告会に取り組む意義

❶書き言葉から話し言葉への変換

個人で実習報告を行う場合、すでに文書としてまとめた実習総括レポートをもとに発表することがあるだろう。この場合、同じ内容でも書き言葉から話し言葉へ変換するという作業が生じる。レポートの場合は、読み手がじっくりと時間をかけて読むことができるのに対し、口頭発表では時間に制限があるため、レポートのすべては取り上げられず、ポイントをしぼる必要が出てくる。つまり、どの学びを最も伝えたいのかをあらためて精査し、それがどのような体験や振り返りから得られたのかを、プレゼンテーションとしてわかりやすく組み立てなおすことが求められる。

また、スライドの資料は箇条書きや図解化によって単純化されるため、細かな文脈やつながりは話し言葉で丁寧に補う必要がある。プレゼンテーションでは、抑揚やジェスチャーで重要箇所を強調したり、学びのプロセスをドラマティックに表現して展開を明確化することもできる。現場実習でどれほどのリアルな体験や学びがあったのかを伝えるために、説明だけでなく語りやロールプレイで表現することも有効である。全身で語り演じることは、実習生自身の理解もさらに深めることになる。

❷グループワークの手法を身につける

各実習生における個別の体験や学びを、グループとしての報告にまとめていくプロセスは、まさにグループワーク★である。メンバー一人ひとりの実習体験や学びに耳を傾け、否定や批判をせずに、共感的態度で受容していく経験にもなる。ただ受容するだけでなく、「その体験についてもう少し詳しく話してくれる？」と問いかけたり、「こういった見方もあるかもしれないよ」と自ら感想や意見を述べたり、相手を尊重しながら意識的に交互作用を展開していく機会にもなる。

一方で、もしグループ内で対立や孤立が生じたときには、メンバーが

★カウンターパート
対等の立場にある相手のこと。ソーシャルワークでは住民とともに地域課題の解決に向けてアクションを起こしていく。国際協力や災害支援では、現地で受け入れを担当する人や機関を指す。

★グループワーク
ソーシャルワークの主要な方法の一つ。グループを活用して個人の成長や問題の解決を促す援助技術の体系。コノプカ（Konopka, G.）の14原則には、グループ内の個別化、メンバーの受容、参加の原則、葛藤解決の原則等がある。

第5章 実習後の学習

自ら調整や調停の機能を発揮することも必要になる。学生同士での解決が困難となった場合は、早めに実習指導担当教員に相談する。グループワークでの困難は、メンバーの熱意や価値観のぶつかりあいであったり、意見がまとまるまでに必要な自己開示や感情の吐露である場合が多く、必ずしもネガティブに捉える必要はない。むしろ、そのような修羅場を経たグループだからこそ、メンバー間でテーマを深く共有でき、より本質的な報告内容につながることもある。

　そのほかにも、報告会当日までのスケジュール管理やメンバー内での役割分担等、グループワークに伴うさまざまな手法を体験的に身につけるという意義がある。

❸プレゼンテーション能力を身につける

　実習期間中に、住民の集まりで地域包括支援センターの紹介をしたり、実習最終日に実習のまとめを施設・機関職員に向けて発表したりと、すでにプレゼンテーションの機会を得た実習生もいるだろう。あるいは会議や研修の場で、実習指導者がプレゼンテーションを行っている姿を見て学んだかもしれない。

　ソーシャルワーカーが情報を伝えたり問題意識を共有したいときに、相手が一定数以上の人数の場合は、プレゼンテーションの方法が有効である。どのような相手に、何を伝えるのか、資料の作り方、話し方、与えられた時間や場所等、あらゆる要素を考えながら準備を進める能力が求められる。文書やチラシを配付するだけの啓発や広報より、相手の目前に立って直接訴えかけられるプレゼンテーションはメリットが大きい。

　実習生は聴き手の反応を見ながら、伝えたい内容を全身で表現し、その場で出される疑問や質問に答えることも、実習報告会で経験できる学びの一つである。

❹フィードフォワードの機会

　実習生はソーシャルワーク実習を終えて事後学習に取り組み、三者協議や実習総括レポートの作成等、さまざまなフィードバック（振り返り・評価）を実施してきた。

　そして、実習報告会での発表内容を考え準備していくなかで、自分自身の今後の目標がみえてきたり、次に現場に出るときはこうしたい、といった具体的な行動計画が浮かび上がってきたりする。フィードフォワード☆とは、このように未来に向かって次のアクションプランを検討することを意味する。発表当日は、実習指導者やほかの実習生、実習指導担当教員から質問や意見も出され、さらなる成長のための助言を得る場

★フィードフォワード
フィードバックを構成する三つ目の要素。❶フィードアップ：目標の設定、❷フィードバック：経過の振り返り・評価、❸フィードフォワード：次の一手の検討。過去を適切に評価したうえで、目標から逆算し、今何をするべきかを考えること。

ともなる。実習報告会は実習成果のフィードバックの機会であると同時に、将来への一歩を踏み出すフィードフォワードの機会でもある。実習生は実習成果の報告を通して、ソーシャルワーカーになるための次の目標を獲得していくことを意識することが重要である。

❺他学生の報告を聞くことの意義

実習報告会では、実習成果を自ら報告するだけでなく、ほかの実習生やグループの報告を聞くことの意義も大きい。現場で起こっているさまざまな社会的課題やクライエントの置かれている状況を知り、そこでのソーシャルワーカーの動きや視点、実践における価値を学ぶことができる。このように現場実践を多面的に知ることは、自身の実習体験におけるスペシフィックな理解を、ジェネリックに変容させていくきっかけになる。他学生の実習報告と比較しながら、学びの共通点や相違点を分析し、ソーシャルワークの専門的技術の概念や理論を実践的に体系化していくことが求められる。

❻共通了解から本質をつかみ出していく経験

哲学者の西は、ものごとの本質をつかみ出すために、一人ひとりの経験の意味を「尋ね合う」という方法を勧めている[1]。ソーシャルワーク実習の本質も、教科書に書かれた目的や方法からだけでなく、実習生が互いの実習体験を「尋ね合う」ことから少しずつ形づくることができる。

初めに述べたように、実習体験は実習生一人ひとりに固有の主観的なものであり、そこから得られた学びや気づきもさまざまである。だからこそ、グループや実習クラスでそれらを尋ね合うことによって、自分とは異なる点や似ている点を実感することができる。つまり、ほかの実習生の体験の意味を知ることは、人の生の多様性と共通性を理解する重要な場となる。

ソーシャルワークは人々のウェルビーイングの発展を目指すが、そのためには人々のもつ価値の多様性を十分に理解しなければならない。それと同時に、人々の連帯や社会的結束も促進していくものであり、ソーシャルワーカーは人々の共通了解を求めていく立場にもある。

実習報告会の直接の目的は、実習生が実習成果を発表することであるが、その過程には実習生同士や実習指導担当教員との間で、実習における学びやソーシャルワークに対する「共通了解」をつくり出すことも含まれる。生身の体験の意味を尋ね合い、西のいう「他者了解・自己了解・人間の生一般の了解を同時に深めていく作業[2]」は、ソーシャルワーク実習の学びを共同で本質化していくプロセスといえるだろう。

◇引用文献
　1）西研『哲学は対話する──プラトン，フッサールの〈共通了解をつくる方法〉』筑摩書房，
　　pp.294-295，2019.
　2）同上，p.295

◇参考文献
　・竹田青嗣『言語的思考へ──脱構築と現象学』径書房，2001.
　・堀公俊『ビジュアル アイデア発想フレームワーク』日本経済新聞出版社，2014.
　・久野和禎『いつも結果を出す部下に育てるフィードフォワード』フォレスト出版，2018.
　・杉本真樹『医療者・研究者を動かすインセンティブプレゼンテーション』KADOKAWA，2014.

● おすすめ
　・西研『集中講義これが哲学！──いまを生き抜く思考のレッスン』河出書房新社，2010.
　・富士通エフ・オー・エム『よくわかる自信がつくプレゼンテーション──引きつけて離さないテ
　　クニック 改訂版』FOM 出版，2018.

第6章

実習の実際

　実習生が実習を行う施設・機関はさまざまであるが、「ソーシャルワーク専門職である社会福祉士」として身につけるべき価値・知識・技術やその総体としての実践能力は共通である。本章では、厚生労働省通知で示されている「ソーシャルワーク実習」の教育に含むべき事項について各節で取り上げ、「ソーシャルワーク実習教育内容・実習評価ガイドライン」における達成目標を踏まえ、その内容を実習で学ぶ意義を解説する。また、達成目標を細分化した行動目標を取り上げ、その行動目標に沿った具体的な学習場面を実習生の目線から例示しそのポイントを解説する。実習生には、実習中に自分が具体的にどのような行動をとることで、それらの内容を学ぶことができるかをイメージする素材として活用してほしい。

利用者やその関係者への権利擁護活動とその評価

● 利用者やその関係者（家族・親族、友人等）への権利擁護活動とその評価について、実習を通して学ぶ意義を理解する

● 利用者やその関係者（家族・親族、友人等）への権利擁護活動とその評価について、ソーシャルワーク実習教育内容・実習評価ガイドラインの達成目標に向けて実習生が取り組む行動目標の具体的な実習内容をイメージする

1 利用者やその関係者への権利擁護活動とその評価を学ぶ意義

「ソーシャルワーク実習教育内容・実習評価ガイドライン」では、本節に関して**表6-1**の達成目標が設定されている。

表6-1 ソーシャルワーク実習教育内容・実習評価ガイドラインにおける達成目標

(7) クライエントおよび多様な人々の権利擁護ならびにエンパワメントを含む実践を行い、評価することができる

ソーシャルワーカーが権利擁護活動を行う意義は、世界人権宣言や職能団体の倫理綱領に書かれている「個人の尊厳の尊重」を具体化することである。また、ソーシャルワーク専門職のグローバル定義の注釈で、「ソーシャルワークの大原則は、人間の内在的価値と尊厳の尊重、危害を加えないこと、多様性の尊重、人権と社会正義の支持である」と示されている。

権利擁護は、アドボカシーの訳語であり、クライエントの権利を守るための重要な機能の一つである。アドボカシーは、主に、個人や家族を対象にした「ケース・アドボカシー」と地域や集団を対象にした「クラス（コーズ）・アドボカシー」の二つに分類される。ソーシャルワークの対象としてクライエントと総称されるのはクライエント・システムとされ、個人だけではなく、家族、小集団、組織、地域社会等が相当する。したがって、実習生は、クライエント・システムの考え方を踏まえ、実習施設・機関の利用者だけではなく、潜在的ニーズをもつ人々や地域住民、組織も権利擁護活動の対象に含めて実習に取り組むことが求められる。

権利擁護活動は、クライエントとの日常生活場面でのかかわりをはじ

め、さまざまな場面で取り組まれている。クライエントが置かれている状況に気づくことができるよう、常に留意して実習を行う必要がある。たとえば、入所施設の場合は、廊下や居室でのわずかな時間の会話のなかに要望や不満などを聴くことがある。その「声」は、生活の場が施設であるという理由で、自己決定を制限されていることに気づくきっかけにもなる。また、施設職員によるクライエントへの不適切なかかわりに気づくきっかけにもなるだろう。クライエントは、施設の職員に伝えたいことを「声」として表現できず、その思いに気づいてもらえないままになっている可能性もある。実習生は、クライエントとのかかわりを通して気づいたクライエントの「声」を実習指導者や実習指導担当教員に的確に伝えることで、実際にクライエントの権利擁護に重要な役割を担うこともある。同時に、実習生はクライエントとの信頼関係を基盤として、クライエントが安心して生活することができるよう、専門職に求められる権利擁護活動に取り組む。

　そこで、実習ではソーシャルワーク実践の対象（実習施設・機関のサービスを利用している人々、まだ利用していないが対象となり得る人々、地域住民など）の尊厳を守るソーシャルワーカーの権利擁護活動を観察し、具体的にミクロ・メゾ・マクロレベルでの権利擁護活動に取り組み、その活動を評価する。

2 ▶ 想定される具体的な実習内容

　ここでは、「利用者やその関係者（家族・親族、友人等）への権利擁護活動とその評価」について、実習を通して学ぶために想定される具体的な実習内容がイメージできることを目的としている。なお、ここで紹介できるのは一部の実習内容にすぎない。実際は、多様な実習施設・機関ごとにクライエントは異なっているため、それぞれの実習施設・機関の特徴を踏まえ、教育目標の達成に最も適した実習内容を、実習計画に位置づける必要がある。

■1 達成目標⑺行動目標①について想定される実習内容

> クライエントおよび多様な人々を理解し、尊厳や価値観、信条、生活習慣等を尊重した言動をとることができる。

　達成目標⑺の行動目標①に取り組むため、実習生が具体的にとる（と想定される）行動の例について、社会福祉協議会での実習場面を取り上げて紹介する。

　はじめに、実習生が実習指導者に同行して日本語ボランティアの会の活動に参加する場面をイメージしてほしい。そこには、インドネシアから日本に就職することになった夫とともに、日本に移り住むことになったＡさんが、日本語ボランティアの会で活動しているＢさんの授業を受けていた。Ｂさんが、Ａさんの日本語の理解がまだ十分ではなく、日常生活に困難を感じている様子に気づき、社会福祉協議会のソーシャルワーカー（実習指導者）に連絡をしたことで、相談につながった。

　実習指導者に同行した実習生は、実習指導者がＡさんに日頃の生活の状況についてインタビューする場面に同席した。実習生は、実習指導者がインタビューをする様子を観察しながら、Ａさんの許可を得てメモをとった。実習生は、通訳役を買って出てくれたＢさんを介してＡさんの言葉を受けとめ、Ａさんの日常生活での困難を想像した。同時に、得られた情報を相談受付シートに記入し、Ａさんの置かれている状況を理解することに取り組んだ。実習生も、何を質問すればＡさんの置かれている状況を理解することができるかを考え、質問する機会を得た。質問する際に、実習生はＡさんの価値観や信条、生活習慣等を否定せず、それをＡさんから教えてもらうという姿勢で臨んだ。

　実習生は、Ａさんが、子どもが小学校から受け取ってくる日本語のお便りの内容が理解できずに対応できていないことや友人ができないことで家に閉じこもりがちになっていること、宗教上の理由でヒジャーブで髪や肌を隠さなければならないことについて近所の人から冷たい目で見られていると感じていることなどを知ることができた。これらのことから、Ａさんの価値観や信条、生活習慣等が、周囲の人々（学校の先生、近所の人など）に受け容れられず、尊重されていないことに気がついた。

　実習指導者と事務所に戻った実習生は、インタビューによって得られた情報をもとに、Ａさんが置かれている状況をまとめた。また、インドネシアのイスラム教徒の価値観や信条、生活習慣についてインターネッ

トで調べた。そして、これらの情報をもとに、実習指導者と打ち合わせ、ソーシャルワーカーとして取り組むべき権利擁護活動は何かを検討した。

実習指導者との打ち合わせで、実習生は❶Ａさんの子どもが通っている小学校に連絡のうえ、ＡさんとＢさんと一緒に小学校に訪問して、お便りを発行する際はふりがなをふってもらえるように担任の先生に相談すること、❷Ａさんのプライバシーに配慮しながら、自宅の近所で日本語ボランティアの会の活動に関心をもってくれる人を募集して、友達づくりを手伝ってもらうこと、❸Ａさん・Ｂさんと一緒に市内でイスラムの文化について知ってもらうためのイベントを企画・実施すること、などのアイデアを考えた。

これらのアイデアを実行に移すため、はじめにＡさん・Ｂさんとあらためて打ち合わせを実施した。実習生は、実習指導者との打ち合わせで出たアイデアをＡさん・Ｂさんに説明する役割を担った。２人の意思を確認したうえで、本件について、実習指導者とともに実習生が参加することについて、同意を得ることができた。

●解説

実習生は、Ａさんへのインタビューの観察や質問を通して、Ａさんの生活を把握し、Ａさんの尊厳が守られていないことによる日本での生活のしづらさを知る。このやりとりから、実習生は、ソーシャルワーカーに求められているのはＡさんの尊厳を守るための権利擁護活動であることに気づくことができる。そして、その権利擁護活動に実際に参加していくことになる。

この実習内容から実習生は、行動目標①に関する取り組みとして、クライエントの尊厳を守る意味を具体的に理解するとともに、Ａさんの価値観や信条、生活習慣等を尊重した言動とは何かを考えながら、質問をはじめとするコミュニケーションを行う機会になる。そして、具体的な権利擁護活動のアイデアを検討することによって、どのような活動がケース・アドボカシーやクラス（コーズ）・アドボカシーにつながるのかを考える。

権利擁護活動のアイデアを検討した後、これらのアイデアをＡさん・Ｂさん・実習指導者とともに実行していくことを通して、クライエントの尊厳を守ることの意味を説明する機会に参加し、実習指導者による説明を観察したり、自ら説明を担当したりする。実習生は、権利擁護活動に取り組む際、Ａさんの価値観等を尊重した言動をとるだけでなく、Ａさんの価値観等とぶつかりあう関係者の価値観等も尊重した言動をとる

ことが求められる点に、留意する必要がある。

▎2 達成目標⑺行動目標②について想定される実習内容

> クライエントおよび多様な人々の持つ「強み・力」（ストレングス）
> と「課題」を把握することができる。

達成目標⑺の行動目標②に取り組むため、実習生が具体的にとる（と想定される）行動の例について、就労継続支援事業所での実習場面を取り上げて紹介する。はじめに、就労継続支援事業Ｂ型での実習が中間を迎え、個別支援計画やケアプランを立案する段階に入った実習生をイメージしてほしい。

実習生は、実習が始まってから中間に至るまでの間に、可能な限り多くの利用者と積極的にかかわり、就労支援のあり方や意味について考えてきた。Ｃさん（20代、男性）の仕事に取り組む様子や施設内での人間関係について関心が強くなった。個別支援計画を立案する実習プログラムに取り組むにあたり、Ｃさんを担当することに決め実習指導者に相談し了承を得た。

担当が決まってからは、Ｃさんへの支援を中心とした実習内容となり、今まで以上にかかわる時間が増えた。個別支援計画の立案にあたっては、ストレングスモデルに基づき、Ｃさん本人へのインタビュー、仕事の取り組み状況の観察、施設職員や家族へのインタビューを行い、情報を収集し、実習施設で実際に利用しているアセスメントシートに記入していくことにした。

実習生が仕事の様子を観察していると、職員から何度も仕事が進んでいないと指摘されていたり、仕事が終わらないと好きなゲームをする時間を与えないと言われたり、ほかの利用者に仕事をさえぎられていたりするということに気づいた。実習生がＣさんに話を聞くと、「別の仕事をしたい」「隣のＤくんが嫌なことをしてくる」「ゲームができないのは悲しい」「職員が怖いからこのことを言えない」とのことであった。

実習生が実習指導者に相談したところ、Ｃさんのもつストレングスと「課題」を把握することから、Ｃさんを理解するようにしてみてはどうかとの助言を受けた。実習生は、Ｃさんのストレングスを見つけることを意識し、あらためてアセスメントを実施した。その結果、Ｃさんが潜在的にもっているさまざまなストレングスを把握することができ、それ

をCさん自身が問題を解決していくために十分に活用できるよう仕事の内容や席の位置などの環境の見直しを提案した。

●解説

　実習生は、Cさんの個別支援計画の立案に向けたアセスメントを実施する過程において、Cさんのもつストレングスに着目することにより、Cさんが自らの意見や希望を発言するといった権利を行使する機会をつくるとともに、Cさんが必要とする支援や環境改善に向けた提案を行うことができる。

　この実習内容を通して、実習生は、行動目標②に関する取り組みとしてクライエントとの信頼関係を基盤に、クライエントのもつストレングスと「課題」を把握している。実習生は、Cさんの観察やインタビューを通して、Cさんにはストレングスがある一方で、環境によって力を発揮できていない状況を「課題」として把握している。そして、実習生は、環境との関係で力を発揮できていないことやCさんの好きなゲームを制限されるような懲罰的な指導が行われていることを把握したのを受け、Cさんが力を十分に発揮できるよう仕事の内容や環境の見直しを提案している。実習生は、Cさんのストレングスと「課題」の把握から仕事の内容や環境の見直しを提案した個別支援計画の作成プロセスを通して、Cさんの権利擁護活動に取り組んだといえる。

3 達成目標⑺行動目標③について想定される実習内容

> 　クライエントおよび多様な人々を対象にした実習指導者や職員および実習施設・機関等が行っている権利擁護活動を理解し、説明することができる。

　達成目標⑺の行動目標③に取り組むため、実習生が具体的にとる（と想定される）行動の例について、病院での実習場面を取り上げて紹介する。

　脳神経外科病院での実習中、Eさん（70代後半、女性）が自宅で倒れ、救急搬送されてきた後、そのまま即入院となった。診断結果は脳梗塞で、本人は、「思い返せば3日ほど前から身体に異変があった」と担当医に話したが、同居している息子夫婦もEさんの異変に気づくことができなかった。Eさんは、年金の管理は自分でやっているが、救急搬送される前から、認知機能の低下がみられていることがわかった。

　実習生は、実習指導者に同行して、Eさんの病室がある病棟を訪ねた。

ナースステーションに寄った際、看護師から、「Eさんが『私はいつ退院できるのか』と何度も尋ねてきており、夜もあまり眠れていない様子」との報告を聞いた。看護師からは、一度ソーシャルワーカーに面談をしてほしいとの依頼があった。実習指導者は、すぐにEさんの病室を訪れて挨拶し、同行した実習生も自己紹介をしたうえで、後ほど面談すること、そこに実習生も同席すること、実習生の学びのための教材として活用するために面接内容を録音することについて説明し、Eさんの意思を確認し同意を得た。

実習生は、実習指導者がEさんの病室を訪問したときに、Eさんに「何か力になれることはありませんか？」と声をかけつつ、面接を行うことについて本人の意思を確認し、加えて実習生の同席および実習生の学びのために面接を録音することについても了承を得るという手続きを丁寧に行っていることを観察した。

実習生は、ここまで同席したなかで見聞きした内容の要点を実習記録の素材としてメモ用紙に記録し、実習指導者のEさんとのかかわり方について、Eさんの権利保障のために行っている実践としてその日の実習記録に整理した。

その日の夕方、Eさんとの面接が行われたが、早く退院したい理由は最近仕事が決まったばかりの息子に心配や迷惑をかけたくないこと、年金が月額10万円程度のため、入院費用の支払いに不安をもっていることなどが本人の口から語られた。

実習生は「とにかく私は早く退院して息子の家に戻りたい」と話すEさん、そしてその話を聞いている実習指導者の様子を注意深く観察していた。実習指導者はEさんの話す内容を終始受容・傾聴し、共感的な態度で言語的・非言語的な反応をしながら聞いていた。Eさんは「そうなの」「うんうん」という言葉を何度も発していた。実習生は、Eさんの様子からEさんが「自分の話をしっかり聞いてもらえている」と感じているのではないか、それはEさんの権利擁護を踏まえた実践といえるのではないかと考えた。

また、実習指導者が面接技法（基本的傾聴技法）を使っていることや社会福祉士の倫理綱領やバイステックの7原則に基づく姿勢で面接を行っていたことに気づき、権利擁護の実践がソーシャルワークの原理や価値・倫理と結びついて行われていることを実感できたことを、その日のスーパービジョンの時間に実習指導者へ話した。実習指導者からは、「とてもよい視点で観察することができていましたね。実践における権

利擁護の実際について理解を深めるよい機会になったのではないでしょうか」とのコメントをもらった。その内容はこの日の実習記録にも記載するとともに、実習指導者からは、「せっかく面接内容を録音させてもらったので、プロセスレコードを作成して、実践における権利擁護の実際について、今日の自分の気づきや考察をさらに深めてみてほしい」と言われた。実習生は 2 日後の完成を目安にプロセスレコードの作成に取り組み、その内容について実習指導者へ報告することになった。

●解説

　実習生は、実習指導者の E さんへのかかわり方、両者のやりとりに同席・同行するなかで、日々の実践における権利擁護・権利保障がどのように行われているかを考え、学ぶ機会を得ている。権利擁護について学ぼうとする場合、何か特別な取り組みやプログラムによってそれが実践されていると考えてしまうことがある。しかし、権利擁護の実践はソーシャルワーカーが行う日々の業務・実践のなかにあることを意識しながら業務に同席・同行し、観察し考えることで、実習生はソーシャルワーク実践が権利擁護の実践であることに気づく。

　この実習内容から実習生は、行動目標③に関する取り組みが、特別なことを経験することで学ぶものではなく、日頃のソーシャルワーク実践のなかに存在することを学ぶことができる。さらに、その内容を実習記録において事実と考察に分けて記述したり、自分の言葉で実習指導者に説明・報告したりすることで、ケース・アドボカシーの視点から行動目標③に取り組むことが可能となる。

　そして、ソーシャルワーカーが行う利用者との日常的なかかわり、構造化面接や生活場面面接などのコミュニケーション場面においても権利擁護が実践されていることを実習生が理解するためには、権利擁護の基盤となる知識（ソーシャルワークの原理や価値・倫理）と自らの実習体験を常に結びつけながら考え、観察することで可能となる。加えて、実習生には、考察・観察したことを適切に整理し表現することも求められる。したがって、そのような力を身につける機会として実習の記録や実習指導者および他職員とのやりとり、スーパービジョンなどを位置づけ、取り組んでもらいたい。

◇参考文献
・全国社会福祉法人経営者協議会「社会福祉法人行動指針」 https://www.keieikyo.com/keieikyo/introduction/guideline.html
・日本社会福祉士会編『社会福祉士の倫理——倫理綱領実践ガイドブック 改訂』中央法規出版, 2009.
・日本社会福祉士会「社会福祉士の倫理綱領」 https://www.jacsw.or.jp/01_csw/05_rinrikoryo/

第 **6** 章

実習の実際

利用者やその関係者、施設・事業者・機関・団体、住民やボランティア等との基本的なコミュニケーションや円滑な人間関係の形成

学習のポイント

● 利用者やその関係者（家族・親族、友人等）、施設・事業者・機関・団体、住民やボランティア等との基本的なコミュニケーションや円滑な人間関係の形成について、実習を通して学ぶ意義を理解する

● 利用者やその関係者（家族・親族、友人等）、施設・事業者・機関・団体、住民やボランティア等との基本的なコミュニケーションや円滑な人間関係の形成について、ソーシャルワーク実習教育内容・実習評価ガイドラインの達成目標に向けて実習生が取り組む行動目標の具体的な実習内容をイメージする

 1 利用者やその関係者等との基本的なコミュニケーションや円滑な人間関係の形成を学ぶ意義

「ソーシャルワーク実習教育内容・実習評価ガイドライン」では、本節に関して**表6-2**の達成目標が設定されている。

表6-2　ソーシャルワーク実習教育内容・実習評価ガイドラインにおける達成目標

(1)　クライエント等と人間関係を形成するための基本的なコミュニケーションをとることができる

■1 意味を共有することの重要性

コミュニケーションの語源は、ラテン語の communicare、つまり「共有すること」であるといわれている。話し手と聴き手の間で「意味の共有」ができていることが重要であり、言い換えれば、そうでなければコミュニケーションを図り、かつ円滑な人間関係を形成できているとはいえない。

たとえばある2人の会話で、「今晩の食事のメニューを何にするか」（意味の共有）について話しているようにみえても、聴き手が話し手の話の内容を聴いていない・理解していない状況や、話し手と聴き手の会話がまったくかみあっていない状況は、自分の経験に置き換えても容易に想像できるであろう。

まずは、「意味の共有」をもつことが、コミュニケーションを成立させ、円滑な人間関係を形成することを、自分の状況に置き換えてイメージしてみよう。

2 利用者やその関係者等と意味を共有することの重要性

実習の現場はいうまでもなく、利用者の生活の場である。その生活の場に、あなたは実習生という部外者の立場で参加する。利用者の側からすれば、生活の場に他人に立ち入られることになる。

今、あなたが生活をしている住まいに、他人が突然やってくる。その他人は、ぎこちない笑顔で「こんにちは。はじめまして。私は○○といいます」と、こちらが頼んでもいないのに自己紹介をはじめる。さらに望んでもいないのに「今日のご気分はどうですか」「あなたのこれまでの人生を教えてください」「あなたの生きがいについて教えてください」などと次々に尋ねてくる。あなたは、どのような気持ちになるだろうか。

これまで述べたように、コミュニケーションは「意味の共有」がなされなければ成立しない。その大前提として、どうして自分が利用者やその関係者、施設・事業者・機関・団体・住民やボランティア等とコミュニケーションを図ろうとしているのか、どうして「意味を共有」しようとしているのか、どうして円滑な人間関係を形成しようとしているのかについて、今一度考えてみることが必要である。

実習生は、自己紹介や質問を行うことを通じて、利用者からその生活・人生を学ぶための、（意味を共有するための）コミュニケーションを図ることができるのである。利用者に対して遠慮や深読みをしすぎることで、かえって、利用者やその関係者、施設・事業者・機関・団体、住民やボランティア等とのコミュニケーションを図れなくなっては本末転倒である。

2 想定される具体的な実習内容

ここでは、「利用者やその関係者（家族・親族、友人等）、施設・事業者・機関・団体、住民やボランティア等との基本的なコミュニケーションや円滑な人間関係の形成」について、実習を通して学ぶために想定される具体的な実習内容がイメージできることを目的としている。なお、ここで紹介できるのは一部の実習内容にすぎない。それぞれの実習施設・機関の特徴を踏まえ、教育目標の達成に最も適した学習内容を、実習計画に位置づける必要がある。

■1 達成目標⑴行動目標②について想定される実習内容

クライエント、クライエントの家族、グループ、地域住民、職員等と関わる場面において、その人や状況に合わせて言語コミュニケーションと非言語コミュニケーションを使い分けることができる。

達成目標⑴の行動目標②に取り組むため、実習生が具体的にとる（と想定される）行動の例について、介護老人保健施設での実習場面を取り上げて紹介する。

実習生は、介護老人保健施設でAさんを担当することとなった。Aさんは2週間後に施設を退所し自宅へ帰る予定であった。Aさんは一人暮らしであり、ひとり娘は隣町に住んでいる。Aさんは自宅に帰ってからは、好きなたばこを吸うことを楽しみにしていたが、物忘れの症状が出始めており、娘からたばこの火の不始末が心配されていた。そこで、実習指導者はAさんと娘を交えた退所前の担当者会議を想定した、模擬担当者会議を開催した。

模擬担当者会議には、Aさん本人役とAさんの娘役、ケアマネジャー役の参加を得た。実習生は、「Aさんはこちらの介護老人保健施設を退所して、ご自宅に戻られるご予定です。それに向けて、必要な準備について話しあっていきたいと思います」と全体に伝えた。実習生は、Aさんの娘役が「父は最近物忘れの症状もあるのですが、たばこの火の消し忘れから、火事になってしまうのではないかと心配です。自宅に帰ったら、誰が火の始末の責任を負うのですか？　本当に自宅で一人暮らしができると思いますか？」と強く意見を言うのを聞き、その後のAさん役の様子を観察した。Aさん役は自分の意見は言わず、ただ伏し目がちに娘役のほうをちらちら見ているだけであった。実習生はAさん役に意見を求めようとしたが、うまく声をかけられないままになってしまった。

模擬担当者会議では、娘役の強い主張もあり、Aさんは介護老人福祉施設への転所を検討することになった。

実習生は、模擬担当者会議の終了後の振り返りで、「実際の担当者会議であれば、このあと、Aさんに対して、どのように声をかけようと思いますか？」と実習指導者から問われた。

●解説

ここで実習生が捉えるべき言語コミュニケーションとは、実習中にAさんと交わしたこれまでの会話であり、また、模擬担当者会議での関係

者等の発言である。非言語コミュニケーションとは、模擬担当者会議で
のＡさん役の様子（伏し目がちで言葉を発することはなかったこと）は
もちろん、実習中にＡさんから実習生が受け取ってきた非言語コミュニ
ケーションの数々であることを認識する必要がある。

　そのうえで、物忘れの症状が出てきたＡさん役の伏し目がちな様子が
もつ意味を、実習生は丁寧に振り返りアセスメントする必要がある。Ａ
さん役による言語コミュニケーションと非言語コミュニケーションがも
つ意味を理解し、発言すること、つまりＡさんの心情を配慮し、娘の気
持ちも考慮に入れた発言を心がけることが、行動目標②の達成に近づく
ことであると理解してほしい。

　また、実習現場では、先天的な重度の心身障害によりこれまで言語コ
ミュニケーションを図ることができなかった人々や、実習生が出会った
ときには重度の認知症状が進行しており、事前の意思を確認できない
人々と出会うこともあるだろう。このような人々との「意味の共有」に
おいて非言語コミュニケーションのもつ意味は大きい。

　このようなときには、これまでの科目や演習などで学習してきた公益
社団法人日本社会福祉士会が掲げる社会福祉士の倫理綱領を振り返って
ほしい。実習生が基本的なコミュニケーションや円滑な人間関係の形成
に関して、実習現場で試み、迷い、立ち止まるようなことがあるときに
は、倫理綱領を読み返すことで、「意味の共有」とは何かを考える機会
を得ることができる。

　この場面では、倫理綱領の「倫理基準Ⅰ－７．クライエントの意思
決定への対応」の「社会福祉士は、意思決定が困難なクライエントに対
して、常に最善の方法を用いて利益と権利を擁護する」をもとに、実習
で出会ったクライエントの最善の利益と権利とは何かを、スーパービ
ジョンを受けながら、丁寧に繰り返し考えてみてほしい。

■2 達成目標⑴行動目標③④について想定される実習内容

・行動目標③
　　ミーティングや会議等において発言を求められた際に具体的に説明
　することができる。
・行動目標④
　　カンファレンスで利用者の状況を具体的に説明することができる。

達成目標(1)の行動目標③④に取り組むため、実習生が具体的にとる（と想定される）行動の例について、一般病棟での実習場面を取り上げて紹介する。

　実習生は、Bさんを担当することとなった。Bさんは、末期の肺がんで入院していたが、最近、病状が思わしくなかった。それでも実習生がベッドサイドを訪れると、家族や趣味、仕事の話をゆっくりと話してくれた。

　ある日、実習生は、主治医とBさんの家族が話をした際、家族は「本人とはこれまで、緩和ケアや終末期医療に関する話はしたことがなかった。しかし、おそらく本人は、積極的な治療は望まないと思う」と話したと聞いた。

　数日後、病棟でのカンファレンスが行われた。そこで主治医から、Bさんの家族と話した内容について説明がなされた。続けて看護師や医療ソーシャルワーカーからの説明がなされたあとで、主治医から「実習生はBさんとよく話をしているようなので、実習生から見たBさんの様子を説明してほしい」と促された。

●解説

　公的な場面で、実習生として状況を言語化し説明をすることは、コミュニケーションおよび円滑な人間関係の形成の一つの形態である。専門職種間で「意味の共有」を図ることは、翻ってみればクライエントの利益を尊重し尊厳を担保することでもある。このことを念頭に置き、ふだんから状況を言語化する力や論理的に説明する力を研鑽することが必要である。本を読む習慣をもつ、文章を書く習慣をもつ、ふだんの見慣れた景色の些細な変化に気づく感性を磨くなど、日常の経験の積み重ねを経て、言語化する力や説明する力を養う。これらのことにより、他者とコミュニケーションを図る意義や円滑な人間関係を形成する意義を考えることが求められる。

　また、あなたが実習生だったら、この場面でBさんの様子をどのように説明するだろうか。病棟でのカンファレンスには、本人が出席しておらず、プライバシーの尊重と秘密の保持を意識しつつ、クライエントの利益を最優先に考えた説明が求められる。

第
6
章

実習の実際

◇**参考文献**
・奥村隆編『他者といる技法――コミュニケーションの社会学』日本評論社，1998.
・長谷正人・奥村隆編『コミュニケーションの社会学』有斐閣アルマ，2009.
・諏訪茂樹『コミュニケーショントレーニング――人と組織を育てる　改訂新版』経団連出版，
　2012.

● **おすすめ**
・三井さよ・鈴木智之編『ケアとサポートの社会学』法政大学出版局，2007.
・P. ディヤング・I. K. バーグ，桐田弘江・住谷祐子・玉真慎子訳『解決のための面接技法――ソリュー
　ション・フォーカストアプローチの手引き　第 4 版』金剛出版，2016.
・近藤雄生『吃音――伝えられないもどかしさ』新潮社，2019.
・黒澤明監督『羅生門』（映画）1950.
・小津安二郎監督『東京物語』（映画）1953.
・ジュリアン・シュナーベル監督『潜水服は蝶の夢を見る』（映画）2008.
・想田和弘監督『精神』（映画）2009.

利用者やその関係者との援助関係の形成

- 利用者やその関係者（家族・親族、友人等）との援助関係の形成について、実習を通して学ぶ意義を理解する
- 利用者やその関係者（家族・親族、友人等）との援助関係の形成について、ソーシャルワーク実習教育内容・実習評価ガイドラインの達成目標に向けて実習生が取り組む行動目標の具体的な実習内容をイメージする

1 利用者やその関係者との援助関係の形成を学ぶ意義

「ソーシャルワーク実習教育内容・実習評価ガイドライン」では、本節に関して**表6-3**の達成目標が設定されている。

表6-3　ソーシャルワーク実習教育内容・実習評価ガイドラインにおける達成目標

⑵　クライエント等との援助関係を形成することができる

　多くの実習生が、実習目標の一つに"援助関係の形成"を掲げるのではないだろうか。実習では、クライエント（以下、利用者を含む）やその関係者の生活の場、あるいは生活の一部となっている場所に実習生として"おじゃまする"ことになる。外部者である実習生が、そのような生活の場に受け入れてもらうためにも、まずはクライエントや関係者から信頼される存在になる必要がある。実習中、クライエントとともに、作業や活動に取り組むこともあるだろう。そのような場面では、クライエントとの信頼関係だけでなく、協働関係の形成も必要になる。さらに、実習中にはクライエントとの対話を通じて、アセスメントの実施や摸擬的な支援計画を作成する機会もあるだろう。そこでは、信頼関係があってこそ、クライエントは実習生に対して、自らの生活、気持ちや考えを安心して打ち明けることができる。これらはあくまでも実習場面の一例ではあるが、実習中、クライエントや関係者との建設的な援助関係の形成は欠かせない。

　一方、実習生として、クライエントや関係者とのかかわりにおいて、多少なりとも不安やとまどいを感じることがあるだろう。それは、そもそも初対面のクライエントや関係者に自分は受け入れてもらえるだろう

か、という漠然とした心配から生まれるのかもしれない。あるいは、クライエントとのかかわりを通して、相手を傷つけないか、怒らせないか、症状を悪化させたり具合を悪くさせてしまったりしないか、と考えているからかもしれない。実習目標に掲げているようなかかわりができずに失敗したらどうしよう、などの焦りの気持ちの表れかもしれない。実習生としてこのような気持ちを大なり小なり抱くことは、きわめて自然なことだといえよう。

　そこで本節では、援助関係を構築する際の留意点やコミュニケーションの方法等について理解を深めていく。

2 想定される具体的な実習内容

　ここでは、「利用者やその関係者（家族・親族、友人等）との援助関係の形成」について、実習を通して学ぶために想定される具体的な実習内容がイメージできることを目的としている。なお、ここで紹介できるのは一部の実習内容にすぎない。実際は、多様な実習施設・機関ごとにクライエントは異なっているため、それぞれの実習施設・機関の特徴を踏まえ、教育目標の達成に最も適した実習内容を、実習計画に位置づける必要がある。

1 達成目標⑵行動目標①③④について想定される実習内容

・行動目標①
　　クライエント等との信頼関係（ラポール）を構築する際の留意点や方法を説明することができる。
・行動目標③
　　クライエント等と対話の場面で傾聴の姿勢（視線を合わせる、身体言語や声の質に配慮する、言語的追跡をする等）を相手に示し、コミュニケーションをとることができる。
・行動目標④
　　実習指導者や職員がクライエントとの問題解決に向けた信頼関係を構築する場面を観察し、重要な点を説明することができる。

　ここではクライエント等との援助関係の形成を達成するために、達成

目標(2)の行動目標①③④を分けずに、いくつかの実習場面を区切って、実習生が具体的にとる（と想定される）行動の例について、社会福祉協議会での実習場面を取り上げて紹介する。

●実習場面①

実習生は、社会福祉協議会で実習を開始して2日目に、実習指導者に同行して、日常生活自立支援事業（地域福祉権利擁護事業）を利用しているAさん（85歳、男性）の自宅を訪問することとなった。Aさんは一人暮らしで、日常生活自立支援事業として福祉サービスの利用援助と日常的金銭管理のサービスを受けている。Aさんは1か月ほど前に銀行の通帳を紛失してしまい、再発行を受けたばかりである。今日はその管理の確認や新たに受けるサービスについての相談をするとのことであった。

実習生は初めての利用者宅の訪問に少し緊張していた。実習の授業で実習指導担当教員が、クライエントや関係者との援助関係は、自己紹介するところから、あるいはその前にお互い目が合った瞬間から始まると話していたことを思い出した。第一印象が大事であることを肝に銘じて、身だしなみには注意したつもりである。

Aさんは、閑静な住宅街に建つ、築数十年と思われるアパートの1階に住んでいた。実習指導者が呼び鈴を鳴らすと、中から「あ、Bさん？」と声がして、すぐにドアが開かれた。Aさんがすかさず、「どうぞどうぞ」と家の中に入るよう声をかけ、実習指導者が玄関口で「おはようございます、Aさん」と返事をした後、「今日はありがとうございます。実習生の訪問も事前に許可してくださって」と小さな声で付け加えていた。

実習生はAさんに「実習生さんもどうぞ入ってください」と促され、緊張気味に「おじゃまします」と言って靴を脱いだ。実習生は「はじめまして、実習生の○○○○です。△△大学の社会福祉学科でソーシャルワーカーを目指して勉強しています。今日はありがとうございます。どうぞよろしくお願いいたします」と自己紹介した。大きすぎず小さすぎない声、はっきりした口調、そして笑顔も忘れずに挨拶した。また実習指導者への同行を受け入れてくれたことに心から感謝していることが伝わるよう、少し深めに一礼をした。

●解説

実習生は、まず援助関係の形成にあたり求められる基本的な姿勢として、最低限のマナーに気をつけている。挨拶一つとっても、「はじめまして」や「こんにちは」などの言語的コミュニケーションだけでなく、

それに伴う声のトーンや話すスピード、ジェスチャー、目線、表情、立ち位置など非言語的なコミュニケーションによっても印象が変わる。心理学者のメラビアン（Mehrabian, A.）は、人に伝わるメッセージのうち、言葉によるコミュニケーションは7％、そのほか93％が非言語的なコミュニケーションによるものであることを明らかにしている。

さらに関係性を深めていくにあたり配慮すべきは、クライエントや関係者への礼儀や言葉づかいなどである。その場にふさわしい礼儀や言葉づかいは、ただちに身につくものではない。日常生活上、友人や家族との関係性のなかだけでは意識しづらい部分もあるだろう。自分が所属する養成校などの教職員とのかかわりや、アルバイト先、ボランティア先の関係者とのかかわりを通じて今一度、自らのふるまい方を確認しておこう。

これらに留意し、クライエントや関係者そして実習でかかわるすべての人に対して、実習生として学ばせていただく立場であることを忘れず、常に謙虚な姿勢で臨むことが重要である。

●実習場面②

訪問前に実習指導者から、Ａさんは最近物忘れがひどくなり認知症が疑われ、日常生活自立支援事業を利用されていると聞いていた。その情報から、実習生はＡさんと同じような生活状況にあった祖父のことを思い出した。掃除洗濯が苦手な祖父と同じように、Ａさんの家も散らかっているのではないか、身だしなみが十分整っていないのではないかなどと想像していた。しかし実際に訪問してみると、Ａさんのアパートは決して新しくはないが、特に散らかっている様子はなかった。最近散髪を済ませたのか髪もすっきりとし、衣服もアイロンがかかったような上下を身につけていた。そこで実習生は自分が先入観をもっていたことを反省した。

今回の訪問ではＡさんと実習指導者との対話の場面を観察することが中心だった。そのなかで特に、実習指導者がＡさんと新しい通帳の管理について話しあう場面が印象に残った。通帳の保管場所について、実習指導者が決めてしまうのではなく、「どこに保管するのがよいか、一緒に考えませんか」「引き出しの鍵はどうしましょうか」など、常にクライエントの主体性を尊重し、自己決定を意識して、クライエントと協働する立場をとっていた。

また訪問のあとに、実習指導者によるＡさんへの最初の声かけを振り

返り、実習生は二つのことに気づいた。一つはＡさんに、事前に実習生の訪問を受け入れるか否かを確認していたことは、クライエントの自己決定の尊重の一つだということだ。もう一つは、実習指導者が小さめの声で、実習生同行への感謝の気持ちを伝えたことが、クライエントのプライバシーを守る（秘密を保持する）ための行動だったのではないかという点である。そのときは実習生がまだアパートの外で待機しておりドアが開いたままだった。Ａさんが社会福祉協議会のサービスを利用していることを含め、外に情報が漏れないように配慮したのではないかと実習生は考えた。まだ訪問して数分と経たないうちに、クライエントとの信頼関係の構築に必要な要素について考えさせられる場面が展開されていたのだった。

●解説

援助関係の構築にあたっての基本的な態度として、バイステック（Biestek, F. P.）著の『ケースワークの原則』に記されている七つの原則が有名である。ここではそのなかでも前述の実習場面において重要となる三つの原則に基づいて解説する。

○原則１　クライエントを個人として捉える（個別化）

クライエントの抱える課題やそれに対する捉え方や考え方は人それぞれ違う。ソーシャルワーカーは、似たような状況下にあるクライエントの支援にあたる経験があったとしても、以前の経験に当てはめて決めつけたり、同じ解決方法をとったりしない。前述の実習場面のように、「この人はきっとこういう人だろう」とひとくくりにするような態度では臨まないことが大切である。

○原則６　クライエントの自己決定を促して尊重する（クライエントの自己決定）

ソーシャルワーカーがよいと思う結論に導くのではなく、クライエント自身が問題や課題に向きあい、自らが最善と考える結論に到達できるように寄り添う支援を展開する。クライエントは、問題や課題に圧倒されて、冷静な判断ができなかったり、思考がせばまっていたりすることがある。そのような状況下において、クライエントが落ち着いて自らにとって最適な判断ができるようなソーシャルワークを展開していくのである。

○原則７　秘密を保持して信頼感を醸成する（秘密保持）

ソーシャルワーカーはクライエントの秘密は絶対に守ると同時に、「守ってもらえる」という安心感をクライエントに与えなければならな

い。自分の悩みを人に打ち明けることは勇気がいることであり、相手を信頼してこそ打ち明けることができる。クライエントが安心してありのまま話ができるよう、ソーシャルワーカーは秘密を守り、秘密が守られることをクライエントに伝える必要がある。

実習生の立場としては、当然、実習先の機関・事業所外部にクライエントの情報を漏らすことは許されない。もちろん、実習生が知り得た情報を実習先の実習指導者に報告、相談することは可能であり、必ず行わねばならない場合もある。

● 実習場面③

社会福祉協議会の実習も後半を迎え、実習生はCさんの支援計画を模擬的に作成するため、実習指導者と一緒にCさんを訪問することとなった。Cさんは62歳の女性で、高次脳機能障害がある。下肢に麻痺があり車いすを使用している。日常生活自立支援事業による福祉サービス利用支援と金銭管理支援に加え、ホームヘルプサービス、就労継続支援B型、通院、生活保護など、複数のサービスを利用して一人暮らしをしている。

実習生は、Aさん訪問時と比べると、だいぶリラックスして訪問に臨めるようになっていた。Cさんが実習生を笑顔で迎えてくれたこともあり、緊張せずにCさんの話を伺えると感じた。Cさんと実習生が話をする間、実習指導者は黙って実習生を見守ってくれた。Cさんは実習生が質問する前から、自分の生活のことや受けているサービスのことについて積極的に話してくれた。実習生が尋ねづらいと思っていた障害のことも、自ら話してくれた。実習生はCさんに対して、とても話しやすく親しみやすい人だと感じた。同時に、前日に訪問させていただいたDさんは、自分の父のように短気かつ頑固で話しづらい人だと感じたことを思い出した。

● 解説

実習生は、Cさんとはかかわりやすい、Dさんとはかかわりづらいと感じたようである。実習という慣れない環境で緊張するなか、自分が話しやすいクライエントに偏って接してしまうことがしばしば起こる。個別訪問である場合は、このような偏りは生じないだろうが、実習先の事業所や実習指導者などからの特別な指示がある場合を除き、特定のクライエントのみと接触することは避けるようにする。

特定のクライエントのみとのかかわりに偏る傾向には、クライエントと支援者の間で起きる双方向的な感情移入の働きである転移と逆転移が

★ 転移
クライエントが支援者に特別な感情を向けること。

★ 逆転移
支援者がクライエントに対して向ける感情移入の働き。

関係している可能性もある。転移は、過去の人間関係のなかで生じた感情に影響を受けると考えられている。逆転移も支援者の過去の経験を、無意識にクライエントとの関係に重ね合わせて起こると考えられている。

逆転移に振り回されては、クライエントとの公平なかかわり、中立的なかかわりは困難になる。しかし、支援者もクライエントも感情をもつ人間である以上、このような交互作用は避けられない。

逆転移は誰にでも起こり得ることである。そして特定のクライエントのみとかかわる傾向を見出した場合、あるいは特別な好意や苦手意識を感じた場合、その感情を抑え込むのではなく、それが起きていることに気づき、なぜ起きているのかを考えてみることが大切である。また実習前より、自分の対人関係における特徴や人間関係における得手不得手、それが生じる要因の探索などの自己覚知を深めておくとよい。

●実習場面④

Cさんとの会話が始まって約20分が経過したころ、Cさんが突然、「今はこの生活に満足しているけど、前は自殺も考えたのよ」とやや悲しそうな表情で語りはじめた。実習生は、自殺は絶対によくないことだと考えており、とっさに、「そんなこと考えてはいけませんよ」と声を上ずらせてやや強い口調で返答してしまった。しばらく実習生にとって気まずい沈黙の時間が流れた。するとCさんは「ごめんなさいね。実習生さんを困らせてしまったわね。もうこの話はやめましょう」と話題を変えようとした。

実習の振り返りで実習生は、自分の言動は、バイステックの原則2～5を大きく逸脱していたと反省した。

●解説

バイステックの原則2～5を概観する。

○原則2　クライエントの感情表現を大切にする（意図的な感情の表出）

クライエントの感情を大切にし、それを表に自由に出せるように配慮する。クライエントは、感情をあるがままに表現することで、自分の置かれている状況や気持ちを俯瞰的に捉えていくことが可能になる。そのために、クライエントが安心して話しやすい雰囲気がつくられているか、クライエントの感情に寄り添うような質問や応答ができているかなどを意識していく。前述の実習場面でCさんは、過去のつらい経験を語ることができずに、実習生に気を使って、話題を変えようとしてし

まっている。

○原則３　援助者は自分の感情を自覚して吟味する（統制された情緒的関与）

クライエントの価値観や感情を受けとめる際、ソーシャルワーカー自身の感情に振り回されると、相手に寄り添うことができなくなる。たとえば、前述の実習生は、クライエントが語る内容が自分の価値観とは異なり、「それはいけない」と否定的な感情を抱いている。そのままでは相手を受けとめることは難しい。またその否定的な気持ちがＣさんに伝わり、Ｃさんは自らの気持ちを表出することができなくなってしまった。クライエントとかかわるなかで自分の感情に注意を払い、感情をコントロールするためには、日頃より自分自身の物事に対する価値観などについても自己覚知を深めておくことが重要となる。

○原則４　受けとめる（受容）

ソーシャルワーカーの価値観を通さず、クライエントの価値観や感情をありのまま受けとめることが重要である。前述の実習生のように、「そんなことを考えてはいけませんよ」とＣさんの考えや気持ちを否定するのではなく、何がそのような考えや気持ちを生み出しているのか、その背景に関心を寄せた応対をすることが非常に重要である。

○原則５　クライエントを一方的に非難しない（非審判的態度）

ソーシャルワーカーは自分の価値観に基づいて、クライエントの気持ちや考えについて善悪の判断をしない。クライエントは、ソーシャルワーカーから非難されたり否定されたりすると、「このソーシャルワーカーは自分のことをわかってくれない」とこころを閉ざし、話ができなくなってしまう。

●実習場面⑤

過去のことを語ろうとして悲しい表情を浮かべていたＣさんだが、実習生を困らせまいと、一生懸命に笑顔をつくっているように見えた。実習生がＣさんとの会話の展開に困っていると、実習指導者が落ち着いた声で、「Ｃさん、自殺を考えるほどつらい時があったのですね」と話に入ってくれた。Ｃさんは、「もう前の話だけどね。今はいろんなサービスも受けられるし、問題なく生活しているのよ。でも事故で障害を負ったときは、お先真っ暗だったのよ」と続けた。実習指導者は「そうだったのですね。突然の障害で、先の見えない不安な時期があったのですね」と共感を示し、相づちを打ちながらＣさんの話を聴いていった。そこか

ら当時のCさんの心情や生活の様子が具体的に語られていった。途中、実習指導者は、「差し支えなければ、もう少し詳しく教えていただけますか」と、Cさんの話を促すような開かれた質問もしていた。

　実習生は、Cさんと実習指導者との対話を観察することで、信頼関係を構築するために必要な基本的なコミュニケーションの理解を深めることができた。

●解説

　前述の実習指導者の応答にも見られる、建設的な援助関係の構築に重要な具体的スキルとして、ここではマイクロカウンセリングを取り上げる。その基礎である「かかわり行動」と「基本的傾聴技法の連鎖」について概観したい。

① **かかわり行動**

　かかわり行動とは、聴き手（ソーシャルワーカーや実習生）が関心をもって話をよく聴いていることを話し手（クライエントや関係者）に伝えるためのスキルのことで、以下の4項目が含まれる。

❶ 視線の合わせ方：話を聴いていることが伝わる視線を意識する

❷ 身体言語：話し手が安心して話せるような表情や姿勢を心がける

❸ 声の質：話すスピード、声のトーンなどに配慮する

❹ 言語的追跡：話し手が話そうとする話題を安易に変えず、直前の話にしっかりついていく

② **基本的傾聴技法の連鎖**

　基本的傾聴技法の連鎖は、かかわり行動を基礎とする以下の四つの傾聴スキルを、状況に応じて連鎖的に用いることである。

❶ 閉じられた質問、開かれた質問

　　閉じられた質問と開かれた質問を適宜使い分け、クライエントが自分の悩みや課題を話すことや、話を深めることを促していく。

表6-4　閉じられた質問と開かれた質問

閉じられた質問	話し手が「はい」か「いいえ」で答えることができる質問 例）体調が悪いのですか？
開かれた質問	「はい」や「いいえ」では答えられず、話し手に回答の幅を与える質問 例）顔色が悪いようですが、何がありましたか？

❷ クライエント観察技法

　　言語的なコミュニケーションだけでなく、身体言語や声の質といった非言語的なコミュニケーションも注意深く観察することが大切である。両者の変化や矛盾に気づくことで、クライエントが話したいこと、

考えていること、感じていることをより深く知ることができる。

❸ はげまし、言い換え、要約

これらのスキルは、クライエントとの対話を活性化させ、クライエントの状況や考え、気持ちを明確化して、効果的な対話の展開に役立つ。

表6-5 対話を活性化させるスキル

はげまし	相づち、うなずき、クライエントから発せられるキーワードとなる語を短く繰り返すなどにより、クライエントの発言を促す。
言い換え	クライエントの言葉を別の言葉で言い換える。
要約	面接などの中盤や最後に、それまでにクライエントが語った内容をまとめ、確認する。

❹ 感情の反映

ここでも言語的・非言語的コミュニケーションを十分に観察し、クライエントが言葉にしない感情にも注意を向けて、相手の気持ちを聴き手がフィードバックしていく。これはクライエントの心の底に抱える感情に気づき、向きあうことに役立つ。「……と感じているようですね」「……と感じているように見えますが」のように気持ちに焦点を当てていく。

実習中に生じた問題や課題は、決して一人で抱え込まず、実習ノートに記録したり、実習指導者や実習指導担当教員などに相談したり、実習クラスの場で共有したりして、積極的に解決していく。クライエントとの対話を逐語化し、その時の感情の変化や考察を言語化する、プロセスレコードを用いた学習も効果的である。実習生が問題や課題に直面することは、決して後ろ向きなことではない。失敗を恐れず、しっかりと事前学習や振り返りを行うことで、むしろそこから学びとることの方が大きいといえよう。

第6章 実習の実際

◇参考文献
・福原眞知子監『マイクロカウンセリング技法――事例場面から学ぶ』風間書房，2007.
・F. P. バイステック，尾崎新・福田俊子・原田和幸訳『ケースワークの原則［新訳改訂版］――援助関係を形成する技法』誠信書房，2006.
・Mehrabian, A. Silent Messages: Implicit Communication of Emotions and Attitudes, Wadsworth Pub Co, 1980.

● おすすめ
・岩間伸之『対人援助のための相談面接技術――逐語で学ぶ21の技法』中央法規出版，2008.

第4節 利用者や地域の状況の理解と、生活上の課題の把握、支援計画の作成と実施および評価

学習のポイント

● 利用者や地域の状況の理解と、生活上の課題（ニーズ）の把握、支援計画の作成と実施および評価について実習を通して学ぶ意義を理解する

● 利用者や地域の状況の理解と、生活上の課題（ニーズ）の把握、支援計画の作成と実施および評価について、ソーシャルワーク実習教育内容・実習評価ガイドラインの達成目標に向けて実習生が取り組む行動目標の具体的な実習内容をイメージする

 利用者や地域の状況理解、その生活上の課題（ニーズ）の把握、支援計画の作成と実施および評価を学ぶ意義

　「ソーシャルワーク実習教育内容・実習評価ガイドライン」では、本節に関して**表6-6**の達成目標が設定されている。

表6-6　ソーシャルワーク実習教育内容・実習評価ガイドラインにおける達成目標

> ⑶　クライエント、グループ、地域住民等のアセスメントを実施し、ニーズを明確にすることができる
> ⑷　地域アセスメントを実施し、地域の課題や問題解決に向けた目標を設定することができる
> ⑸　各種計画の様式を使用して計画を作成・策定及び実施することができる
> ⑹　各種計画の実施をモニタリングおよび評価することができる

　ソーシャルワークの主な援助対象は機関によって異なるが、利用者や利用者が生活する地域の状況理解とそれぞれの抱えるニーズの把握は、ソーシャルワーク展開過程において共通するものである。適切なアセスメントが行われ、適切なニーズの把握によって、利用者のニーズを満たす支援計画が導き出される。その一方で、適切なアセスメントからニーズ把握に至り、支援計画を立案できたとしても、利用者の暮らす地域に、そのニーズを満たす機関や人材などの社会資源が存在しない場合も想定される。そのため、利用者ニーズの把握と同時に地域の状況も事前に把握しておく必要がある。さらに、自らが実施した支援を振り返り、評価を行うことは、ソーシャルワーク専門職として必要不可欠なものである。

　利用者や地域の状況理解、その生活上の課題（ニーズ）の把握、支援計画の作成と実施および評価に関する一連の理解は、ソーシャルワーク

専門職として、根拠をもった実践のために必要となる。専門職であるソーシャルワーカーは、支援計画を立案・実施したとしても、その支援計画が根拠をもって立案・実施されたか第三者に説明できなければならない。なぜなら、一連の展開過程に沿っているか、倫理や価値に則しているかなどを一定の基準に照らし合わせた評価や、支援対象が置かれた状況を適切な方法によって理解することで、支援対象にとって有益な支援と生活課題の解決という結果に近づくからである。

表6-7でソーシャルワークの支援対象ごとの展開過程を振り返っておこう。表6-7の「地域」を対象とした展開過程では、個別アセスメントと地域アセスメントが混在する。すなわち、「地域」を支援対象として焦点化することで、その地域で暮らすクライエントの支援や同じ生活課題を抱えるグループへの支援といった包括的な支援が要求されることになる。また「個別」の展開過程から捉えると、クライエントの抱える生活課題について、クライエントが生活する地域環境が影響している場合には、「地域」への介入も必要になる。ソーシャルワーク実践においては、システム理論を背景とした「人と環境の交互作用」に焦点を当て、個別支援と地域支援は相互に関連しているものと捉える。また地域共生社会の実現に向けては、断らない相談支援、参加支援、地域づくり

表6-7　ソーシャルワークの支援対象ごとの主な展開過程

個別（クライエント）	グループ	地域
① ケースの発見	① 準備期 ・グループ計画 ・環境整備 ・波長合わせ	① ニーズ発見 / アセスメント ・個別アセスメント ・潜在的ニーズの把握 ・地域アセスメント
② エンゲージメント（インテーク）		
③ 事前評価（アセスメント）		
④ プランニング	② 開始期 ・援助関係樹立 ・契約	② プランニング ・個別・家族支援 ・地域へのアプローチ
⑤ 支援の実施		
⑥ モニタリング		
⑦ 支援の終結と事後評価	③ 作業期 ・相互援助システム形成 ・相互援助システム活用	③ 実施 ・個別・家族支援 ・地域へのアプローチ
⑧ アフターケア		④ モニタリング ・個別・家族支援 ・地域へのアプローチ
	④ 終結期 ・終結準備 ・感情共有 ・評価・移行準備	⑤ 評価 ・個別・家族支援 ・地域へのアプローチ

に向けた支援等が位置づけられ、個別支援から地域支援まで包括的な支援体制の構築を目指している。ソーシャルワーク実践機関であれば、支援対象となる個別、グループ、地域に対して、直接的または間接的にも何らかの機能で関与することも想定されることから、包括的な視点としての理解も求められる。さらに、地域内や施設内において同様の課題を抱える個人が複数存在する場合には、グループワークを意図的に活用する必要性もある。

2 想定される具体的な実習内容

　ここでは、実習評価ガイドラインに示される「達成目標」に含まれる「行動目標」のいくつかを取り上げ、実習生が実習中に達成するための具体的行動を**表6-8**に例示し、行動目標に対する実習場面を取り上げながら実習内容を解説する。なお、実習機関によるソーシャルワーク対象領域は、高齢者や障害者、児童、住民など対象領域による違いや在宅系や施設系による違い、実習生の意識するミクロ、メゾ、マクロの視点の違いなどにより具体的行動は異なってくる。

1 達成目標(3)行動目標②について想定される実習内容

> バイオ・サイコ・ソーシャルの側面からクライアント等の客観的・主観的情報を系統的に収集することができる

　上記の行動目標に取り組むため、実習生が具体的にとる（と想定される）行動の例について、地域包括支援センターの実習場面を取り上げて紹介する。
　地域包括支援センターで実習している実習生は、一般住民向けに開催されている介護予防教室に参加した。実習生は、介護予防教室に参加しているAさんとかかわる機会を得た。Aさんは、「2か月前までは要支援状態で、現在は元気になって自立と判定されたが、またいつ要支援状態になるか不安だ。要介護認定を受けていないと、サービスが使えなくてつまらない。こんなことなら要支援のままがよかった」と話した。
　実習生は、せっかく元気になったのに「要支援のままがいい」というAさんの発言をうまく理解できなかったことを実習指導者に伝えた。実

習指導者からは、「よい機会だから、Aさんの状況を理解するために、アセスメントを実施してみてください」と提案された。

　実習生は、Aさんの了承を得て面談することになった。実習生は、面談を通して、Aさんは若いときに夫を亡くし、子どもを一人で育てあげたこと、子どもは独立して他県で就職しており、Aさんは現在一人暮ら

表6-8　行動目標を達成するための具体的行動

達成目標	行動目標	実習生の具体的行動
(3) クライエント、グループ、地域住民等のアセスメントを実施し、ニーズを明確にすることができる	② バイオ・サイコ・ソーシャルの側面からクライエント等の客観的・主観的情報を系統的に収集することができる	・情報収集の流れの想定（いつ、誰から、何を、どのような方法で得るか） ・クライエントとの面接実施（何を聞き取るか、主観的事実と客観的事実） ・家庭訪問時やサービス利用場面等での観察（何を観察するか） ・家族、関係者、関係職種へのインタビュー（どんな情報を収集するか） ・関連記録の閲覧（実習テーマに沿って目的をもった情報収集）
	⑤ 収集した情報を統合してアセスメントし、クライエント等のニーズを明らかにすることができる	・バイオ・サイコ・ソーシャルの枠組みや各種アセスメントツールなどを用いた情報整理 ・主観的情報と客観的情報の整理（クライエント側からの問題理解） ・情報相互の関連性を意識し、ニーズを設定する ・カンファレンスなどへ参加し、考えたこと、疑問に思ったことについて関係者や実習指導者から助言を得る ・クライエントへ設定したニーズを説明し、コメントをもらう
(4) 地域アセスメントを実施し、地域の課題や問題解決に向けた目標を設定することができる	② 地域住民の生活の状況と地域及び地域を取り巻く環境との関係を説明することができる	・関係機関への訪問とインタビュー ・クライエントの暮らす地域の行政資料等の閲覧 ・座談会などの企画、広報など資料作成 ・座談会など地域の集会の運営や参加者へのインタビュー（実習テーマに沿って事前に観察や収集ポイントを焦点化） ・地域踏査による地域環境の把握・社会資源マップ作成と整理 ・相談機関に寄せられる相談内容の把握 ・情報を整理統合し、地域のニーズや課題を住民または実習指導者へ報告し、助言を得る
	④ 地域課題について多角的に判断し、取組むべき優先順位を地域住民と共に検討することができる	・地域ケア会議、地域ネットワーク会議等に参加し、課題の優先順位について、根拠を意識して想定する ・民生委員や町内会役員などと会合を企画し運営参画する ・住民座談会などの場を通して、検討した課題と優先順位を報告、討議する ・地域踏査を行い、地域住民にインタビューし、まとめる
(5) 各種計画の様式を使用して計画を作成・策定および実施することができる	① 実習で関係するミクロ・メゾ・マクロレベルにおける計画(個別支援計画、事業計画、各種行政計画等）の作成・策定の要点や方法を説明することができる	・個別支援計画作成後に、カンファレンスの場を設けてもらい、関係職種からコメントを得る ・模擬的に、介護予防教室や施設内での意図的な行事企画の立案や案内、資料を作成する ・各対象領域にかかる福祉計画などにおける国、都道府県、市町村の役割と実施状況について整理し、実習指導者や住民に説明し、コメントをもらう
	③ 自ら作成した支援目標・支援計画の一部または全部を実施することができる	・クライエントに対するケースワークの実施 ・クライエントの生活スキル、社会スキルの獲得に向けたプログラムの提案と実施 ・コミュニケーションを通した自己決定支援
(6) 各種計画の実施をモニタリングおよび評価することができる	② 特定のクライエントやグループ、地域を対象とした計画実施のモニタリングおよび評価を行うことができる	・計画段階で、クライエントのアウトカム評価は、観察可能な状況・状態などの変化ポイントを意識して設定し、前後評価を試みる（シングルシステムデザイン法等） ・その結果については、支援の構造と過程、アウトカムから振り返り整理する ・実際の支援対象への介入またはケース台帳などから模擬的に、モニタリング視点や評価ポイントを設定し、実習指導者より指導を受ける
	③ 実習施設・機関等の計画実施についてモニタリング及び評価を行い、その結果を適切に報告することができる	・事業計画と事業報告の閲覧 ・事業計画と結果のズレや課題等について整理報告し、疑問点については関係者に質問をする

第6章　実習の実際

しであること、両膝関節症を患っており定期的に通院が必要であること、地域で仲のよい友人はいないこと、要支援状態のときは、地域包括支援センターの職員がかかわり、定期的にサービスを受けていたが、現在は、買い物、通院、介護予防教室以外に外出の機会はないということを知った。

　面談で得られた情報を実習生なりにまとめて実習指導者に報告したところ、実習指導者からは、Ａさんの置かれている状況をどのように捉えたのか、またＡさんは現在の状況をどのように捉えていたのかという質問を受けた。実習生は、Ａさんとの面談で情報を得ることだけを目的としてしまっていたことに気づかされた。

　そこで実習生は、教科書等を参考に、面談で得た情報を整理し、Ａさんの置かれている状況を捉えなおした。同時に、面談で得た情報は客観的な事実が多く主観的な情報を得ていなかったことに気づき、再度Ａさんと面談する機会を設けてもらうよう実習指導者に依頼した。

●解説

　この場面で実習生は、「要支援のままがいい」というＡさんの発言に違和感をもち、実習指導者にこの疑問を伝えた。同じ場面でも、実習生が違和感をもたない、実習指導者への報告がない、実習指導者が報告を受けても指示を出さないなどといった場合には、Ａさんとのアセスメント面談への展開にはつながらなかった可能性がある。実習すべての体験を実習テーマに結びつけるよう意識していなければ、実習は断片的な体験だけで終わってしまう。この場面でも、介護予防教室への参加で何を学ぶのかを意識しておかなければ、単なる介護予防教室への参加で終わってしまう。また、Ａさんとの面談の機会を得られたとしても、単なる面接技術の振り返りで終わってしまうおそれがある。実習指導者からの「Ａさんの状況を理解するために」という助言は、実習生が得た情報からＡさんの置かれた状況をどのように理解したのかを問うものである。この場面において実習生は、面談が情報収集のためのものになってしまい、Ａさんの置かれた状況を理解できていないことに気づき、得た情報を整理することになる。情報を整理したことで、Ａさんの置かれている状況を理解するために足りない情報があるということに気づくことにつながっている。実習生が面談で得た情報は、Ａさんの客観的な情報が中心である。しかし、Ａさんの置かれた状況を理解するためには、一人暮らしや病気、通院、友人がいないことなどについて、Ａさん自身がどう捉えているのか主観的な情報が必要不可欠である。実習中、面談を

する場面は十分想定される。何をどのように尋ねるのか、面談して得た
情報をどのように整理するのかについては、面談前に考えておくことが
必要である。その際、人（Aさん）に関する情報をバイオ・サイコ・ソー
シャルの側面から、また、環境に関する情報をAさん、社会環境、地域
包括支援センター等の側面から整理し、分析を通してはじめてAさんの
置かれている状況の理解に近づくことができる。そのためには、人と環
境の交互作用や、客観的事実と主観的事実に基づいた情報収集が必要と
なることを理解しておくことが大切である。

　実習中のアセスメントとニーズ把握は、事前にいくつかのアセスメン
トツールを調べて準備しておくことも必要である。準備しないままでア
セスメントに臨むと、自分が有している知識にのみ頼ったものになるお
それがある。一方で、アセスメントツールに頼ってしまうと、情報を得る
ことが主になってしまい、情報を得るためのプロセスがおろそかになっ
てしまう可能性もある。したがって、バイオ・サイコ・ソーシャルの視
点、ジェノグラムやエコマップの使い方、生活歴などによる生活背景、
ICF(International Classification of Functioning, Disability and
Health：国際生活機能分類)による健康状態、心身機能・身体構造、活動、
参加、個人因子や環境因子の理解、地域アセスメントツールなどは事前に
準備しておいたほうがよい。また実際にツール等を用いて情報を整理し、
分析したときには、積極的に実習指導者からスーパービジョンを受ける
ことで、自身の援助を評価し、振り返ることにつながる。アセスメントを
実施する際には、情報源とその手段を意識して整理しておく必要がある。

2 達成目標⑷行動目標④について想定される実習内容

　　地域課題について多角的に判断し、取組むべき優先順位を地域住民と
　共に検討することができる

　上記の行動目標に取り組むため、実習生が具体的にとる（と想定され
る）行動の例について、社会福祉協議会での実習場面を取り上げて紹介
する。
　社会福祉協議会で実習している実習生は、地域の課題の把握を目的に
住民座談会に参加した。住民座談会では、地域のごみの捨て方が話題に
なっており、地域住民をはじめとして、町内会長や民生委員も参加して
いた。そこでは、指定日以外にごみを捨てる住民がいること、ごみの分別

215

がされないまま捨てられていること、ごみ集積場所ではなく近くの公園にごみが捨てられていることなどが課題として挙げられていた。座談会では、住民に対していかにルールを守らせるかに焦点が当てられ、次回までに各自案を提出することになり散会した。実習生は、座談会の内容を整理していくなかで福祉とごみの捨て方との関係が結びつかなかった。

　社会福祉協議会に戻り、実習指導者と座談会の内容について振り返り、どのような人がルールを守れないのか疑問をもち、地域住民の実態について調べてみることにした。実習指導者と相談し、次のような計画を立てた。まずは、社会福祉協議会で保管している資料を閲覧したあと、各ごみ集積場所を清掃している地域住民やごみを出しに来る住民に話を聞くことを計画した。さらに地域包括支援センターで主催している地域ネットワーク会議に参加させてもらうことにした。実習生は、資料閲覧や住民に話を聞くことで、地域内には団地が多いこと、一人暮らし高齢者や夜の仕事をしている人が多く住んでいること、ごみ出し時間が決められていることに不満をもっている人がいること、分別が細かすぎることなどがわかった。また、実習生は、地域ネットワーク会議へ参加し、日常生活・介護予防ニーズ実態把握調査の結果から、認知症リスクの高い高齢者の割合が多い地域であること、ごみを管理している側の住民とごみを出す側の住民双方に言い分があることを把握した。これらのことから、ごみ出しのルールを守らせることよりも、地域住民の特性を理解して、地域ができることを考えることが必要ではないかと考えた。

　実習生は、調べた内容について実習指導者と相談し、次回の住民座談会で、地域住民やごみ出しの現状など調べたことを報告し、住民の特性に合わせたごみ出しの方法を検討してみてはどうかと提案することにした。

●解説

　前述の場面では、地域でのごみ出しという話題が取り上げられている。実習生は、住民座談会に参加し、福祉とごみの捨て方の関係について疑問をもったところから次の展開に入る。座談会で参加者は、ルールを守れない住民が問題と捉えており、ルールを守らせることに焦点を当てている。ここで実習生は実習指導者と座談会を振り返ることで、ルールを守らせる方法の検討ではなく、どんな人がルールを守れないのかといった疑問から、地域の実態把握が必要との判断に結びつく。実態把握では、何を調べれば、誰に何を聞けば、その情報が得られるのかを事前に下調べしておく必要もある。座談会への参加者は、地域の町内会長や

民生委員など、地域の情報を多くもっている人たちではあるが、地域住民のほんの一部である。本来であれば、多くの地域住民にごみ出しについての意見を確認する必要があり、少なくとも座談会に参加していないほかの地域住民の意見も聞く必要がある。実習生は、資料を閲覧し、ごみを管理する地域住民とごみを出しに来る地域住民に声をかけ、ごみ出しの実態を教えてもらった。さらに地域ネットワーク会議への参加から、地域に住む高齢者の実態を知った。これらの情報を踏まえると、ごみをルール通りに出したくても、仕事の事情であったり、分別したくても分別できなかったりする住民が多いことに気づくことになる。ごみ出しのルールを守らせる方法は、こうした人たちを地域から排除することにもつながりかねない。社会福祉の立場からすれば、地域としてこのような事情を抱える住民にも配慮したごみ出しのあり方や、住民相互の協力体制に目を向けてもらうことが必要となる。実習生は、地域のごみ出しという課題から、地域の実態把握を行い、最後には福祉課題と結びつけ、住民とともに検討する機会へつなげている。このように、地域での生活上の些細な課題からも福祉的課題を発見し、住民とともに検討する場へつなぐことはできる。そのためにも、多角的な視点をもって物事を捉えてみることや当事者である住民の意見を多く聞き、一緒に検討してみることが大切になる。多角的な視点がなければ、目に見える課題への対処的な解決で終わってしまい、根本的な課題を見逃してしまうことにもなる。実習生は、単にさまざまな会議に同行参加するといった受け身の姿勢ではなく、積極的に会議に参画し、そのなかで役割を担う体験をすることが深い学びにつながる。

3 達成目標⑸行動目標①について想定される実習内容

> 実習で関係するミクロ・メゾ・マクロレベルにおける計画（個別支援計画、事業計画、各種行政計画等）の作成・策定の要点や方法を説明することができる

上記の行動目標に取り組むため、実習生が具体的にとる（と想定される）行動の例について、地域包括支援センターでの実習場面を取り上げて紹介する。

地域包括支援センターで実習する実習生は、地域ケア会議に参加した。地域ケア会議では、認知症高齢者が行方不明になり、数日後に保護

された事例が報告され、今後、認知症高齢者と地域で共生していくために行政で取り組むこと、地域包括支援センターで取り組むこと、地域住民が取り組むことなどが話しあわれていた。実習生は、会議終了後、実習指導者から認知症高齢者と地域で共生していくために地域包括支援センターが今後取り組むことについて計画案を立ててみるよう指示された。

　実習生は、認知症高齢者が地域で暮らし続けるために厚生労働省が示した新オレンジプラン（認知症施策推進総合戦略）と都道府県の介護保険事業支援計画、市町村の介護保険事業計画を照らし合わせ、実習先の所在する地域の認知症施策の現状を整理した。市町村計画では認知症サポーター養成の数値目標があるものの、実際のサポーター数が計画数を大きく下回っていること、また、養成された認知症サポーターの活動が行われていないことに気づいた。実習生は、地域包括支援センターで地域住民に対して計画的に認知症サポーター養成講座を実施し、その後、認知症サポーターの協力を得て、地域の見守り体制構築のための会議を開くことを計画、具体的な実施計画案を作成した後、実習指導者に報告した。実習指導者からは、住民への周知方法やそのためのチラシなども併せて作成し、計画の評価方法も検討しておくよう指示を受けた。

●解説

　上記は、地域で暮らす認知症高齢者への支援体制について、行政機関や地域包括支援センター、地域住民それぞれが担う役割とその方法について、実習生が企画してみる場面である。実習生は、はじめに認知症高齢者が地域で暮らし続けるための課題や現状を知るために、国や都道府県、市町村が示している行政計画を参照し、目指すべき方向性と地域の実態を把握した。課題となる点は、計画の目標と実態の差で示されることが多い。市町村の介護保険事業計画では、介護保険給付対象となるサービス事業所数と利用実績、今後のサービス利用者数の増減の推計値により、サービスの整備計画を立てる。認知症サポーターは、公的なサービスではないものの、住民が広く認知症について理解し、できる範囲で認知症高齢者をサポートする役割が期待されている。実習生は、調べていくなかで、認知症サポーターが市町村ごとに養成・登録され、登録者数も示されているが、養成後の具体的活動が課題となっていることに気づく。さらに実際の実習では、公的な政策資料と地域の実態を照らし合わせることで、地域の課題に気づくこともできる。課題に気づいたら、その解決に取り組むことも必要となる。

　地域包括支援センターの役割には、住民を巻き込んだ地域づくりも期

待されている。認知症の人への理解やその啓発を含めた認知症サポーター養成研修は、地域住民への啓発活動の一つとしてはよい材料となる。一つのイベントの企画は、計画書作成の段階で、さまざまな調整や準備を必要とする。たとえば、参加対象者とその人たちへの案内、予算、場所の確保、教材の確保、当日の役割、資料の作成などである。個別支援計画の作成同様に、行事や事業計画の立案も必要とされるスキルの一つである。実習では各種事業に参加する機会は多いが、何かの事業を具体的に最初から最後まで企画し、運営の一部を実際に担ってみることも、新たな課題に気づく機会となり得る。

　本節では、利用者や地域の状況を理解し、その生活上の課題（ニーズ）の把握、支援計画の作成と実践および評価に関して、実習評価ガイドラインに示される「行動目標」を達成するための実習における具体的行動例を示した。具体的行動例といっても、具体的実習施設・機関や支援対象を定めていないため多少抽象的な表現にとどまっているが、実際の実習計画作成段階では、実習施設・機関や支援対象をイメージし、より具体化した行動内容を位置づけてほしい。

　事前学習から実習、実習指導、事後学習という流れのなかで、しっかりと助言を得て学びを深めるためには、公式的な実習記録とは別に、ケースの記録等を整理するサブノートの活用を勧めたい。サブノートのイメージは、自己学習ノート（事前に調べたことやまとめたことの整理、実習中に出会ったケースについての体系的な概要、逐語録、さまざまなアセスメント、自分の疑問点や考察、助言や新たな気づきなどをまとめるためのノート）である。このサブノートは、実習中にとどまらず、実習後の学習に役立つ教材となる。

◇参考文献
・日本社会福祉士会編『地域共生社会に向けたソーシャルワーク——社会福祉士による実践事例から』中央法規出版，2018.
・渡部律子『福祉専門職のための統合的・多面的アセスメント——相互作用を深め最適な支援を導くための基礎』ミネルヴァ書房，2019.
・P. トレビシック，杉本敏夫監訳『ソーシャルワークスキル——社会福祉実践の知識と技術』みらい，2008.
・地域共生社会推進検討会「地域共生社会に向けた包括的支援と多様な参加・協働に関する検討会（最終とりまとめ）」2019.

多職種連携および
チームアプローチ

学習のポイント

● 多職種連携およびチームアプローチについて、実習を通して実践的に学ぶ意義を理解
する

● 多職種連携およびチームアプローチの実践的理解について、ソーシャルワーク実習教
育内容・実習評価ガイドラインの達成目標に向けて実習生が取り組む行動目標の具体
的な内容を理解する

多職種連携およびチームアプローチを
学ぶ意義

「ソーシャルワーク実習教育内容・実習評価ガイドライン」では、本
節に関して**表6-9**の達成目標が設定されている。

表6-9　ソーシャルワーク実習教育内容・実習評価ガイドラインにおける達成目標

(8)　実習施設・機関等の各職種の機能と役割を説明することができる
(9)　実習施設・機関等と関係する社会資源の機能と役割を説明することができる
(10)　地域住民、関係者、関係機関等と連携・協働することができる
(11)　各種会議を企画・運営することができる

この達成目標をまとめるとするならば、学生は実習を通じて「連携対
象・連携方法の理解」を進め、これを踏まえた「連携実践力の獲得」を
目指すことが求められているといえるだろう。

これらの多職種連携やチームアプローチはなぜ必要なのだろうか。そ
もそも、単一の職種で援助を行うには限界があり、さまざまな職種や機
関と集合的に取り組む必要があることは当然である。そして連携を行う
ことにより、たとえば次のようなことが可能になるだろう。すなわち、
❶利用者らに対する援助全体の質を高めること、❷援助過程におけるミ
スや故意による事件・事故、権利侵害などを防止すること、❸重複や無
駄のない援助を行うこと、❹援助者にとって援助のしやすさ・働きやす
さをもたらすこと、などである。

多職種連携・チームアプローチは、具体的に援助実践に何をもたらす
のか。ここでは、「利用者・家族の理解と援助目標・援助計画の策定」
の領域と、「社会資源の組織化と開発」の領域に大別して解説したい。

1 利用者・家族の理解と援助目標・援助計画の策定（ミクロ）

　ソーシャルワーク固有の観点に、ほかの専門職等の観点を加えることで、より重層的に利用者・家族などを理解することができるだろう。そのことにより、質の高い援助目標・援助計画の策定が可能となる。

　たとえば、在宅介護が必要な高齢者・障害者の心身の状態と、それがもたらす社会生活上の困難について考えてみよう。もちろん、このことについても他節で述べているようなソーシャルワーカー固有の視点と方法が存在する。それに加え、たとえば心身の状況の理解は、医師や看護師、理学療法士・作業療法士・言語聴覚士、歯科医師や歯科衛生士などのアセスメントの観点があれば、理解の幅が広がることは間違いない。また日常的な介護の必要性や家族の介護負担の理解には、介護福祉士の観点も必要である。さらに利用者や家族の環境の理解と支援には、法律専門家や住環境の専門家、近隣住民などの考えも大切である。そしてこれらの職種とソーシャルワーカーが相互にかかわりあいながら策定する援助目標・援助計画は、多面的かつ詳細で、効果的な援助につながるであろう。

　このような実践のために、ソーシャルワーカーはあらかじめ、さまざまな職種の専門性や、その職種が所属している機関の役割をある程度理解しておくことが大切である。それにより、多職種・多機関に対して適切にコンタクトをとり、有意義な情報共有の機会を設けることができる。さらに、連携方法を理解しその実践力が備わっていれば、多職種の特徴を最大限に引き出しながら情報共有を総合的に行い、利用者中心の援助目標・援助計画の策定に向けて合意形成を図ることができる。

　以上のように、「連携対象・連携方法の理解」に基づく「連携実践力」を備えることにより、ソーシャルワークの初期段階である利用者や家族の理解と、援助目標・援助計画の策定が、より質の高いものになることがわかるだろう。

2 社会資源の組織化と開発（メゾ・マクロ）

　援助目標・援助計画に基づき、さまざまな関係機関・社会資源を援助に向けて組織化したり、新たな資源を開発したりする段階ではどうだろうか。

　在宅介護を受けながら生活をしている高齢者を例にとると、ソーシャルワーカーはサービス担当者会議や地域ケア会議などの企画・運営に携わることとなる。援助目標・援助計画の策定を踏まえ、多職種・多機関、

第**6**章
実習の実際

221

地域のさまざまな社会資源に声をかけ、信頼関係を構築しながら組織化し、役割分担を行う際に中核的な役割を果たしている。

在宅で生活する障害者の支援においても、ソーシャルワーカーは個別のケース会議でさまざまな施設・機関や職種の援助活動を組織化している。そして市区町村等で設置している自立支援協議会の企画・運営にもかかわり、多職種・多機関に参画を呼びかけ、多角的な視点から地域課題を把握し、解決のための支援の組織化を行っている。

これらの支援の組織化は、既存の保健医療福祉にかかわる職種・機関のみが対象ではない。地域生活支援分野では、たとえば自治会・町内会の役員、民生委員・児童委員や福祉委員、ボランティア、商店や商業施設、法律専門家、民間企業など、幅広い分野の職種・機関との連携が想定できる。既存の制度やサービスでは十分な支援を行うことができない場合には、ソーシャルワーカーは多様な職種や機関、そしてボランティアなどともつながり、またそれら同士をつなげたうえで、個人や地域課題の解決に向けた資源の調整や開発を行うこととなる。

2 想定される具体的な実習内容

ここでは、「多職種連携およびチームアプローチ」について、実習を通して学ぶために想定される具体的な実習内容がイメージできることを目的としている。なお、ここで紹介できるのは一部の実習内容にすぎない。実際は多様な実習施設・機関ごとにクライエントは異なっているため、それぞれの実習施設・機関の特徴を踏まえ、教育目標の達成に最も適した実習内容を、実習計画に位置づける必要がある。

1 達成目標(8)行動目標①②について想定される実習内容

・行動目標①
　実習施設・機関等の各職種の種類について把握し、それぞれの職務および機能と役割を説明することができる。
・行動目標②
　チームにおける社会福祉士の役割・機能を説明することができる。

達成目標(8)の行動目標①②に取り組むため、実習生が具体的にとる行動の例について、地域包括支援センターでの実習場面を取り上げて紹介

する。

民生委員のＡさんから、地域包括支援センターに、以前から夫婦とも
に病気がちで気になっていたという高齢夫婦世帯についての相談があっ
た。実習生は、電話相談を受けた実習指導者より、相談記録を見て今後
の対応方針を想定するよう指示を受けた。

記録によると、Ａさんが家の前を通りかかったところ、「家に知らな
い人がいて怖い」と、妻のＢさんが訴えてきたとのこと。家に入ると夫
のＣさんがおり、妻が時折このような状態になってしまうことをＡさん
に話してくれた。Ｃさんは以前と比べ、歩行にふらつきがある様子だっ
た。

実習生は、実習指導者である社会福祉士と保健師、主任介護支援専門
員の３職種による、この家庭への対応を考える打ち合わせに同席した。
まず、認知症も含め複数の医療的課題があると予想されることから、保健
師がすぐに訪問することなり、その後の状況に応じてほかの職員もアプ
ローチすることとなった。実習生は、実習指導者から、この場合に想定さ
れる社会福祉士の役割について問われたが、その場では答えることがで
きなかった。そのため、教科書や事例集などを読み、考えをまとめた。

翌日、保健師が医療の必要度を把握するために訪問したが、夫のＣさ
んは妻のＢさんの言動にだいぶ疲弊している様子であること、隣の街に
住む息子やその家族とは疎遠になっていること、玄関先に無造作に健康
食品や新品の寝具等が置かれていたことなどの報告があった。実習生
は、息子やその家族との関係調整や訪問販売・通信販売による商品の過
剰な購入がある場合の業者との調整は社会福祉士が、夫の介護負担の軽
減については主任介護支援専門員がかかわっていく必要があることを実
習記録にとどめた。

●解説

以上のような実習内容から、実習施設・機関内の各職種の職務や機能・
役割を、実際の事例に即して学ぶことができるだろう。実習生にはまず、
多職種連携やチームアプローチの「場面」を自覚的に観察し、それらの
「場面」に参画しているさまざまな職種や機関、そして個人を認知する
ことが求められる。そしてそれぞれの職種や機関の役割や特徴を調べ、
ノートにまとめておきたい。そのうえで、ほかの職種との関係性のなか
で、社会福祉士の果たすべき役割は何かを考え、表現することが必要だ
ろう。

第 **6** 章 実習の実際

２ 達成目標⑼行動目標③について想定される実習内容

> 事例検討会・ケースカンファレンス等に同席し、出席している各機関・施設の視点や連携するための工夫等について説明することができる。

　達成目標⑼の行動目標③に取り組むため、実習生が具体的にとる行動の例について、障害者生活支援センター（相談支援事業所）での実習場面を取り上げて紹介する。

　実習生は、実習指導者とともに、事例検討会の記録を担当することとなった。事前に提供された参加者名簿をもとに、各機関の機能・役割や特徴をノートにまとめた。また、障害者の日常生活及び社会生活を総合的に支援するための法律（障害者総合支援法）ならびに自治体独自の制度・サービスにどのようなものがあるのか調べたうえで臨んだ。

　検討会では、ごく最近母親が病死した40歳代の知的障害のある兄弟について話し合われた。兄のＤさんは特例子会社に就職しており、弟のＥさんは生活介護事業所を利用している。母親の死亡により生活の基盤が揺らぎ、亡くなった悲しみとともにＥさんは混乱状況にあるという報告が生活介護事業所の職員からあった。障害者就業・生活支援センターからは、特例子会社に状況報告を行うとともに、Ｄさんの就労継続のために早めに家事支援等を行う必要性が示された。相談支援事業所と市役所の障害者福祉課はすぐに兄弟宅に訪問し、居宅介護サービスと金銭管理にかかわる支援の手立て、遠隔地に住む姉との連絡調整を担うことが確認された。最後に基幹相談支援センターからは、今後このようなケースが増えることが予想されることから、親の高齢化に伴う生活支援や生活の場に関して、自立支援協議会で部会をつくって協議を進めるという発言があった。

　実習生は実習指導者の指導を受けながら会議録を作成するなかで、あらためて各機関の機能、自立支援協議会の役割を学ぶとともに、各主体が自らの役割を積極的に担うことで連携が進むことを実感した。

●解説

　以上のような実習内容から、事例検討会やカンファレンスなどにおいて、多職種・多機関がどのような目的のもとで話しあい、各参加者がどのような役割を果たしているのか、理解することが求められる。実習生は、検討対象となる個人に注目することはもちろんのこと、個人を取り

巻く環境であるさまざまな職種や機関が、どのように自らの役割を果たすのか、会議の進行方法も含めて観察し、言語化することに努めたい。

3 達成目標⑩行動目標④について想定される実習内容

> 実習施設・機関等の持つ資源や果たすことのできる機能・役割を地域住民、関係者、関係機関等に説明することができる。

達成目標⑩の行動目標④に取り組むため、実習生が具体的にとる行動の例について、介護老人福祉施設での実習場面を取り上げて紹介する。

実習生は、生活相談員である実習指導者とともに、実習施設が所在する自治体の社会福祉法人が構成員となっている協議会に参加することとなった。参加にあたり、実習指導者から実習機関である介護老人福祉施設がもっている強みとは何か、リストアップするよう指示があった。実習生は、介護の知識をもつ職員が多数いること、まだ施設も新しく頑丈なつくりであること、通所介護のための送迎車両が多数あることなどを書きとめた。

協議会では、昨年度から実施している子どものいる生活困窮世帯への食料配布の取り組み状況と課題について議論が行われていた。「フードバンク」から幹事となっている社会福祉法人に食料が届けられ、市内に点在する各施設が送迎車両を用いて取りに行き、各施設を拠点として食材の配布や貧困世帯による受け取りが行われているとのことだった。

実習生は、社会福祉施設は地域社会に対する多様な支援拠点となり得る可能性を感じた。ほかにどんな可能性があるかを実習指導者と話しあい、施設の特性を生かした小・中・高校等への福祉教育の拠点、厨房の活用による子ども食堂の実施、地域のサロン活動等への送迎サービス、災害時の高齢者等への支援拠点などのアイデアを共有した。

●解説

ソーシャルワーク実習を受け入れる施設・機関は、地域において中核的な役割を果たし、またその可能性に満ちているところが多い。実習施設・機関が地域社会のなかでどのような役割を果たしているのかを考えるとともに、複雑化する環境のなかで、ほかの施設・機関と連携しながら新たな支援システムをいかに形成するかについて構想することが必要だろう。

■4 達成目標⑾行動目標③④について想定される実習内容

> ・行動目標③
> 　職員会議・委員会・事例検討会など組織内外で開催される会議の企画・運営を実習指導者と共に実施することができる。
> ・行動目標④
> 　他機関との合同会議、住民参加の会議など組織外で開催される会議に同席し、会議の種類や目的について説明することができる。

　達成目標⑾の行動目標③④に取り組むため、実習生が具体的にとる行動の例について、社会福祉協議会での実習場面を取り上げて紹介する。

　実習生は「地域福祉懇談会」の実施に向けた準備を行った。実習指導者から地区の役員名簿や改選のあった民生委員・児童委員の名簿、開催地域を担当する相談援助機関や福祉施設、ボランティア団体のリストなどを渡された。それをもとに、当該地域の最新版の福祉関係者・団体や施設・サービス等の一覧表を作った。また懇談会の実施要項やこれまでの記録を閲覧し、実施目的や過去の参加者および議論の様子を把握した。

　懇談会当日は30名ほどの参加があり、趣旨説明と参加者の簡単な自己紹介ののち、5～6名の小グループに分かれて地域課題やその解決策について懇談した。実習生もグループに入り、関係者の議論をまとめる役割を担った。過去の記録では議論が低調な様子があり気になっていたが、今回は地域住民も福祉関係者も身近な福祉課題や今後の方向性について率直に意見交換を行っていた。

　終了後、実習指導者とともに、今回の懇談会ではなぜ活発な意見交換ができたのかを振り返った。前回と異なり小グループに分かれて議論したことや、各グループで進行役となる人を依頼し事前打ち合わせをしたこと、付近で孤独死が発生し独居高齢者の生活課題に関心が高まったことなどが想起された。また、会議を進めるにあたり工夫すべきことについても学びを深めることができた。

●解説

　このような実習内容から、実習生は、「地域福祉懇談会」の目的を達成するために、どのような主体にかかわってもらう必要があるのかを明らかにし、そして相互に信頼関係を築きながら協働体制をつくるにはどのような工夫が必要なのかについて理解することができる。

　実習において各種の会議等から学ぶ際には、参加する主体の機能やメ

ンバー個人について可能な限り事前に把握しておき、どのような議論が
行われるかを予測することが重要である。そのうえで、開催する時間や
場所、進行方法や参加者間の交互作用促進に向けた工夫、記録の方法、
議論の結果の広報の方法などにも注目するとよいだろう。

　これまでみてきたように、実習ではさまざまな実践場面で多職種連携
およびチームアプローチについて学ぶことができる。共通していえるこ
とは、まず、連携が行われている「場面」を自覚的に観察し、担い手と
なっている人々の職種や機関をしっかりと認知することが大切であろ
う。そのうえで、多職種連携やチームアプローチで参画している職種・
機関や個人の役割について、事前学習でその概要をつかむとともに、実
習中にも積極的に質問などして理解することが求められる。

　また、多職種連携やチームアプローチの主体がどのようなコミュニ
ケーションの方法を用いているのかを把握し、それぞれの特徴や課題に
ついて考えてみよう。会議であれば誰がどのように議題を設定し、司会
や記録を行っているか、議論の内容や結論はどのようにメンバー内外に
周知されているのか、会議全体の雰囲気（発言のしやすさやメンバーの
主体性の状況など）はどうかなどに注意を向けたい。

　そして、多職種連携やチームアプローチがスムーズに進められている
要因や、逆に困難を抱えている場合には、その要因についても考えてみ
たい。職種や機関の間で信頼関係が構築されているか、リーダーシップ
はどのように発揮されているか、メンバーが相互に学び合うような姿勢
や仕組みとなっているかは、連携・協働の基盤となるといえるだろう。

◇参考文献
・埼玉県立大学編『IPW を学ぶ──利用者中心の保健医療福祉連携』中央法規出版，2009.
・柴﨑智美他編著『保健・医療・福祉のための専門職連携教育プログラム──地域包括ケアを担う
　ためのヒント』ミネルヴァ書房，2019.

●おすすめ
・A. C. エドモンドソン，野津智子訳『チームが機能するとはどういうことか──「学習力」と「実
　行力」を高める実践アプローチ』英知出版，2014.

実習施設・機関が地域社会のなかで果たす役割の理解および具体的な地域社会への働きかけ

学習のポイント

● 実習施設・機関が地域社会のなかで果たす役割および具体的な地域社会への働きかけについて、実習を通して学ぶ意義を理解する

● 実習施設・機関が地域社会のなかで果たす役割および具体的な地域社会への働きかけについて、ソーシャルワーク実習教育内容・実習評価ガイドラインの達成目標に向けて実習生が取り組む行動目標の具体的な内容を理解する

 実習施設・機関が地域社会のなかで果たす役割および具体的な地域社会への働きかけを学ぶ意義

「ソーシャルワーク実習教育内容・実習評価ガイドライン」では、本節に関して**表6-10**の達成目標が設定されている。

表6-10　ソーシャルワーク実習教育内容・実習評価ガイドラインにおける達成目標

⑫　地域社会における実習施設・機関等の役割を説明することができる
⑬　地域住民や団体、施設、機関等に働きかける

　実習生は、特に個別支援が中心の実習を社会福祉施設で行う場合、地域とのつながりのなかで実習施設・機関が地域の問題解決に向けて果たす役割について理解する機会が少ないことや、その役割がわかりにくいことが課題として取り上げられることがある。社会福祉施設の地域社会とのつながりや地域における役割は、社会福祉施設の「社会化」論で1970年代に社会福祉施設が整備されていく過程のなかで問い直され、現在まで政策や法制度が変遷するなか課題として存在している。実習生は、地域社会における実習施設の役割について歴史的にも理解する必要がある。

　実習生は、地域社会における社会福祉施設の役割を学ぶ際、閉鎖的な体質の強い社会福祉施設であれば、地域社会から切り離すのではなく地域の拠点として地域住民も施設を利用することができるようにすること、そして職員には地域の一員として、地域づくりに貢献することが期待されていることを理解する必要がある。一方、地域福祉を積極的に推進する社会福祉施設であれば、近年、社会福祉施設等は、多様化する地

域の福祉課題に対応するために「地域共生社会の実現」をキーワードに、地域社会のなかで福祉の制度や分野ごとの枠組みを超えて福祉分野の施設や機関はもちろん、他分野の機関や企業、さらには地域住民とも連携・協働し包括的な支援を行うなかで重要な役割を担うことがあらためて認識されてきていることを理解する必要がある。また、主な実習施設・機関である社会福祉法人は「地域における公益的な取組」が責務化されるなか、今まで以上に地域課題に向きあい実践を行う役割が求められることも理解することが重要である。

2 想定される具体的な実習内容

　ここでは、「実習施設・機関が地域社会のなかで果たす役割の理解および具体的な地域社会への働きかけ」について、実習を通して学ぶために想定される具体的な実習内容がイメージできることを目的としている。なお、ここで紹介できるのは一部の実習内容にすぎない。実際は、多様な実習施設・機関ごとにクライエントは異なっているため、それぞれの実習施設・機関の特徴を踏まえ、教育目標の達成に最も適した実習内容を、実習計画に位置づける必要がある。

1 達成目標⑫行動目標①について想定される実習内容

> 実習施設・機関等が地域を対象として具体的に取組んでいる事業や活動の理念や目的を明らかにし、説明することができる。

　達成目標⑫の行動目標①に取り組むため、実習生が具体的にとる（と想定される）行動の例について、特別養護老人ホームＡ（以下、Ａ施設）での実習場面を取り上げて紹介する。
　実習を行う前、実習生は実習施設が地域社会や地域住民とどのようにつながっているかイメージがしにくかった。実習の初日に施設長から実習施設である社会福祉法人はそもそも社会福祉に貢献するために認可された法人であり、営利を目的とする事業としては成り立たない福祉ニーズに対応することが社会的な使命であるという説明を受けた。また、Ａ施設の母体である法人の理念として、地域の人々の幸福に貢献できる社会福祉法人を目指していること、そのために地域とのかかわりを大切に

する取り組みを、特に近年は「地域における公益的な取組」として積極的に行っているという説明を受けた。

　実習生は、実習中A施設が週1回夕方から地域の子どもを対象に開催している子ども食堂の活動に参加した。この子ども食堂は、地域の民生委員からの、「最近子育て世代の家庭、特にひとり親家庭の地域での孤立化が気になるため、高齢者施設で何かできることはないか」という相談からスタートした活動であった。地域の子どもと親が7組参加するなか、A施設の栄養士が食事づくりを行い、社会福祉士や介護福祉士が子どもとレクリエーション活動を行うなど、施設の専門職の専門性を活かした活動を行っていた。実習生は、食材の調達でフードバンクや地域住民からも協力を得ていることや、地域住民がボランティアとして活動に参加していることについても学んだ。

　後日、A施設の食堂等の場を使用して地域活動を行うことで、地域の人々に施設内の様子やどのような職員が働いているのか、どのような人がA施設を利用しているのかを知ってもらい、施設内の利用者とふれあう機会を設けることができたとの説明を実習指導者から受けた。

●解説

　実習生は、実習施設・機関等が地域で取り組んでいる事業や活動に参加する際、具体的な事業や活動の内容について体験的に理解するだけでなく、実習施設・機関の理念や目的がどのように反映されているのかを理解する必要がある。設立趣意書や定款に記載されている理念や目的に関して実習施設・機関の職員から説明を受け、社会福祉法人本来の使命に基づいた公益性の高い事業や活動と関連して理解を深めることが重要である。

　現在、学生が実習を行う施設・機関は、主に社会福祉法人である。したがって、実習施設・機関が地域社会のなかで果たす役割を考える際、まずは社会福祉法人を取り巻く環境と法的性格を理解する必要がある。近年、社会福祉法の改正に伴い、「地域における公益的な取組」が責務として示され、役割が明確化されることになった。実習生は、実際に実習施設・機関が地域社会のなかで「地域における公益的な取組」を実施する責務や意義について学び、そのうえで実際にどのような実践を行っているか、また今後どのような取り組みを予定しているかについても学ぶ機会を得る必要がある。

2 達成目標⑫行動目標③について想定される実習内容

> クライエントや地域の問題解決に向けた実習施設の役割について検討
> することができる。

　達成目標⑫の行動目標③に取り組むため、実習生が具体的にとる（と
想定される）行動の例について、社会福祉協議会での実習場面を取り上
げて紹介する。

　実習生は、大学が立地している市でも自分が居住している市でもない
B市社会福祉協議会で実習を行うことになった。事前学習として、イン
ターネットを活用しB市の地域特性（人口規模、公的機関、社会福祉
機関、医療機関、商業施設等）について調べまとめた。

　実習の初日に実習指導者からB市の地域の概要についての講義があ
り、「地域を知るには、まず地区の名前や位置関係などを把握すること
が重要である」という説明を受け、地域の基礎的なことをしっかり知っ
ていないと地域アセスメントをすることは難しいことを学んだ。その
後、実習指導者と一緒に地域を周り観察しながら話を聞くことで、中山
間地域であるB市では、公共交通機関のバス路線廃止や減便が進んで
おり、自家用車での移動が難しい住民が、買い物や通院等に苦労してい
るという地域課題に気づいた。B市社会福祉協議会では、高齢者や障害
者の通院のニーズが増えるなか、社会福祉協議会主催の運転ボランティ
ア講習会の参加者を中心にボランティアグループを組織化し、住民参加
による通院支援の活動に取り組み始めていた。実施団体はボランティア
グループであったが、B市社会福祉協議会は利用希望者の相談窓口とな
り、コーディネート役を担い、社会福祉協議会の所有する福祉車両を提
供し、ボランティアグループと協働して支援を行っていた。実習生も支
援の場面に立ち会い、実際にボランティアから話を聞くことで実践内容
について学びを深めるとともに、社会福祉協議会の地域の問題解決に向
けた役割について理解することができた。

　また、B市社会福祉協議会が運営する小規模多機能型居宅介護施設で
実習を行った際、施設長から立ち上げの経緯について説明を受けた。高
齢化・過疎化が進む地域で、唯一の個人医院が閉院する際、住民から地
域に医師がいなくなることへの不安について社会福祉協議会が相談を受
け、空き家になった病院の活用を住民と一緒に検討し、開設に至ったと
のことであった。そして、地域住民とは施設開設後も運営会議を定期的

に開催し、運営について住民と協議する場を設けているとのことであった。実習生は、過疎地域の現状を実際に目で見て理解する機会を得たうえで、限られた社会資源を活用して地域のニーズに対応し事業を展開する社会福祉協議会の役割について学びを深めることができた。

●解説

　クライエントや地域の問題解決に向けた実習施設・機関の役割について理解を促進するためには、地域の他施設・機関をはじめとする社会資源を把握し、活用の状況について理解を深める必要がある。実習生は、実習施設・機関がある地域の社会資源を把握するだけでなく、地域のアセスメントを行い地域ごとのニーズを把握し、その地域の特性に応じた社会資源の活用や開発につなげるための学びが求められる。実習生は、実習中に個別支援のためのアセスメントを行うことがある。また、地域の概況を事前学習として調べることもある。しかし、地域アセスメントを行うことは、特に社会福祉施設における実習では多いとはいえない。実習生は、地域アセスメントを通して地域の課題を把握するだけでなく、ストレングス視点から地域の強みも把握することが重要になる。そして、個別アセスメントで把握した個別ニーズと統合的にアセスメントを行い、必要な社会資源の活用だけでなく、社会資源が不足している場合は新たな開発までつなげることになる「コミュニティソーシャルワーク」の機能を学ぶことが大事になる。

▌3 達成目標⒀行動目標②について想定される実習内容

> 　関係機関や住民組織等に対して、問題解決に向けた連携・協働の必要性を説明し、関係構築を実施することができる。

　達成目標⒀の行動目標②に取り組むため、実習生が具体的にとる（と想定される）行動の例について、社会福祉協議会での実習場面を取り上げて紹介する。

　Ｃ町社会福祉協議会では、地域福祉の課題解決に関して社会福祉協議会のみで対応するか、もしくは関係の強い施設や機関等のみと連携して対応する傾向があった。しかし、地域における福祉ニーズが多様化し、今まであまり関係がなかった団体にも、今後、関与してもらうことで新たな地域福祉活動の推進を図ろうとしていた。そこで、Ｃ町社会福祉協議会では、Ｃ町地域住民支援連絡会議を設置した。連絡会議では、

行政、社会福祉施設、地域包括支援センター、病院、社会福祉協議会など多様な専門機関、地区社会福祉協議会、自治会、婦人会や子ども会などの住民組織、郵便局や漁業協同組合などの地域団体が連携・協働し、地域の福祉課題について一つのチームとして調査などを行い、その結果を共有し、解決に向けて対応を協議し活動を実施する仕組みを構築した。

　C町地域住民支援連絡会議がD地区の自治会にて地域課題に関するアンケート調査結果を報告するとともに、グループワークを実施し、地域課題の解決のための協議を行うことになったため、実習生もその場に出席した。そこでは、地域内の高齢者が集まる機会がないため、閉じこもりがちの人が増えてきている課題について話し合いが行われていた。会議に参加した地域住民からは、D地区は社会福祉協議会のふれあいいきいきサロンの担い手の確保が難しく立ち上げに行き詰まっていたため、C町地域住民支援連絡会議の団体メンバーとの意見交換であらためて課題を認識し、課題解決を検討するよいきっかけになったとの感想があった。実習指導者からは、C町地域住民支援連絡会議ができたことで地域のニーズが調査等を通して明らかになり、課題の共有が円滑になるだけでなく、多様な専門機関や住民組織が参加することで、問題解決に向けて団体同士が連携・協働しやすい環境を醸成し、すぐに実践につなげることができるようになったと説明を受けた。

　その後、D地区の協議の場で話しあわれた課題については、まず地域包括支援センターが健康体操教室を実施し、そこに保健センターの保健師も訪問することから活動を始め、近々、ふれあいいきいきサロンを定期的にD地区社会福祉協議会と自治会を中心に開催することになった。

●解説

　実習施設・機関は、近年の社会福祉法の改正等にみられるように制度や政策が地域共生社会の実現に向かうなか、複合化・複雑化が進む新たな福祉ニーズ、また制度の狭間の課題に対応する包括的な支援を行うため、自治体、社会福祉協議会や関係団体等と多機関・多職種連携して支援する（に取り組む）役割、また民生委員・児童委員や自治会等地域の住民とも一緒に地域で福祉課題を抱えている住民が生活できるように支える地域づくりを支援する役割を果たすことが求められている。

　実習生は、多機関・多職種連携の必要性について理解するため、地域共生社会の理念や一連の制度化や政策化の流れについて学びを深めることが求められる。そして、多様な地域福祉課題の把握や解決のための支援を展開するために、フォーマルな機関とインフォーマルな団体が連

携・協働するネットワークがどのように形成され、そして互いの強みを活かした支援を行っていることを理解し、そのネットワークのなかで実習施設・機関の果たす役割について理解を深めることが求められる。

◇**参考文献**
・大橋謙策「地域福祉」放送大学教育振興会，1999.
・日本地域福祉研究所監，宮城孝・菱沼幹男・大橋謙策編『コミュニティソーシャルワークの新たな展開──理論と先進事例』中央法規出版，2019.
・全国社会福祉協議会「地域共生社会の実現を主導する社会福祉法人の姿（地域における公益的な取組に関する委員会報告書）」2019.

●**おすすめ**
・上野谷加代子『共生社会創造におけるソーシャルワークの役割──地域福祉実践の挑戦』ミネルヴァ書房，2020.
・大橋謙策・白澤政和共編『地域包括ケアの実践と展望──先進的地域の取り組みから学ぶ』中央法規出版，2014.

地域における分野横断的・業種横断的な関係形成

- 地域における分野横断的・業種横断的な関係形成について、実習を通して学ぶ意義を理解する
- 地域における分野横断的・業種横断的な関係形成について、ソーシャルワーク実習教育内容・実習評価ガイドラインの達成目標に向けて実習生が取り組む行動目標の具体的な実習内容をイメージする

 ## 地域における分野横断的・業種横断的な関係形成を学ぶ意義

「ソーシャルワーク実習教育内容・実習評価ガイドライン」では、本節に関して**表6-11**の達成目標が設定されている。

表6-11　ソーシャルワーク実習教育内容・実習評価ガイドラインにおける達成目標

⒁　地域における分野横断的・業種横断的な社会資源について説明し、問題解決への活用や新たな開発を検討することができる

　ソーシャルワーカーが複雑化・多様化する問題に対応するためには、フォーマル・インフォーマルを問わず、組織や分野の枠を超えて多様な主体と連携・協働することが不可欠である。

　連携・協働による支援は、協働する相手との関係性によってその効果や効率が大きく変わる。多職種や多機関の連携・協働による支援を展開するためには、その前提として、相手との間にスムーズに連携・協働できる関係性が構築されている必要がある。そのような関係性を短期間で築くことは難しい。また、一度形成された関係性も、時間の経過や互いの変化等によって薄れてしまうこともある。それゆえ、実習施設・機関ならびにそこで働くソーシャルワーカーにとっては、日頃から地域の多様な主体との関係形成とその維持・強化が重要な課題となる。

　利用者や家族ならびに地域への支援は、実習施設・機関のみによって完結しているのではなく、地域における、フォーマル・インフォーマルを含む多様な主体による重層的なネットワークによって支えられている。ソーシャルワーカーにとって、地域における多様な社会資源に関す

る知識は不可欠であり、分野を超えたフォーマル・インフォーマルな人や組織・ネットワークとの協働によって、問題解決を図るための関係形成の手法に関する理解が求められるのである。

　たとえば、実習では、地域のさまざまな主体が集まって個別ケースや地域の福祉課題について話しあう場に参加することがある。近年では、分野や業種を超えた会議体や協議体を軸とした多分野・多機関の連携・協働によって地域の福祉課題解決に取り組むスタイルが定着してきている。

　上記のような話し合いの場に出向いたとき、参加している各主体がそれぞれどのような役割や特徴をもっているかを知らなければ、その場で話されている内容や意味についての理解も不十分なものとなってしまう。地域のネットワークのなかで、実習施設・機関がどのような立ち位置や役割を有し、各種資源とどのような関係性をもっているかを明らかにするためにはどうしたらよいだろうか。実習のなかで、地域における各種資源と連携・協働に向けた関係性を構築・維持するための具体的な方法について学ぶことは重要な課題といえる。

　実習が終了する頃には、実習施設・機関の個々の職員、あるいは組織全体が、どのような主体とどのような関係を形成しているのか、そしてそうした関係性の総体としてのネットワークがどのような状態にあるのかについて説明できるようになっている必要がある。

2　想定される具体的な実習内容

　ここでは「地域における分野横断的・業種横断的な関係形成」について、実習を通して学ぶために想定される具体的な実習内容がイメージできることを目的としている。なお、ここで紹介できるのは一部の実習内容にすぎない。実際は、多様な実習施設・機関ごとにクライエントは異なっているため、それぞれの実習施設・機関の特徴を踏まえ、教育目標の達成に最も適した実習内容を、実習計画に位置づける必要がある。

■1 達成目標⑭行動目標②について想定される実習内容

> 実習施設・機関等の事業やサービスを中心として、分野横断的・業種横断的な社会資源との関係性について明らかにし、説明することができる。

達成目標⑭の行動目標②に取り組むため、実習生が具体的にとる（と想定される）行動の例について地域包括支援センターでの実習場面を取り上げて紹介する。

実習生は、A市内の地域包括支援センター（以下、地域包括）で実習を行っている。この地域包括は、B地区を担当圏域として医療法人が受託している。

実習生は実習の一環として、3日後に開催されるB地区の地域ケア会議に実習指導者とともに参加することになった。地域ケア会議は、地域包括の主催で月に一度開催されている。会議では、個別のケース検討や、地域課題の把握と対応についての協議等を行っている。今回の地域ケア会議の主たる目的は、いわゆる8050世帯*への支援のあり方について意見交換することであるという。

実習生は、実習指導者から事前に当日の参加団体名簿を見せてもらった。名簿には市役所の健康長寿課、介護保険課、地域福祉課、A市社会福祉協議会、市立病院の地域連携室、地区民生委員児童委員協議長、地区自治会連合会長、居宅介護支援事業所、就労継続支援事業所、通所介護事業所、特別養護老人ホーム、警察署、消防署等、さまざまな団体名が記載されていた。

実習生が思わず「すごくたくさんの団体が参加するんですね」と言うと、実習指導者から「そこに書いてある団体について、どこがどのようなことをしているところかはわかりますか？」と質問された。実習生は少し自信なさそうに「行政や社協、民生委員、自治会はわかるんですが…」と答えた。実習先である地域包括については、実習前に詳しく勉強したものの、それ以外の機関や事業所については、目的や事業・活動内容をよく理解していないものもある。名簿には警察や消防等、福祉関係ではない団体もあり、なぜそうした団体が地域ケア会議に参加しているのか、はっきりと説明することはできなかった。なかには、カタカナの団体名や○○の会といった、名前だけ見てもどのような団体かわからないものもあった。

第6章 実習の実際

★ **8050世帯**
主に、高齢の親と中高年の子どもからなる親子世帯。特に親が認知症や要介護、子どもは疾病や障害、依存症、失業、借金、ひきこもり等、複合的な課題をもつ世帯をいう。80代の親と50代の子どもという組み合わせが典型的とされる。

実習生がそう言うと、実習指導者は「では、活動内容がわからないものについては、会議の日までに調べておいてください。そのうえで、当日は参加者の発言などをよく聞いて、それぞれの団体がどのような役割や関係性をもって会議に参加しているか、わかる範囲でよいので書きだしてみましょう」と提案した。

　その後、実習生は参加団体について自分で調べ、わかったことを**表6-12**のような形でノートにまとめていった。また実習場面で他団体の名前が出たときには、実習指導者やほかの職員にも、活動内容や地域包括との関係について尋ねるようにした。

　調べていくと、名簿にあったカタカナ名の団体は、生活困窮者支援のNPO法人、○○の会はひきこもり支援団体であることが判明した。また市役所の地域福祉課は地域福祉計画の策定や民生委員・児童委員協議会を所管するほか、現在、ひきこもり関連の相談窓口になっていることなどを知ることができた。虐待等が疑われる世帯へのかかわりでは地域包括が警察と連携する場合もあることや、高齢者が救急搬送されるケースへの対応等に関して消防署とも日頃からやりとりすることが多いことなども理解できた。さらに、A市社会福祉協議会には数年前からコミュニティソーシャルワーカー（CSW）が配置されており、地域包括に配置されている生活支援コーディネーターとも連携しながら、制度の狭間にあるようなケースに対して分野横断的な伴走型支援を提供していることもわかった。

　このようにして実習生は、各参加団体の事業内容や役割についてある程度の知識をもって地域ケア会議当日を迎えることができた。

表6-12　地域ケア会議参加団体についてのメモ（例）

団体名	分類	主な事業内容	地域包括（地域ケア会議）との関係
NPO法人△△	NPO法人	主に生活困窮者の食糧支援に取り組むNPO。市民や事業所等から廃棄前の食糧を集め、生活に困窮する世帯に提供している。	地域包括の対象世帯で食糧に困っているときに協力を依頼する等。
○○の会	任意団体	市内で活動するひきこもり支援団体。相談支援や居場所づくりに取り組んでいる。	地域包括の対象世帯に中高年のひきこもりの人がいる場合などに、同行してもらうことがある。○○の会が主催するサロン活動につなぐ等の協力実績がある。
□□就労サポートセンター	社会福祉法人	就労継続支援B型事業所。制度外サービスとして、就労体験活動プログラム（工賃の発生しない軽作業と居場所）を提供している。	地域包括の対象世帯でひきこもりの人がいる場合などに、就労に向けた社会参加の一つとして紹介する等。

　会議では、実習生は各団体が8050世帯への対応についてどのような
かかわりをもっているか、地域包括との協力が必要となる場面や具体的
な連携のパターンはどのようなものかという点に注目して傍聴した。

　地域ケア会議のなかでは、まず、地域で典型的にみられる8050世帯
の事例について、居宅介護支援事業所のケアマネジャーや町内会、自治
会、民生委員などから紹介された。それに対して、地域包括からは高齢
者本人への支援を行うために、同居する中高年の子どもへの支援も同時
に行う必要があるが、現状では地域包括だけで子どもの支援までカバー
することは難しいことが報告された。一方、社会福祉協議会のCSW
からは、ひきこもりの息子がいる8050世帯について、継続的な訪問活
動を通じて息子との信頼関係が構築され、ひきこもり支援の〇〇の会の
サロンに参加するに至った例が紹介された。その事例では現在、就労継
続支援B型事業所とも連携しながら徐々に社会参加の幅を広げていっ
ているとのことであった。行政関連では、高齢者領域を担当する健康長
寿課と介護保険課、ひきこもり関連を担当している地域福祉課との庁内
連携を強化するための協議を始めていることなどが報告された。

　会議終了後、実習生は地域ケア会議への参加を通じてみえたことにつ
いてメモにまとめ、翌日、その内容を実習指導者に報告した。

　実習生は、自治会や民生委員、ケアマネジャー等は、地域のなかの
8050世帯の状況を近くで見ており、何か問題があった場合にはその情
報を地域包括につないでくれる役割が大きいことや、地域包括と社会福
祉協議会が役割分担しながら、高齢者本人と同居する中高年の子どもへ
の支援を行っていくことが重要であることなどを感じた。また、中高年の
子どもの支援のためには、NPOやひきこもり支援団体、就労継続支援事
業所と連携できるようにしておく必要があることも理解できた。**警察や
消防との協力関係が重要となる理由も明確に説明できるようになった。**

●解説

　実習生は、地域ケア会議への参加をきっかけとして、地域包括の事業
と地域内の分野横断的・業種横断的な社会資源との関係性について学ぶ
機会を得ている。

　地域ケア会議の参加団体について、実習生は当初、事業内容やケア会
議における役割がはっきり説明できないものもあった。実習指導者の提
案によって、実習生は❶自分で調べる（ノートに書き出し整理する）、
❷実習指導者や職員に質問する、❸会議における観察等を通じて、それ
ぞれの特徴や役割、地域包括との関係性について具体的に理解を深めて

いくことができた。

　また地域ケア会議という実際の多機関協働の場における協議の様子を、8050問題とのかかわりという視点から見ることで、各団体と実習先である地域包括との関係性や具体的な連携のパターン等について自分なりに説明（言語化）できるようになったことがわかる。

　地域包括には、ほかにも認知症高齢者の見守りネットワークづくりや、いわゆる「ごみ屋敷」の問題、独居高齢者の孤立予防などさまざまな地域課題への対応が求められる。それぞれの課題に応じて、地域のさまざまな機関・団体と必要な協力・連携を図っていくことが必要となる。

　地域における社会資源の状況は常に変化する。社会資源に関する情報収集とその整理・分析は繰り返し行い、常に最新の情報に更新する必要があることにも留意してほしい。

■2 達成目標⒁行動目標③について想定される実習内容

> 　地域の問題解決に向けて分野横断的・業種横断的な社会資源が関係を形成するための方法を説明することができる。

　達成目標⒁の行動目標③に取り組むため、実習生が具体的にとる（と想定される）行動の例について、社会福祉協議会での実習場面を取り上げて紹介する。

　都市部にあるC市社会福祉協議会（以下、社協）は市内の自主防災組織、NPO、NGO、行政、企業等でつくる防災ボランティアネットワーク（以下、防災ネットワーク）に参加している。

　実習生は、実習指導者とともに防災ネットワークの定例会議に参加した。会議では防災ネットワークの課題として、若者の団体の参加がないことが話題となった。

　メンバーから「若者の団体に防災ネットワークに参加してもらうにはどうしたらよいだろうか」と意見を求められた実習生は、少し考えてから「若者向けの防災イベントを企画してはどうでしょうか」と考えを述べた。実習指導者も「若者を取り込むなら企画段階から若い人に入ってもらった方がいいと思います。若い世代が中心になっている活動団体に声をかけて、一緒に若者向けのイベントを企画してみてはどうでしょう」と提案した。この提案に賛同が得られ、社協が中心となって、防災

ネットワークとして若者向けのイベントの企画を行うこととなった。

　会議後、事務所に戻った実習生と実習指導者は、まずは若者のボランティア団体をリストアップすることにした。社協のボランティアセンターでは、ボランティア団体向けに会議室や印刷機の貸し出しを行っている。利用団体の名簿なども活用して探したところ、外国籍の子どもの学習支援を行う学生ボランティアサークル、若い母親たちでつくる子育てグループ、野宿者支援を行う社会人のボランティアグループなどが見つかった。いずれも会議室の利用以外ではこれまで社協と接点のなかった団体であった。

　実習指導者は「若者の団体と何か一緒にやれれば、社協にとってもよいネットワークのチャンスになる」と話した。このことから実習生は、こうした日々の業務の積み重ねが、地域におけるネットワーキングにもつながることに気づかされた。

　数日後、学生ボランティアサークル、子育てグループ、野宿者支援団体それぞれのメンバーと話し合いのアポイントがとれたため、実習生も実習指導者に同行させてもらうことになった。話し合いを観察するなかで実習生は、実習指導者が団体の活動内容をじっくり聞き、「すごく楽しそうですね」「大事な活動ですね」といった言葉で相手に対する共感を伝えていることに気づいた。そのうえで、実習指導者は「実は今度、市内の防災ボランティアネットワークで若者向けの防災イベントを企画しているんです。どのような企画にすればよいか悩んでいるのですが、若者の立場からアドバイスをもらえませんか」と企画への協力を依頼した。結果として三つの団体はいずれも企画への協力を快く引き受けてくれた。

　その後、防災ネットワークのメンバーおよび三つの若者団体のメンバーが集まってイベント企画会議が開催された。会議ではお茶やお菓子が用意され、飲食をしながら話し合いが行われた。お互いの活動紹介や防災イベントのアイデア出しなどを中心に活発な議論が行われ、終わるころにはすっかり打ち解けた雰囲気となっていた。

　一連の観察をもとに、実習生は地域における団体等との関係づくりについて考察した。まず、関係形成のポイントとして実習指導者が「一緒に企画する」という点に注力していたことがわかった。さらに実習指導者はボランティアグループの若者との話し合いのなかで、相手の活動に対する共感を示すことで関係づくりの糸口をつくりだしていた。また「教えてください」「助けてください」といったコミュニケーションの形が、地域における関係形成にとっては有効であることも感じられた。

第 **6** 章

実習の実際

241

●解説

　防災ボランティアネットワークへの若者団体の参加という課題における実習指導者の取り組みから、実習生は地域の問題解決に向けて分野横断的・業種横断的な社会資源が関係を形成するための方法を学んだ。

　地域の社会資源との関係性は、多くの場合、日常的な業務や実践を通じて自然発生的に形成される。日常業務のなかで参加する地域の会議やイベントなどで知りあい、話しあう機会を大切にすることが関係形成のもっとも基本的な方法であるといえる。前述の場面のなかで実習生も、実習指導者の実践の観察からこのことを見出している。

　また前述の場面でもみられたように地域における関係形成の出発点は、まずは相手のところに出向き、相手のことをよく知ること、特に相手のニーズを知ることである。たとえば、「取材」という形でヒアリングを申し込むことは関係形成のきっかけとして有効な方法である。

　自分が所属する組織で実際に課題となっていることについて、アドバイスや協力を求めることがよりよい関係形成につながる場合もある。たとえば、「教えてください」「助けてください」といった SOS 型のコミュニケーションによって、自分や所属する組織に対する相手の関与を引き出すのである。

　より深い信頼関係を生み出すために最も効果的なことは、「一緒に何かをやる」ことである。イベントや講座などを企画段階から役割分担しながら話し合いを進め、当日に向けた不安や緊張を共有することで生まれる一体感、無事にイベントが終わったときの達成感は、企画に参加したメンバーに強い信頼関係をもたらす。

　実習にあたっては、上記の各点にも留意しながら、多団体とのソーシャルワーカーのコミュニケーションの方法や展開などをよく観察し、地域における関係形成の具体的手法について自分なりに説明できるようにしてほしい。

◇参考文献
・狭間香代子『ソーシャルワーク実践における社会資源の創出——つなぐことの論理』関西大学出版部，2016.
・松岡克尚『ソーシャルワークにおけるネットワーク概念とネットワーク・アプローチ』関西学院大学出版会，2016.

● おすすめ
・西川正『遊びの生まれる場所——「お客様」時代の公共マネジメント』ころから，2017.

地域における社会資源の活用・調整・開発

学習のポイント

● 地域における社会資源の活用・調整・開発について、実習を通して学ぶ意義を理解する

● 地域における社会資源の活用・調整・開発について、ソーシャルワーク実習教育内容・実習評価ガイドラインの達成目標に向けて実習生が取り組む行動目標の具体的な実習内容をイメージする

 ## 地域における社会資源の活用・調整・開発を学ぶ意義

ソーシャルワーク実習教育内容・実習評価ガイドラインでは、本節に関して**表6-13**の達成目標が設定されている。

表6-13　ソーシャルワーク実習教育内容・実習評価ガイドラインにおける達成目標

⒁　地域における分野横断的・業種横断的な社会資源について説明し、問題解決への活用や新たな開発を検討することができる

厚生労働省は、2015（平成27）年、「誰もが支え合う地域の構築に向けた福祉サービスの実現——新たな時代に対応した福祉の提供ビジョン」を発表した。この新しいビジョンが示されたことにより、社会福祉業界全体も分野や業種を横断して連携し、地域住民とともに専門職と非専門職が協働して支えが必要な人を支援する「地域共生社会」を実現する目標が動き始めた。

地域共生社会の実現に向けて、従来型のフォーマルな福祉サービスにつなぐだけの支援を改めることが求められている。フォーマルおよびインフォーマルな社会資源を総合的に活用・調整・開発することがソーシャルワーカーに求められているのである。社会資源の活用・調整・開発の方法は、その実践理論のベースになるジェネラリスト・ソーシャルワーク・アプローチ★において最も基礎的で重要な要素として位置づけられている。デュボワ（DuBois, B.）とマイリー（Miley, K. K.）は、社会資源の活用・調整・開発の方法論である「資源マネジメント★」を挙げてい

★ジェネラリスト・ソーシャルワーク・アプローチ
クライエントシステムを包括的に捉える視座と、接近対象（ミクロ、メゾ、マクロ）に応じて柔軟に援助計画を実施、評価することのできる能力、発想力、創造力を有するソーシャルワーカーの変容を促す接近法。

★資源マネジメント
ソーシャルワーカーが対象者のニーズを充足し、課題解決を行うためにミクロ、メゾ、マクロすべてのレベルにおいて社会資源を管理すること。

図6-1　ソーシャルワーカーによる社会資源の活用・調整・開発

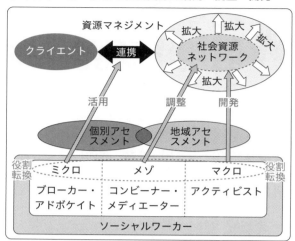

出典：高杉公人「ソーシャルワークと社会資源の活用・調整・開発の方法」相澤譲治監，大和三重編『ソー
　　　シャルワーカー教育シリーズ③　ソーシャルワークの理論と方法Ⅱ』みらい，p.134，2010．を一
　　　部改変

る。[1]

　資源マネジメントの考え方を社会資源の活用・調整・開発の枠組みに
当てはめると、**図6-1**のようになる。ソーシャルワーカーは、クライ
エントの生活課題に対して、個別および地域アセスメントを実施して課
題やニーズを把握して資源マネジメントを実施するが、そのためにはク
ライエントのニーズに合わせて、ミクロ（ニーズに合わせて社会資源に
つなぐ仲介者・利用者の権利を擁護する代弁者）、メゾ（施設・機関内
外の人や団体を場に集める召集者・社会福祉協議会内外の人や団体同士
の間をつなぐ媒介者）、マクロ（社会変革を目指した活動を行う活動家）
それぞれのレベルでの役割を臨機応変に演じることが求められる。

　そのうえで、ソーシャルワーカーはクライエントのニーズに合わせ
て、フォーマルやインフォーマル、物的・人的な社会資源につなげて活
用できるようにする「社会資源の活用」、アセスメントの結果に基づき、
クライエントのニーズに沿った社会資源ネットワークを構築する「社会
資源の調整」、そして地域において利用できる社会資源が存在しない場
合には、社会資源を開発してつくりだす、あるいは機能していない資源
を再資源化する「社会資源の開発」を実施するのである。

2 ▶ 想定される具体的な実習内容

　ここでは、「地域における社会資源の活用・調整・開発」について、実習を通して学ぶために想定される具体的な実習内容がイメージできることを目的としている。なお、ここで紹介できるのは一部の実習内容にすぎない。実際は、多様な実習施設・機関ごとにクライエントは異なっているため、それぞれの実習施設・機関の特徴を踏まえ、教育目標の達成に最も適した実習内容を、実習計画に位置づける必要がある。

1 達成目標⑭行動目標①について想定される実習内容

> 　実習施設・機関等の事業や活動と関係のある社会資源とその内容をマッピングし、実習施設・機関等を取り巻く社会資源の状況を説明することができる。

　達成目標⑭の行動目標①に取り組むために、実習生が具体的にとる（と想定される）行動の例について、地域包括支援センターの実習場面を取り上げて紹介する。

　A市B地区の地域包括支援センターの実習生は、個別支援計画を立てるケースの選定を行っていた。その際、実習指導者である社会福祉士から、B地区に住むCさん（85歳、男性）の今後の支援方策について一緒に考えることを提案された。

　実習生は、まず、ケース記録の内容を確認した。記録によると、Cさんは20年前に親の介護のために妻とともに地元のB地区に帰省した。親の介護が終了した15年前に、現在のアパートに引っ越して、10年前に妻が他界して以降一人暮らしをしている。兄弟や息子とは20年前から疎遠で、連絡を取っていないようである。さらに、物忘れがひどく、2か月に22万円程度もらっている年金を2週間程度で使い切ってしまう。このような状況で、Cさんを定期的に訪問している民生委員がCさんの生活を心配し、実習指導者に2か月前に相談をしてきた。Cさんは、要介護認定調査の結果、要介護1という判定を受けたが、本人は介護保険サービスの利用を拒否している。

　実習生は実習指導者と話しあい、まずは民生委員と一緒にCさんの自宅を訪問し、なぜ介護保険サービスを拒否しているのかを確認すること

にした。Cさんは、仲がよい民生委員と一緒であることに安心して、「若い人と話すのは久しぶりだ」と実習生を好意的に家の中に招き入れた。実習指導者は、なにげない日常会話をしながら、徐々に介護保険サービスの話を始めた。するとCさんは、「福祉の施設に入るのは嫌だ。友達と酒が飲めなくなる」と話した。実習指導者が、介護保険サービスは自宅でも受けられること、友達とお酒を飲めることを丁寧に説明すると、それならサービスを受けてもよいと了承してくれた。

その後、実習生は、実習指導者から「居酒屋がこの近所の高齢者が集まる拠点になっているかもしれません。居酒屋に話を聞いてみましょう」と提案を受けて、Cさんの近所の居酒屋の主人から話を聞いた。すると、その居酒屋の常連は近所の高齢者が多く、居酒屋に来て話をすることを楽しみにしている人が多いこと、常連客が来ないと不安になるため、連絡をして安否確認をしていることなどを聞くことができた。そこから実習生は、Cさんにとって、この居酒屋が見守りをしてくれる大事な場所であることに気づいた。

そこで、Cさんの個別支援計画を作るにあたり、実習生は、実習指導者と相談し、Cさんの生活の質を担保する計画を作るため、まずはインフォーマルな資源も含めたCさんが活用できる社会資源の全体像を把握することにした。

実習指導者と実習生は、後日Cさんの家を訪れ、Cさんが生活で訪れる場所を聞いた。スーパーマーケットや銀行等の毎日のように訪れる場所のほか、先日訪れた居酒屋以外にもいくつか通っている居酒屋があった。訪問後にそれらの場所でCさんについて尋ねるとすべての場所でCさんは認識されており、気にかけて声をかけてくれているようであった。

実習生は、Cさんの周りのつながりのあるインフォーマルな社会資源をエコマップにまとめて記入した。そして介護保険サービスも含めた新たに活用すべきフォーマルな社会資源を考えて個別支援計画にまとめた。介護保険ではホームヘルパーによる食事の確保や服薬管理を行ったうえで、A市社会福祉協議会の福祉サービス利用援助事業による金銭管理サービスを利用することを提案した。さらに、Cさんが日常的に訪れる場所を「見守り拠点」として、もしCさんに何かあったときには民生委員につないでもらうような提案を計画にまとめた。その結果、実習指導者から、フォーマル・インフォーマルな資源も含めた、目の行き届いた計画になっていると高く評価してもらえた。

さらに実習指導者から、「B地区にある居酒屋等の高齢者の集まる拠

点をB地区全体の居場所マップにしてまとめると役立つものになるで
しょう。A市社会福祉協議会の生活支援コーディネーター*に相談してみ
ましょう」との提案を受けた。実習生は実習指導者と一緒にA市社会福
祉協議会を訪れ、B地区担当の生活支援コーディネーターと話をした。
生活支援コーディネーターからは、「もともとあった地域のサロンマッ
プに実習生さんの情報を加えて、サロンマップを発展させた居場所マッ
プを作ってみると面白いかもしれません」という前向きな返事をもらっ
た。実習指導者も「居場所マップはB地区の財産になると思います。地
域ケア会議でこれを提案して、地域のさまざまな方と協力して一緒に作
成するのはどうでしょうか」と提案してくれた。

●解説

上記の地域包括支援センターの社会福祉士のように、ソーシャルワー
カーは、社会資源の活用においてブローカー（仲介者）として、フォー
マルおよびインフォーマルな社会資源への橋渡しを行う必要がある。
ソーシャルワーカーの支援対象になる生活課題を抱えた人々は、社会資
源へのアクセシビリティが低く、自分だけで社会資源を活用して問題解
決を行う能力が低いことが多い。そのようなクライエントに、ソーシャ
ルワーカーが社会資源に関する情報提供を行い、ニーズに合致したさま
ざまな社会資源につなげる役割を果たすのである。

また、ソーシャルワーカーはさまざまな生活に関するニーズを抱えて
いるにもかかわらず、ニーズに気づいていない、もしくは自らSOSを
発することのできない人々の権利を擁護し代弁するアドボケイト（代弁
者）としても活動する。障害者や外国人等のような声を挙げにくい人々
の潜在的ニーズを把握し、そのニーズに沿った社会資源につなげて支援
を行う必要がある。

先述の場面では、実習生は実習施設・機関のソーシャルワーカーが行
う「ケースマネジメント*」へのかかわりを通じて、社会資源の活用方法
について体験的に学んでいる。ソーシャルワーカーは、アセスメントに
よりクライエントの時間（歴史）と空間（社会関係）を踏まえた総合的
な生活課題の把握を行い、ニーズを満たすためにフォーマルおよびイン
フォーマルな社会資源に連結させて個別支援計画を立てる。このような
ケースマネジメントのプロセスに実習生をかかわらせることで、社会資
源の活用方法について学ぶことができる。今回の実習生も、Cさんに対
するフォーマルな資源である介護保険サービスだけでなく、居酒屋等の
インフォーマルな資源に気づいて、それらを総合的にコーディネートし

★生活支援コーディ
ネーター
介護保険法の地域支援
事業に位置づけられて
おり、地域で生活支援
等サービスの提供体制
の構築に向けたコー
ディネート機能を果た
すことを目的として配
置された専門職。

★ケースマネジメント
対象者の生活課題を解
決するために、制度・
非制度のサービスが効
果的かつ合理的に提供
されるよう調整・コー
ディネートする支援。

第6章 実習の実際

て個別支援計画を作ることができた。

　さらに、今回のケースで重要なのは、Ｃさんの事例を通じてＢ地区に住む高齢者の「居場所」が「見える化」したことである。インフォーマルな資源でも意図的に作り上げたサロンのような居場所は把握しやすいが、居酒屋のように自然に高齢者が集まる場所は見えづらい。それを「居場所マップ」にして見える化することで、Ｃさんを含めた高齢者の居場所を拠点とした見守りネットワークづくりに地域全体で取り組むことができたのである。

　ソーシャルワーク実習は、異なる機能をもつ複数の施設・機関での実習が義務づけられたことで、実習生が分野横断的・業種横断的な支援ネットワークの形成について学ぶことが求められるようになった。それを促進するために、複数の実習施設・機関がかかわって協働で支援を行っているケースを選定して実習プログラムに組み入れることが推奨される。今回のケースでも地域包括支援センターの社会福祉士と社会福祉協議会の生活支援コーディネーターの連携を実習生は見ることができたが、この実習生がこのＡ市Ｂ地区の地域包括支援センターとＡ市社会福祉協議会の両方で実習を行うことができたと仮定すると、Ｃさんのケースを通して個別支援から地域支援の連動性を体験して実習での学びを深めることが可能となったのである。

■2 達成目標⑭行動目標④について想定される実習内容

> 　地域の問題解決に向けて社会資源が力を発揮するための調整方法について説明することができる。

　達成目標⑭の行動目標④に取り組むために、実習生が具体的にとる（と想定される）行動の例について、社会福祉協議会の実習場面を取り上げて紹介する。

　Ｄ市社会福祉協議会では、市内に住む生活困窮者のための相談窓口を開設し、そこに相談支援員を置いて自立相談支援を実施している。その相談支援員が実習指導者であり、実習生は、生活困窮者自立支援事業で支援対象者となっているＥさん（32歳、女性）の支援に携わっている。

　Ｅさんは、母親であるＦさん（61歳、女性）と二人暮らしである。Ｅさんは大学に通っていたときに統合失調症を発症し、以後ひきこもり状態である。唯一つながりがある人物は、以前から自宅訪問を続けている

保健師である。Fさんの話では、精神障害者保健福祉手帳2級を所持しているが、医療機関の受診は不明である。現在、Fさんの年金とEさんの障害年金、そして夫の遺族年金で暮らしているが、お金が足りないと社会福祉協議会の生活福祉資金貸付事業を10年来利用しており、事業担当者がFさんから娘がひきこもりであることを聞き、生活困窮者自立相談支援につながった。Fさんは判断能力が低下しており、社会福祉協議会の福祉サービス利用援助事業も利用している状況である。Fさん自身も統合失調症を患っているが、精神障害者保健福祉手帳は所持していない。Fさんは、近所の人にお金を借りて周る行動をとることも多く、お金を返してもらっていない近所の人から「困った人」と認識されている。また、Fさんは、夫に5年前に先立たれて以降、家の掃除等もあまりしなくなり、ごみが家に溜まっている状態である。実習指導者は、Fさんと話をして、まずは家の掃除を行うことを了解してもらった。

　実習生は、実習指導者と一緒にFさん宅を訪問し、行政やほかの社会福祉協議会職員、そして地域のボランティアと一緒に掃除を手伝った。実習生はごみを撤去するときに、Fさんに確認してごみを処理していった。部屋は半日程度で片づいたが、Eさんは部屋から出てこなかった。Fさんは掃除を手伝ってくれた人に「ありがとうございました」とお礼を言っていた。

　後日、実習指導者は実習生を連れてEさん・Fさん宅を訪問した。Fさんは「先日はありがとうございました」と快く2人を迎え入れてくれた。実習指導者がFさんに「これからどうしたいのですか」と聞くと、Fさんは「友達も知り合いもおりませんし、唯一の家族である娘のEと一緒につつましく生きていきたい。Eがひきこもってしまったのは、Eが学生時代にいじめにあっていたにもかかわらず無理やり学校に行かせていた私の責任です」と涙を流しながら話をしてくれた。同時に、Eさんが、精神保健福祉センターに相談に行って精神障害者保健福祉手帳2級をもらったこと、Eさんが一度は就労支援事業所に通ったが、うまくいかずにすぐに家に戻ってひきこもってしまったこと、さらに、借金が300万円ほどあり、年金がその返済で消えてしまうためお金に困っていることを話してくれた。実習指導者は、Eさんに会わせてもらえないか聞いてみたが、「Eのことは私がなんとかします」と会わせてもらえなかった。

　訪問を終えた感想を実習指導者に求められ、実習生は「多重問題家族については授業で習いましたが、実際に触れてみると問題が深刻で複雑

であることがよくわかりました。でも正直、実習生としてどうアプローチしたらよいのかわからず、Ｆさんにも質問できませんでした」と答えた。実習指導者は、「このようなケースに対して、実習生がすぐに適切なアプローチができるとは思っていません。むしろ、このような課題を抱えている人が地域で暮らしていることを肌で感じてほしかった。そのうえで、ゆっくり一緒に解決策を考えていきましょう。これから、気づきがあればいつでも言ってください」と言われた。そして実習指導者は「今日は訪問して、初めてＥさんが就労支援事業所に通っていたこともわかりました。Ｅさん・Ｆさんがかかわっている社会資源がうまくつながっていない状況です。支援調整会議を行って、専門的なサポートと地域のサポートとをつなげる必要がありますね。これから会議を準備するので、あなたも会議に参加してください」と言われた。

　後日、Ｅさん・Ｆさんについて話しあう支援調整会議が行われ、実習生も同席した。支援調整会議には、実習指導者のほかに就労支援員、社会福祉協議会から福祉サービス利用援助事業担当者、生活福祉資金貸付事業担当者とその上司である地域福祉課長、そして行政からは精神保健福祉センター担当者および保健師、またＥさんが通っていた就労支援事業所の担当者、またその就労支援事業所と同じ法人である居宅介護事業所、そして地域からは民生委員および自治会長が参加した。

　話し合いの結果、Ｆさんは精神障害者保健福祉手帳をもっていないので、それを申請して居宅介護を受けることで生活を安定させることが決まった。そして生活困窮者自立支援制度の自立相談支援に加えて家計相談支援も行い、まずは借金の返済と家計管理を行うことになった。Ｅさんは、保健師が状態をみながら、生活訓練やSST（ソーシャルスキルトレーニング）を行い、少しずつ状態がよくなれば就労準備支援を取り入れることになった。また、通常、一人暮らしの人に行う見守り支援を、「困りごとがある人」として民生委員が行うことになった。また、このような地域から孤立しがちな生活困窮者が社会と接点をもつための場を、自治会長と就労支援員が話しあってつくることとなった。実習生は、支援調整会議でさまざまな専門職や非専門職が連携して役割分担を決めていくネットワーキングのプロセスを目の当たりにして、自分が専門職として会議を運営するときの参考にすることを誓った。

●解説

　上記の場面において、実習指導者は、コンビーナー（召集者）として、社会資源同士の関係を調整する会議等の話し合いの場づくりを行ってい

る。地域で複雑で難しい生活課題を抱えた人々を支援するために、専門職や地域の支援者を召集してケース検討を行うことは重要な役割である。さらに、地域全体で福祉課題を解決する取り組みを実施するために、さまざまな団体同士の代表者を召集して会議を実施し、組織化することも重要である。

また、実習指導者はメディエーター（媒介者）として、集団や組織に介在してグループや組織を強化し連携を促進する働きかけを行う。集団や組織同士の衝突が発生してクライエントに提供するサービスの低下を招かないように、集団や団体の間に入って調整役を担うのである。

ソーシャルワーク実習において、実習生が「社会資源の調整」を行う現場にかかわる際に意識するべき支援方法は「ネットワーキング★」である。

この場面においては、生活困窮者自立支援制度の支援調整会議でEさん・Fさんの「個人支援ネットワーク」をつくりあげていった。さらに、今後の生活困窮者が社会と接点をもつ場づくりに「地域支援ネットワーク」を活用することになった。

ソーシャルワーク実習では、地域共生社会の実現に資するソーシャルワーカー育成を目指して、分野横断的・業種横断的な支援ネットワークへのかかわりが求められるようになった。それを体験的に学ぶ機会として、複数の実習施設・機関の職員が同時に支援にかかわっているケース検討会議や地域ケア会議等に実習生が同席する実習プログラムを組むと、実習生は複数の実習施設・機関の専門職が異なる役割を果たしながら分野や業種を超えて連携しているのを実際に参与観察できるメリットが生じる。そのためには、複数の実習施設・機関の実習指導者と実習指導担当教員および実習生が事前に話しあう機会をもち、互いの実習施設・機関がかかわる支援の場を探しておく必要がある。

この場面においても、生活困窮者自立支援事業の支援調整会議に実習生が参加することで、専門職および非専門職がつながった支援ネットワーク構築のプロセスを理解することができたのである。

★ネットワーキング
地域で生活をしている個人や団体、組織同士をつなげて有機的に機能させる支援プロセス。地域で生活課題を抱えた個人や家族のサポートをする人々をつなぎ合わせて機能化させた「個人支援ネットワーク」と、地域支援を行う専門職や非専門職の集団や組織が地域全体の課題に取り組めるように組織化する「地域支援ネットワーク」の2種類がある。

第6章 実習の実際

■3 達成目標⒁行動目標⑤について想定される実習内容

> 地域の問題解決のために必要な社会資源を創出・開発するための方法を説明することができる。

　達成目標⒁の行動目標⑤に取り組むために、実習生が具体的にとる（と想定される）行動の例について、特別養護老人ホームおよびその施設が所属する社会福祉法人がかかわった実習場面を取り上げて紹介する。

　実習生は、事前訪問時に、実習を担当してもらう特別養護老人ホームの生活相談員から、所属している社会福祉法人が、地域における公益的な取組を推進することをこの施設にも要求しているものの、夏祭り等のイベントのほかにはそれほど行えていないのが実情であることを伝えられた。それを踏まえ、「このソーシャルワーク実習を機に、実習生とうちの施設がG地域に対して行うことのできる積極的な地域貢献の方法を考えたいと思っています。実習内容に地域における公益的な取組を含みたいのですが、いかがですか」との提案を受けた。実習生は、もともと施設と地域との積極的な連携の仕方を学ぶことを、実習で体験したいと思っていたため、「ぜひ、かかわらせてください」と返答し、ソーシャルワーク実習での施設による地域における公益的な取組の推進にかかわることが決定した。

　実習が始まり、実習指導者の生活相談員から「うちの施設が所属する社会福祉法人で、法人に所属する施設の代表者会議があって、そこで地域における公益的な取組の推進について話し合いが行われる予定です。参加してみませんか？」との話があり、実習生は、代表者会議に参加することになった。実習を請け負っている特別養護老人ホームが所属する社会福祉法人は、高齢者支援を中心に社会福祉事業を展開している。この社会福祉法人は、G市内に実習先とは別の特別養護老人ホームをもう一つ、中心市街地にケアハウスとグループホームを一棟ずつ、そして中山間地に小規模多機能施設を一棟の合計五つの施設を運営している。今回の代表者会議では、各施設の施設長や管理職が中心に集まり、実習先の特別養護老人ホームからは実習指導者と実習生のほかに施設長も参加した。代表者会議では、「社会福祉法人による地域における公益的な取組の推進に向けて各施設が取り組めること」が議題に上がった。各施設の代表者から、現状取り組んでいることについての説明はあったが、法人全体で取り組める具体的な提案は出てこなかった。そのときにケアハ

ウスの施設長が、「まず、うちの施設やほかの施設に対して、地域がどのようなことをしてほしいかを聞いたほうがよいのではないでしょうか。私たちの側からだけで話をして取り組みを決めても、地域ニーズとずれては意味がないのではないでしょうか」との意見が出た。それを受けて実習指導者が「私は地域の意見を聞くことに賛成です。まずは地域が望むことを把握することが大事だと思います」との意見を述べた。その流れで、まずは地域が施設に対して望むことを把握することが代表者会議で決議された。

　後日、実習指導者から実習生に「代表者会議で決まったように、施設に対する地域の希望を把握することになりました。実習生のあなたに、地域ニーズの把握の活動を行ってほしいのです。何ができるのか一緒に考えてみませんか」との提案を受けた。その結果、実習生がアンケート票を作成して、G市内の地域住民に配布することおよび実習指導者と一緒にG地区の地域団体が行っている会合（社会福祉協議会が主催する住民座談会や地区民生委員協議会）に参加して、社会福祉法人に所属する施設に地域住民が望むことを伺うことになった。そしてその結果をまとめて、実習報告会で施設職員と地域住民に対して発表することが決まった。

　実習生は、アンケート結果および会合での聞き取り調査の結果を実習報告会で発表した。施設に対して地域住民が最も望んでいたのは「災害時の要援護者支援」であった。G市は数年前に大きな豪雨災害の被害にあったことから、地域に住む高齢者や障害者のような避難所まで移動するのが困難な人に対して、福祉車両を貸し出すなど、避難支援をしてほしいとの要望が一番多かったことを報告した。さらに実習生は、実習先の特別養護老人ホームが「福祉避難所」に指定されていることに着目し、一般避難所から福祉避難所までの移送支援や福祉避難所が開設された際の他施設からの職員派遣の仕組みづくりの重要性についての提案を行った。

　この報告を受けて住民側から、「毎年G市の防災の日に地域で避難訓練をしている。今年は、H地区で避難所開設訓練を行う予定なので、それに合わせて福祉避難所の開設訓練を行ったらどうか」との提案を受けた。この提案に施設職員や法人関係者も賛同し、実習生の提案が実際に社会福祉法人による地域における公益的な取組として動き出すこととなった。

第6章 実習の実際

●解説

　2017（平成29）年の4月に社会福祉法が改正され、第24条第2項において社会福祉法人による「地域における公益的な取組」が責務化され、施設や事業所もサービス利用者に対する支援に加えて、地域において日常生活に支援が必要な者に対する支援を行うことが責務化された。従来の相談援助実習を施設や事業所で行う場合、地域と関連づけた実習プログラムを組むことは容易ではなかったが、ソーシャルワーク実習では施設・事業所が属する社会福祉法人の地域における公益的な取組に実習生をかかわらせることで地域と関係をもつことが容易になった。この場面では、実習生が地域における公益的な取組へのアイデアを積極的に考案することで、地域に新たな社会資源を生み出すきっかけをつくることができた。

　ソーシャルワーカーはアクティビスト（活動者）として、社会的に弱い立場に置かれて声を挙げられず生活にさまざまな課題を抱えている人々の声を代弁し、社会や政治に働きかけて改革や変革を目標に活動を行う。その一つの方法として、不足している社会資源を開発する働きかけを行う。ソーシャルワーカーは、地域に対してはインフォーマルな社会資源の量的拡大および質的充実を図るための働きかけを行い、フォーマルな公的サポートを充実させるためにはソーシャルアクション*を行う。

　ソーシャルワーク実習において、実習生が制度・政策に影響を与えるソーシャルアクションのプロセスにかかわる体験をもつことは容易ではない。しかしながら、実習現場でかかわる地域のインフォーマルな社会資源開発に携わることは可能であり、ソーシャルワーク実習のプログラムに積極的に盛り込むことが必要となる。この場合のように、実習生が施設と地域との「ハブ」になり、地域における公益的な取組を考案して、「福祉避難所」という社会資源の開発にかかわることが期待されている。

　このように、ソーシャルワーク実習で社会資源の創出・開発を体験できる別のプログラムとして、地域滞在型実習が挙げられる。

　超少子高齢化が進む中山間地や島嶼部では、実習生が古民家等に住民として住み込んで生活を営みながら、福祉の視点から地域活性化のアイデアを考案して地域創生の一役を担う地域滞在型実習を行っている地域がある。地域にとって、実習生を受け入れる活動そのものが若い人的資源を獲得できる貴重な機会となり、地域住民だけでは思いつかないアイデアに気づく機会となる。実習生としては、自分が地域に住み込むことで「生活者の視点」に気づき、それを地域支援計画に活かすことが可能

となり、Win-Win の関係となることが期待できる。

◇**引用文献**
1）B. デュボワ・K. K. マイリー，北島英治監訳，上田洋介訳『ソーシャルワーク──人々をエンパワメントする専門職』明石書店，pp.295-310，2017.

◇**参考文献**
・日本社会福祉士会編『社会福祉士実習指導者テキスト　第 2 版』中央法規出版，2014.
・髙良麻子『日本におけるソーシャルアクションの実践モデル──「制度からの排除」への対処』中央法規出版，2017.
・田中英樹「CSW における進行管理と評価──SWOT 分析と BSC 活用を中心に」『コミュニティソーシャルワーク』第 7 号，pp.5-19，2011.
・白澤政和『地域のネットワークづくりの方法──地域包括ケアの具体的な展開』中央法規出版，2013.
・野口定久編集代表，ソーシャルワーク事例研究会編『ソーシャルワーク事例研究の理論と実際──個別援助から地域包括ケアシステムの構築へ』中央法規出版，2014.
・仲村優一・一番ヶ瀬康子・右田紀久恵監，岡本民生・田端光美・濱野一郎・古川孝順・宮田和明編『エンサイクロペディア社会福祉学』中央法規出版，p.668，2007.

第 **6** 章　実習の実際

実習施設・機関等の経営や サービスの管理運営の実際

● 実習施設・機関等の経営やサービスの管理運営の実際（チームマネジメントや人材管理の理解を含む）について、実習を通して学ぶ意義を理解する

● 実習施設・機関等の経営やサービスの管理運営の実際（チームマネジメントや人材管理の理解を含む）について、ソーシャルワーク実習教育内容・実習評価ガイドラインの達成目標に向けて実習生が取り組む行動目標の具体的な実習内容をイメージする

 実習施設・機関等の経営や サービスの管理運営の実際を学ぶ意義

　「ソーシャルワーク実習教育内容・実習評価ガイドライン」では、本節目に関して**表6-14**の達成目標が設定されている。

表6-14　ソーシャルワーク実習教育内容・実習評価ガイドラインにおける達成目標

⒂　実習施設・機関等の経営理念や戦略を分析に基づいて説明することができる
⒃　実習施設・機関等の法的根拠、財政、運営方法等を説明することができる

　社会福祉法第3条（福祉サービスの基本的理念）では、「福祉サービスは、個人の尊厳の保持を旨とし、その内容は、福祉サービスの利用者が心身ともに健やかに育成され、又はその有する能力に応じ自立した日常生活を営むことができるように支援するものとして、良質かつ適切なものでなければならない」と規定している。そして、この良質なサービスの提供を導くため、同法第78条（福祉サービスの質の向上のための措置等）で、「社会福祉事業の経営者は、自らその提供するサービスの質の評価を行うことその他の措置を講ずることにより、常に福祉サービスを受ける者の立場に立って良質かつ適切な福祉サービスを提供するよう努めなければならない」と規定している。

　サービス利用者の権利を守り、福祉サービス提供事業者自らの組織的取組によるサービス水準の向上が法的にも求められている。重要なことは、その良質なサービス提供は、専門職個人に求めているのではなく、その専門職が属する事業所・施設・機関の経営によって導くことを求めている点にある。

　一人の専門職がクライエントを窮地から救い生活上の諸問題を解決に導く。そうした援助実践の事例は、ソーシャルワーク専門職の専門性を語るうえで説得力がある。しかしながら、実際の対人援助サービスにおいては、専門職の個人的な専門性をもってクライエントを支援することよりも、その専門職が属する施設・機関がチームによって支援することのほうが多い。

　田尾は、古典的なプロフェッションであっても自立自営は少なくなりつつあり、被雇用者として組織に属することが多くなっていることを指摘し、そして、個人営業の医師よりも大規模病院の医師のほうが質のよい治療を行っていることを取り上げつつ、「言葉としてのプロフェッションはあっても、すでに説明概念としても分析概念としても、その有効性は失われつつある」と指摘する。[1]

　同じことは、ソーシャルワーク実践においても当てはまるだろう。多くのソーシャルワーカーは、雇用された労働者として施設・機関に属しており、直接的・間接的に同一組織のチームの協力を得ながら、複数の専門職が協同で取り組むなど、チームや集団として活動している。そして、そうしたチーム・集団・組織としての活動が、相乗効果（シナジー）を導き、より優良な支援を行っている実践事例も多い。

　多職種チームの第一義的価値は「同じ目標を達成する」ための専門職による協働であることから、互いの貢献がメンバーに求められ、メンバー間で十分なコミュニケーションがとられ、互いに補完しあえる関係性の構築が求められる。

　そうした対人援助サービスにおけるチームの構築に向けたチームマネジメントとともに、人材不足が顕著である福祉分野においては、一人ひとりのソーシャルワーカーがモチベーションを高めて生きがいをもって仕事ができる「働きやすい労働環境の整備」を含む福祉施設・機関の経営のあり方が注目されるようになっている。

　施設・事業所の経営者、法人の中間管理職や人材育成を担当する役職者の多くが社会福祉士の有資格者となるなかで、福祉施設の経営や管理運営、チームビルディングやチームマネジメントといった役割が、ソーシャルワーク実践に深く関連するものとして理解がなされるようになっている。

　だからこそ、ソーシャルワーク実習においても、実習施設・機関等の経営理念・経営戦略、経営管理や組織運営、各種委員会の役割や合意形成といったチームマネジメントの実際について理解するとともに、施

設・機関の経営状況や運営管理の実際を経験的に学ぶことが求められている。具体的には、実習施設・機関の法的根拠や政策動向、都道府県や市町村との関係性や協働の状況（政策レベル）、理事会や評議員会による経営戦略や事業計画、財務・人事管理の状況（施設経営レベル）、チームマネジメントや人材育成、会議・研修・マニュアル等による業務標準化と改定等（サービスマネジメント・レベル）の三つのレベルで、PDCAサイクル（方針管理：改善・革新）とSDCAサイクル*（日常管理：維持向上）が循環しているかを確認し、その内容を実習生が説明できるようになることが求められている。

★ SDCA サイクル
PDCA が方針管理であるのに対し、SDCA（Standardize（標準化）→ Do（遵守）→ Check（異常への気づき）→ Act（是正処置））は日常管理といわれる。SDCAサイクルは、解決された問題や課題を標準化して定着させ次の課題の発見につながる「維持向上」の品質マネジメントサイクルである。

2 想定される具体的な実習内容

　ここでは、「実習施設・機関等の経営やサービスの管理運営の実際」について、実習を通して学ぶために想定される具体的な実習内容がイメージできることを目的としている。なお、ここで紹介できるのは一部の実習内容にすぎない。実際は、多様な実習施設・機関ごとにクライエントは異なっているため、それぞれの実習施設・機関の特徴を踏まえ、教育目標の達成に最も適した実習内容を、実習計画に位置づける必要がある。

1 達成目標⒂行動目標①について想定される実習内容

> 実習施設・機関等の経営理念、経営戦略について説明できるとともに、SWOT分析等に基づいて意見を提示できる。

　達成目標⒂の行動目標①に取り組むため、実習生が具体的にとる（と想定される）行動の例について、特別養護老人ホーム（介護老人福祉施設）での実習場面を取り上げて紹介する。

　実習生が実習指導者に、特別養護老人ホームの利用方法や契約手続について、重要事項説明書をもとに説明を受けている場面をイメージしてほしい。

　実習指導者は、実習生に対して重要事項説明書に記載される内容順に、❶事業の目的および運営の方針、❷事業所の概要、❸職員体制、❹サービス内容、❺提供するサービスと利用料金、❻入院中の医療の提供

について、❼契約の終了について、❽苦情解決について、❾非常災害対策、❿感染症等について、その概要の説明を行った。

　次いで、提供するサービスの内容と、利用料金については、基本報酬と加算の取り扱いや、その算定要件について丁寧に説明を行った。この説明を通して、実習生は漠然とした理解であった利用料金における加算の取り扱いに関して理解することができた。

　たとえば、要介護4・5や認知症高齢者の日常生活自立度Ⅲ以上などの介護の必要度が高い利用者の新規入所を多く行っている場合に評価される日常生活継続支援加算や看護職員を手厚く配置する際に評価される看護体制加算などの基本的な加算に加え、従来からの個別機能訓練加算★のほかに外部のリハビリテーション事業所や医療機関と連携した機能訓練を行うことを評価する生活機能向上連携加算等、比較的新しい加算については、十分に理解できていなかった。

　そこで実習指導者から、利用者の個別機能訓練計画の閲覧と実際の機能訓練の場面を見学させてもらうことで、制度の改変に伴う施設機能の強化やケアの方向性についても理解することができた。特に、転倒骨折後の機能訓練として歩行訓練を毎日の日課として取り組んでいるAさんと話をしてみて「自分で歩けるようになることが目標なの」と笑顔を見せてくれたことが印象に残った。

　実習指導者は、近年の介護報酬改定の方向性が地域包括ケアシステム構築と自立支援に資するケアのあり方を評価する方向となっていることを説明し、提供するサービスがどのようなアウトプット（成果）を導いたかを重視して生活機能向上連携加算が創設されたという政策的背景を解説した。

　実習生は、こうした政策動向や介護保険制度の改正に対応する形で、施設での機能訓練に関連するサービスを充実させるなど、提供するサービスの方向性が導かれていることや、そうした制度的な要請に対応すべく、サービスの質的向上を目指した取り組みがなされていることを学ぶことができた。

　次いで、実習指導者から、最近の福祉業界の最も大きな課題について質問をされた実習生は、「ニュースなどでは未曾有の人材不足だと聞いている」と回答した。この答えに対して、実習指導者は「そのとおり」と答え、有効求人倍率や採用の難しさなど、多くの特別養護老人ホームで経営状況が厳しくなっていることを説明した。

　そして、こうした人材不足に対応するため、実習施設で取り組まれて

★個別機能訓練加算
入所者ごとに作成した個別機能訓練計画に基づいた機能訓練に対する加算のこと。

第**6**章
実習の実際

いる採用・育成の取り組みについて、人事・総務を担当する事務長から説明を受けた。

　この特別養護老人ホームでは、公共職業安定所や求人雑誌への広告掲載などからの反応は少なくなっていることから、リクルート手当を創設していた。このリクルート手当は、職員が自身の知人友人を紹介し就職に至った際に支給されるもので、また、採用された職員自身も1年以上継続して勤めた際に手当が支給されるものであった。職員と仲のよい人材を雇用することで職場への定着につなげると同時に、職員間の関係性の向上が導かれているとのことであった。また、エルダー制度を導入し、新規雇用職員の相談と指導を行う体制をとっていた。そして、育児等の理由で退職した職員（OB/OG職員）に定期的に連絡をして、復職希望者の積極的な採用も行っていた。さらに、次年度より事業所内保育施設を開設する予定であり、子育て中の職員が退職をせずに勤務を継続できる体制整備を急いでいるという話もあった。施設の経営環境は一層厳しいものとなっており、最も大きな課題は人材の雇用・定着・育成であることから、法人として重視して取り組んでいることが説明された。

　次いで、実習指導者は法人の基本理念である「互いに支えあい、豊かな人生を歩む」は、利用者のみならず職員にも当てはまるとして、職員がしっかりと働ける環境を用意することが、利用者に対するよりよいサービスの提供につながること、「ES（従業員満足）なくしてCS（利用者満足）なし」であるという話をしてくれた。

　実習生はこうした取り組みを通して、法人理念が経営の方針や人材育成に至るまで大きく影響していること、介護保険制度の動向や経営環境のなかでさまざまな取り組みを行っていることを学ぶことができた。

●解説

　実習生は、重要事項説明書の通読と説明を通して、提供されるサービスや料金の具体的内容や、介護報酬についての理解を深めることができた。こうした提供サービスを具体的に理解するには、契約時に利用者およびその家族へ説明を行う生活相談員から直接教えてもらう機会があるとより深い理解につながるだろう。

　この場面では、生活機能向上連携加算を取得する特別養護老人ホームが、施設における機能訓練サービスの充実を図る取り組みを行い、そうした加算の創設が介護保険制度の自立支援の推進といった政策目標とつながっていることまでを理解することができている。

　こうした政策動向によって、提供されるサービスの内容が多かれ少な

★エルダー制度
新たに雇用された職員が職場になじめるようにするため、同年代の教育係とペアを組み業務の伝達と教育支援を行う制度のこと。

かれ変更になることは珍しいことではなく、3年1期とする介護報酬改定によって大きな影響が与えられている。そうした政策動向や市場動向のなかで、実習生がSWOT分析等を用いて実習施設・機関がどのような経営状況にあるかを分析するには事前準備や予備知識が欠かせないが、可能な限り挑戦してみてほしい。

　もちろん、事前学習において、実習施設・機関のホームページや社会福祉法人の財務諸表等電子開示システム、介護サービス情報公表システム、福祉サービス第三者評価をもとに、当該法人や施設の理念や経営方針、定款等について調べることはできるが、そうした事前学習で得た情報などをもとに、実際に実習施設・機関や法人の置かれている経営環境や外部環境・組織内部の強みや弱みを分析している事務長や施設長から直接話を聞く機会があるとより深い理解につながるだろう。

　この場面では、大きな経営課題である人材不足に対応するため、実習施設が行っている雇用管理や人事管理に係る取り組みについて、事務長から話を聞けたことで、働きやすい労働環境の整備の重要性や具体的取り組みについて理解することができた。

　また、実習指導者が、そうした雇用管理や人事管理に係る積極的な取り組みについて、法人の基本理念を引き合いにして説明している点から、法人の基本理念が浸透していることを理解することができる。

　福祉サービス第三者評価事業の「福祉サービス第三者評価基準ガイドラインにおける各評価項目の判断基準に関するガイドライン」では、「理念、基本方針が明文化され周知が図られている」ことの評価の着眼点として、理念、基本方針がパンフレットやホームページに明示されているだけでなく、職員の行動規範となるような内容か、実施する福祉サービスの内容や特性を踏まえた法人・施設の使命(ミッション)や目指す方向等を読み取れるかという点を評価している。

2 達成目標⑮行動目標③について想定される実習内容

> 各種委員会の役割や合意形成の過程と方法を説明することができる

　達成目標⑮の行動目標③に取り組むため、実習生が具体的にとる(と想定される)行動の例について、特別養護老人ホーム(介護老人福祉施設)での実習場面を取り上げて紹介する。

はじめに、実習生が特別養護老人ホームにおける事故防止・ヒヤリハット委員会に参加している場面をイメージしてほしい。

　まず、実習指導者は、実習施設に設置されるリスクマネジメントに関連する委員会として、❶事故防止・ヒヤリハット委員会、❷感染症対策委員会、❸防災委員会の三つの委員会を設置していることと、それらの委員会の概要を説明した。

　そして、実習生が参加する事故防止・ヒヤリハット委員会は、毎週定期開催しており、毎週のヒヤリハット報告書の対応状況や事例の分析・対応を行うものであることを説明した。なお、受診を伴うような事故が発生した場合は、その都度、事故対応に係る委員会を開催するとのことであった。

　委員会では、まず、各ユニットで提出されたヒヤリハット報告書の内容の確認がなされ、次いで、報告されたヒヤリハットのうち、二つの事例について検討された。

　一つ目の事例は、Bさん（84歳、女性）についてであった。深夜2時に巡回したケアワーカーが、ベッド下に座り込んでいるBさんを発見した。離床しようとしたが力が入らずに床にヘタヘタと腰を降ろしたようであった。幸いけがはなかったが、転倒を伴う重大な事故となった可能性があることから、事例検討となった。

　Bさんは、もともと昼夜逆転ぎみで昼間に傾眠傾向があること、定期的に夜間に不眠の訴えがあること等が報告された。そして検討の結果、❶昼間の活動量とデイリープログラムの見直しをケースカンファレンスで検討すること、❷軽度のアルツハイマー型認知症であることから、見当識障害や夜間せん妄などの影響について配置医師を交えて再度確認すること、❸正確な睡眠状態を確認するため、睡眠時間を測れる活動量計を購入し、つけてもらうこと、❹夜間の巡回頻度を多くし、Bさんが覚醒しているならば会話など落ち着けるようなかかわりを行うこと、の4点が提案された。

　二つ目の事例は、Cさん（82歳、女性）についてであった。Cさんは、食事のため共同生活室のテーブルに着座していたが、職員が配膳するために目を離した際、トイレに行こうと立ち上がり転倒しかけたという事例であった。

　原因の検討では、テーブルへ誘導する際に排泄の確認を怠ったこと、着座している最中に声かけが十分でなかったこと、配膳に当たる際にほかの職員に声がけして見守りを確認すべきだった等の指摘がなされた。

　同席していた生活相談員より、この事例を次の事故対応に係る職員研修のグループワークの検討課題としたいとの意見が述べられた。その理由として、トイレ誘導の確認を含む訪室時の対応、共同生活室までの誘導時の声かけや会話、着座している最中のかかわりと声かけ、ほかの職員との連携等のポイントから「気づき」と「予測」の重要性を考えさせる事例であり、特に新人職員の研修で検討させるべきであるとの意見が述べられた。

　委員会のあとに、実習生は、Bさんの事例では、具体的な対応策の検討や、ケアプランの変更を含む援助方針の検討までを行うことを学べたと感想を述べた。それに対し、実習指導者から、「そもそも介護とは転倒の危険性があろうとも安易に車いすに乗せず自力歩行の可能性を探り、誤嚥の危険性があっても経口での食事にこだわる。それが利用者のQOL（quality of life：生活の質）の維持・向上につながるからだ。つまり、常に事故のリスクが高い状態であることを意識することが求められる。だからこそヒヤリハット報告や事故対応はしっかりと行う必要がある」との説明を受けた。

　さらに、実習指導者は、事故対応は利用者の生命にかかわる事項であることから、行政監査でも確認されることを説明し、実習施設の所轄庁である県の老人福祉施設指導監査指導基準をもとに、①事故の発生またはその再発を防止するための措置を講じているか。②速やかに市町村、入所者の家族等に連絡を行うとともに、必要な措置を講じているか。③利用者の事故等の状況が、個別記録等に正確に記録され、整備されているか。④事故等が発生した場合、原因の究明と再発防止の検討を実施し、処遇（サービス）計画に盛り込む等の対応を行っているか。⑤事故の発生に至る危険性がある事態が生じた場合に、ヒヤリ・ハット等を活用しこれらの事実が報告され、事故等の未然防止の取り組みが行われており、その分析を通した改善策を職員に周知徹底する体制が整備されているか。⑥転落防止、転倒防止等危険箇所のチェックを定期的に実施しているか。といった項目をもとに具体的取り組み内容が指導監査で確認されることを説明した。

　実習生はこの説明を聞き、Bさんの事例検討を通して、委員会として「Bさんの昼間活動量とデイリープログラムの見直しをケースカンファレンスで検討すること」も、監査指導基準に合致していることを理解した。

　実習指導者からほかに質問はないかと問われた実習生は、施設に設置

されている委員会は、すべて行政に求められているのかと質問した。それに対し、実習指導者は、事故発生防止、感染症等対策、身体的拘束適正化、褥瘡防止等の委員会の設置が求められているが、そうした公的に求められる委員会のほか、利用者の QOL の向上と提供するサービスの質の向上を目指して、レクリエーション委員会、行事委員会、サービス向上委員会、ICT 推進委員会、給食委員会、地域活動推進委員会等があると説明した。実習指導者は続けて「なぜ、これだけ多くの委員会が設置されているかわかりますか」と実習生に質問した。その問いに対して、実習生は、「サービスの質を向上させるためだと思います」と回答した。実習指導者は「ほぼ、正解です」と答え、各種の委員会はサービスの標準化を行うことを目的の一つとしている。「標準なきところに改善なし」と言われるとおり、サービスマネジメントの基本は、提供するサービスを改善する以前に「徹底した標準化」を行う必要があり、標準の改定を行うことでサービスの質的向上が導かれると説明した。だからこそ、各種の委員会では、マニュアルの整備、それに基づいたサービス提供体制の構築と職員研修まで対応し、サービスの標準化を行い、そのうえで標準化されたサービスを改定する作業を行うと説明した。[2)]

　実習生は、事故防止・ヒヤリハット委員会への参加と、その後の指導により、施設における各種委員会の重要性を理解することができた。折しも新型コロナウイルスなどの感染症対策が施設における重要な課題となったことや、自然災害の際に話題となる感染症防止に対応するスタンダードプリコーション＊等を考えてみても、適切な予防体制を構築することが感染症防止に役立つことは自明であり、被災時の避難手順や緊急時の連絡体制等のフローチャートが想起された。

●解説

　実習生は、事故防止・ヒヤリハット委員会に参加することで、実習施設における事故防止に係る取り組みの重要性や、ヒヤリハット報告から課題を抽出して対応策を講じるプロセスを理解することができた。そして、実習指導者が強調した「転倒の危険性があっても、安易に車いすに乗せず自力歩行の可能性を探る」といった支援方針から、利用者のストレングスを探りつつ、常に利用者の QOL の向上を目指すことの重要性をあらためて感じることができた。

　実際の事故防止・ヒヤリハット委員会では、B さんのケースでデイリープログラムの再検討が、C さんの事例からは職員研修へとつなげることが提案されるなど、一つの委員会活動が単発的に行われるのではな

★スタンダードプリコーション
院内感染予防の標準対策としてアメリカで作成され、現在では医療のみならず福祉等の対人援助サービスにおいても適用される標準的感染予防措置策。「すべての患者の血液、体液、分泌物、嘔吐物、排泄物、創傷皮膚、粘膜等は、感染する危険性があるものとして取り扱わなければならない」という考え方を基本としている。

く、ほかの委員会や会議などとつながり、成果の共有がなされていることを学ぶ機会にもなった。

また、数多くある委員会活動には、所轄庁などから設置を求められる委員会活動と、サービスの質の向上を目指すために施設が独自に設定する委員会活動があること、各種委員会が、マニュアルの整備、それに基づいたサービス提供体制の構築と職員研修まで対応することなどを学ぶことができた。

なお、特別養護老人ホームにおけるマニュアルは、認知症ケア、権利擁護、プライバシー保護、身体的拘束等の排除、入浴方法、排泄方法、服薬管理、感染症の予防、食中毒予防、ターミナルケア、精神的ケア、苦情等対応、事故対応、非常災害時対応など多岐に及ぶ。そのほとんどで、手順書・フローチャート・マニュアルがセットで用意され、職員研修を通してサービスの標準化が導かれている。

そして、重要なことは、それらのマニュアルの整備が目的なのではなく、業務標準化を日常業務のなかで有効に活用するとともに、その効率化・効用最大化と「改善」を目指す品質改善活動が重要なのである。委員会とマニュアルが用意されることが高質なサービスと同義ではない。実習指導者が述べたとおり、標準化されたサービスを改定するプロセスが品質改善の取り組みであり、業務標準化やマニュアルの整備は、提供するサービス提供過程の均一化と可視化でしかない。

標準化された水準と目指すべき水準のギャップを埋めようとする品質改善の歩みを止めないことに意義があり、各種委員会の役割がそこにある。

◇引用文献
1）田尾雅夫「プロフェッショナリズムにおける態度構造の比較分析」『京都府立大学学術報告 人文』第35号，1983.
2）富野貴弘『生産管理の基本』日本実業出版社，2017.

◇参考文献
・富野貴弘『生産管理の基本』日本実業出版社，2017.
・P. コトラー，木村達也訳『コトラーの戦略的マーケティング』ダイヤモンド社，2000.
・菊地和則「多職種チームの3つのモデル──チーム研究のための基本的概念整理」『社会福祉学』第39巻第2号，1999.

● おすすめ
・井上由起子・鶴岡浩樹・宮島渡・村田麻起子『現場で役立つ 介護・福祉リーダーのためのチームマネジメント』中央法規出版，2019.
・平林亮子・高橋知寿『やさしくわかる 社会福祉法人の経営と運営 第4版』税務経理協会，2020.
・京極高宣『新版 福祉法人の経営戦略』中央法規出版，2019.

第6章 実習の実際

社会福祉士としての職業倫理と組織の一員としての役割と責任

学習のポイント

● 社会福祉士としての職業倫理と組織の一員としての役割と責任について、実習を通して学ぶ意義を理解する
● 社会福祉士としての職業倫理と組織の一員としての役割と責任について、ソーシャルワーク実習教育内容・実習評価ガイドラインの達成目標に向けて実習生が取り組む行動目標の具体的な実習内容をイメージする

 社会福祉士としての職業倫理と組織の一員としての役割と責任を学ぶ意義

　「ソーシャルワーク実習教育内容・実習評価ガイドライン」では、本節に関して**表6-15**の達成目標が設定されている。

表6-15　ソーシャルワーク実習教育内容・実習評価ガイドラインにおける達成目標

⒄　実習施設・機関等における社会福祉士の倫理に基づいた実践及びジレンマの解決を適切に行うことができる
⒅　実習施設・機関等の規則等について説明することができる

■1 実習生としての心構え

　ソーシャルワーク実習では、社会福祉士としての専門的な知識や技術のみならず、価値や倫理も学ばなければならない。同時に、実習施設・機関に勤務する専門職や職員に交じり実習を行うため、組織の一員としての役割や責任を理解するとともに、社会人としての常識やマナーを守らなければならない。

　そのため実習生は、実習施設・機関や組織の役割、経営理念、規則などを理解し、その組織の一員として、挨拶や言葉づかい、服装、出退勤も含めて決められたルールを身につけておかなければならない。そのうえで、社会福祉士の価値や倫理、さらに社会福祉士が遭遇するクライエントの価値や、他専門職の倫理、組織の理念、社会が共有する価値などを事前に学習しておく必要がある。

　しかし、事前学習をしていても、多くの場合はじめて臨床現場に出てケースに触れる実習生にとっては、「なぜ、この場面でこのような判断をするのか／しないのか」「このような場面ではどのようにしたらいい

のだろうか」といった悩みや疑問、ジレンマに遭遇するだろう。そのた
めにも、想定される実践上のジレンマを理解しておく必要がある。

2 社会福祉士としての価値

『新明解国語辞典（第7版）』では、「価値」とは、〈人間の生活にお
いて、それを好ましい（有用な）ものとして受け入れ、精神的・物質的
に充足を感じさせる程度〉であり、「価値観」とは、〈そのものに、どう
いう価値（意味）を認めたかについてのそれぞれの考え方〉とされてい
る。そのため、価値という言葉は、❶「（私的に）意味ある／好き嫌い」
とされる性質、❷集団や団体の構成員が共有するよい性質、❸誰もがよ
いと承認すべき普遍的な性質などの複数の意味で用いられる。つまり、
価値とは、ある事象や物事をどのように判断するのかの指標である。
よって、たとえば、ある事象や物事について、「価値（意味）がある／
ない」といった判断をする「ものさし」と言い換えることもできる。

❶個人の価値／価値観

個人の価値や価値観とは、❶「（私的に）意味ある／好き嫌い」とさ
れる性質を意味する。たとえば、「私／あなた」にとって意味あるもので、
価値のある／なしの判断は、一般論や世論、絶対的価値によるものでは
ない。また、価値／価値観は、身近な家族や友人、教育や育った地域、
宗教的文化的背景、社会的地位、経済状況などさまざまな影響を受け、
育まれる個別の「ものさし」といえる。よって、社会福祉士には、私の
価値／価値観をよく理解し、それを支援の際に統制できる自己覚知と、
利用者の価値／価値観をよく理解したうえで、尊重することが求められ
る。つまり、個人の価値とは、一人ひとりがもつ個性や独自性といえる。
しかし、社会福祉士は、専門職であるため〈私〉個人の価値観で、利用
者の価値をはかったり、判断をしたりすることはない。そこで重要とな
るのが、社会福祉士の価値である。

❷社会福祉士の価値

社会福祉士の価値は、社会福祉の専門職集団である社会福祉士が共有
する価値であり、❷集団や団体の構成員が共有するよい性質を意味す
る。社会福祉士が実践において、判断や方向性を導き出す際は、個人の
価値ではなく、この社会福祉士の価値に基づき判断を下す。具体的には、
社会福祉士の倫理綱領の「人間の尊厳」「全人的存在」に加え、IFSW
(International Federation of Social Workers：国際ソーシャルワー
カー連盟）のソーシャルワーク専門職のグローバル定義で示す「社会正

★自己覚知
自らの価値観や思考、
行動様式をよく理解す
ること。そのうえで、
実践の際、異なる価値
や価値観との距離を測
り、統制することが重
要である。

第6章
実習の実際

義」「人権」「集団的責任」「多様性尊重」である。実践場面では、これらの社会福祉士全員が共有する「ものさし」を用いて、あらゆる判断を行っている。それだけに、価値が社会福祉士の判断や態度、行動に大きな影響を与える。価値が社会福祉士の判断に影響を与える要因としては、①利用者の選定や利用者へのサービスの方向性、②支援機関や社会資源への重点性、③アプローチや方法論の選択性、④優先順位などのケースへの即応性が挙げられる。

このように、社会福祉士は、実践において、瞬時の判断や方向性を導き出すことが求められる。このとき、「個人の価値」と「社会福祉士の価値」を意識化し、自己覚知を通して、「社会福祉士の価値」と反する場合は、統制することが重要となる。実習生は、社会福祉士の専門教育や実習を通して、社会福祉士としての専門職集団の一員となるための学びを深めていく。その学びの過程で、専門職としての価値を共有し、身につけていくことによって、最終的に、社会福祉士の価値を基盤とした言動や活動が可能となる。

❸実習施設・機関の価値、理念

実習施設・機関の価値や理念は、❷集団や団体の構成員が共有するよい性質を意味する。組織に属する社会福祉士などの専門職や職員は、所属する施設や機関の価値や理念に沿って、実践を行う。実習生は、事前学習として、実習施設・機関の理念や社会的意義、法令に基づく施設の役割、事業や計画、組織運営のために必要な規則の詳細などを調べて、実習に臨む。

しかし、現場において実践や活動の経験がない実習生にとっては実感することは難しい。また、組織には、その組織特有の文化や暗黙知が存在しているため、実習に行ってはじめて遭遇する価値や規則もある。その際は、実習指導者に相談することで、実習施設・機関の規則などの理解を深めることが重要である。

❹他専門職・関係機関の価値、理念

他専門職や関係機関の価値や理念は、❷集団や団体の構成員が共有するよい性質を意味する。社会福祉士の実践は、他専門職や関係機関との連携や協働を基盤としているため、それらの価値や理念の理解が求められる。専門職は、専門的な知識・技術とともに、固有の価値や倫理をもっており、各専門職が「何を目指し」「何を大切にしているのか」といった信念の体系を理解しておく必要がある。同様に、実習施設・機関以外の関係機関の価値や理念についても整理しておく必要がある。

★暗黙知
経験的に使っている知識、簡単に言語化できない知識のことで、就業規則やマニュアル化されていないルールややり方である。

　同時に、社会福祉士の価値や理念との相違についても考察しておく必要がある。たとえば、「人間の尊厳」という価値や理念においては、社会福祉士も、連携・協働する他専門職や関係機関も一致するものである。一方で、それを実現する際の方法や手段を決定づける、他専門職や関係機関の価値や理念においては、違いが生じることを理解しておく必要がある。

　このように、社会福祉士の実践が、ミクロシステムのみならず、メゾ、マクロシステムに働きかけていることを考えても、利用者の価値だけでなく、所属組織や他専門職、関係機関などの価値や理念を熟知しておかなければならない。さらに、社会が共有する価値についての理解も必要となる。

❺社会が共有する価値

　社会の価値を日本社会といった特定の集団が共有する価値とした場合、❷集団や団体の構成員が共有するよい性質を意味する。そして、日本社会などの特定の集団が共有する価値は、時代や社会的背景とともに変化する。現代の日本社会では、価値の多様化がみられ、「ワークライフバランス」や「ダイバーシティ」などの性質に価値が置かれつつある。

　また、地域が共有する価値もある。各地域には、言語や風習、伝統や文化など、その地域のみで通用する価値が存在する。実習生は、実習施設・機関が立地する地域に関する事前学習を行うが、単に人口増減や高齢化率、幹線道路や駅舎の有無、日常生活圏域のみに留まらず、その地域固有の言語や風習、祭祀や郷土料理なども広く調べておくとよい。

　最後に、個人の好き嫌いとは無関係に、❸誰もがよいと承認すべき普遍的な性質としての価値がある。たとえば、世界の人類が希求する「愛」や「正義」などである。ただし、この人類希求の「愛」や「正義」も、時代や社会的背景により異なり、その意味合いが変化する。しかし、人類は、過去の戦争や紛争、殺戮、不寛容や不平等、差別などの多くの過ちから学び、「愛」や「正義」が普遍の価値であることを知っている。一方で、現代は、価値の多様性の誤用から、一方から見た「正義」や「愛」は、他方から見たら「不正義」や「憎」でもあるといったように、複雑になっている。

3 社会福祉士としての倫理

　社会福祉士の倫理という場合、社会福祉士固有の価値を実現するための普遍的な基準となるものである。具体的には、専門職としてあるべき

行動（「～すべきこと」「～しないこと」）や、望ましい行動の規範であり、責任や態度を決める際の「羅針盤」や「みちしるべ」となるものである。したがって、専門職としての倫理という場合、個人に求められる道徳観や遵守すべき社会的規範といったもの以上に厳格な内容となる。事実、社会福祉士をはじめ、医師や弁護士などの専門職には、職業上、一定の倫理が定められ、求められている。

　ではなぜ、専門職倫理が必要なのだろうか。それは、クライエントがソーシャルワーカーからの影響を受けやすい状態にあり、また、ソーシャルワーク実践には倫理的ジレンマが伴うからである。そして、社会福祉士が倫理綱領をもつ意義としては、❶ソーシャルワーク実践の担保、❷社会的信用の担保、❸倫理的課題の判断指針などが挙げられる。

　このように、社会福祉士は、倫理基準として、①クライエントに対する倫理責任、②組織・職場に対する倫理責任、③社会に対する倫理責任、④専門職としての倫理責任の観点をもって、本倫理綱領に背くことなく、誠実であることが求められる。そして、実習生であれ、社会福祉士は、専門職であるため、専門的知識や技術といったパワーをもつことから、「倫理」や「倫理綱領」をもち得なかった場合は、そのパワーが、暴力や抑圧、権力や支配力になってしまうことを忘れてはならない。

　また、実習生として、クライエントに対する倫理責任の「プライバシーの尊重と秘密の保持」については、個人情報保護のための取り組みと合わせて説明できるようにしておかなければならない。特に、近年は、ICT（information and communication technology：情報通信技術）の急速な発達により、大量の情報を迅速に、そして容易に取り扱えるようになった。一方で、情報取り扱いに関する不注意や事故、意図的な個人情報の流出などの事件が生じており、個人情報にかかわる犯罪等も拡大している。このように、ソーシャルワークに伴う個人情報保護の必要性は極めて高いことがわかる。

---

i　2020（令和2）年5月に新たな「ソーシャルワーカーの倫理綱領」の改定作業が完了した。これに伴い、同年6月に公益社団法人日本社会福祉士会は、「社会福祉士の倫理綱領」を採択した。本倫理綱領では、社会福祉士の原理として、「人間の尊厳」「人権」「社会正義」「集団的責任」「多様性の尊重」「全人的存在」を挙げている。

2 ▶ 想定される具体的な実習内容

　ここでは、「社会福祉士としての職業倫理と組織の一員としての役割と責任」について、実習を通して学ぶために想定される具体的な実習内容がイメージできることを目的にしている。なお、ここで紹介できるのは一部の実習内容にすぎない。実習は、多様な実習施設・機関ごとにクライエントは異なっているため、それぞれの実習施設・機関の特徴を踏まえ、教育目標の達成に最も適した実習内容を、実習計画に位置づける必要がある。

1 実習場面における倫理的ジレンマ

　実践場面において倫理的ジレンマ*が生じたとき、社会福祉士は、利用者だけに責任を果たせばよいというものではない。所属組織や他専門職、関係機関や社会などに対しても責任を負っている。つまり、倫理的ジレンマの様相は、ミクロ、メゾ、マクロレベルへと広がりをみせ、複雑となっている。よって、倫理責任が相反する場合、ある倫理責任を優先すれば、それと相反する倫理責任を果たすことが困難となるため、どの倫理責任を優先するのかといった単純なものではないことがわかる。つまり、倫理的ジレンマでは、どの倫理責任を優先することが正しいかという〈正解〉はなく、どれもが果たさなければならない責任なのである。

　社会福祉士が遭遇する代表的な倫理的ジレンマには、以下の五つがある。

❶　「プライバシーの尊重と秘密の保持」と「クライエントの自己決定の尊重」

❷　「プライバシーの尊重と秘密の保持」と「社会に対する倫理責任」

❸　「クライエントの自己決定の尊重」と「利用者の保護責任」

❹　「クライエントに対する倫理責任」と「組織・職場に対する倫理責任」

❺　「同僚などへの敬意」と「社会的信用の保持」

　これらの相反する倫理責任に対して、〈正解〉がない〈答え〉を導き出すために、倫理綱領が示す倫理基準などを活用する。その手順は、実践場面における①倫理的課題に関するキーワードを探る、②キーワードに関連する倫理基準／倫理責任を参照する、③関連する倫理綱領以外の社会資源（法律や制度など）やスーパービジョン／コンサルテーション

★**倫理的ジレンマ**
相反する複数の価値や倫理的根拠が存在し、そのどれもが重要である場合に、どれを優先すればよいのかと葛藤すること。

第**6**章　実習の実際

271

を活用する、といった段取りを踏む。また、これらの過程を記録に残しておくことが重要となる。

　実習生の実習場面における倫理的ジレンマの理解は、実習指導者の業務を観察し、クライエントや地域住民、関係者等とのかかわり場面や、問題解決過程、チームアプローチ場面等を振り返り、倫理判断に基づく行為を発見・抽出することから始まる。そして、その発見・抽出した倫理的判断に基づく実践のうち、倫理的ジレンマが生じた場面に気づき、その解決のプロセスを説明できることが重要となる。

　そこで、以下、三つの実習場面を想定した事例をもとに、どのような倫理的相反があるかについて、①キーワード、②倫理基準／倫理責任、③倫理綱領以外の社会資源に沿って、倫理的ジレンマを整理してみよう。よって、達成目標⒄の行動目標②を中心として、行動目標③と、達成目標⒅の行動目標①②③④を関連づけて学習する。

▌2 達成目標⒄行動目標②③、達成目標⒅行動目標②④について想定される実習内容

> ・達成目標⒄行動目標②
> 　①（実習指導者業務を観察し、クライエントや地域住民、関係者等との関わり場面、問題解決過程、チームアプローチ場面等を振り返り、倫理判断に基づく行為を発見・抽出することができる）により抽出した倫理的判断に基づく実践のうち、倫理的ジレンマが生じた場面に気づき、その解決のプロセスを説明することができる。
> ・達成目標⒄行動目標③
> 　自分自身に倫理的ジレンマが生じた場面をソーシャルワークの価値・倫理に基づいて振り返り、解決することができる。
> ・達成目標⒅行動目標②
> 　実習施設・機関等の規則等のうち、職員が遵守すべき事項と労働条件が規定されている就業規則等を理解し、説明することができる。
> ・達成目標⒅行動目標④
> 　実習施設・機関等の規則等のうち、文書の保管や廃棄、記録の開示等を規定する規則等を理解し、説明することができる。

　上記の行動目標に取り組むため、実習生が具体的にとる（と想定される）行動の例について、地域包括支援センターにおける自宅訪問での実習場面を取り上げて紹介する。

　実習生は、地域生活をするAさん（75歳）宅へ、社会福祉士（実習指導者）とともに同行訪問を行った。Aさんは「退院後、やっと一人で家事ができるようになった」「暑いなか、ご苦労様」とニコニコと笑いながら、お茶とお菓子を勧め労った。実習指導者はそれを感謝しながらいただいた。このとき、実習生は社会福祉士の倫理綱領とともに、実習前オリエンテーションの際、施設の規則として〈利用者から物品は受け取らない〉という説明を受けたことを思い出した。訪問後、実習指導者は、Aさんからお茶とお菓子を勧められたこと、以前の状況と比べて活動量やADLの改善などがみられたこと、表情の変化や生活の安定性／自律性などがみられたことについて記録していた。

　実習生として、これらの行動は倫理的によかったのか気になり〈もしも、自分が社会福祉士になり、同様の場面に遭遇したとき、どのように対応すべきか〉と考えた。

●解説

　このような場面に遭遇したとき、実習生であるあなたは、倫理的課題がどの点にあると考えるだろうか。キーワードとしては、「利用者」「物品／供与」「関係性（関係構築）」「自己決定」「自律」「エンパワメント」などが挙げられたのではないだろうか。そして、倫理基準などに照らし合わせた場合、クライエントに対する倫理責任のなかでも【クライエントとの関係】と【クライエントの利益の最優先】【クライエントの自己決定の尊重】などが考察されたのではないだろうか。また、〈活動量やADLの改善、生活の安定性／自律性の評価〉や、〈自らお茶とお菓子を勧め労った〉といった実習指導者やAさんの行動から、クライエントの自己決定を尊重し、クライエントがその権利を十分に理解し、活用していけるように援助することが重要であることを考察することもできただろう。

　さらに、倫理綱領以外の社会資源では、上司への報告・連絡・相談などのスーパービジョンや施設の方針／規則などが挙げられる。この場面では、実習指導者が、実習施設・機関等の規則のうち、職員が遵守すべき事項などの就業規則や、記録などを規定する規則と関連づけて観察することも重要である。

　ここで、実習生が学ぶことは、原則として物品は受け取らないが、自らAさんがもてなしたお茶菓子は、Aさんとの関係性構築やクライエントの自己決定や自律、エンパワメントを促すといった点からも考察しなければならない。そのうえで、倫理綱領や上司の意見、施設の規則な

どを総合的に再検討し、利用者からのお茶菓子の提供に対する対応を検討することが重要である。

3 達成目標⒄行動目標②③、達成目標⒅行動目標① について想定される実習内容

・達成目標⒄行動目標②
　　p.272 参照
・達成目標⒄行動目標③
　　p.272 参照
・達成目標⒅行動目標①
　　実習施設・機関等が組織運営するために必要な規則等が体系的に整備されていることを理解し、説明することができる。

　上記の行動目標に取り組むため、実習生が具体的にとる（と想定される）行動の例について、医療機関（病院）における医療福祉相談室での実習場面を取り上げて紹介する。

　一人暮らしのBさん（67歳）は、糖尿病の持病がある。それがきっかけとなり軽度の脳卒中を発症し入院加療をしている。Bさんは、リハビリテーション後、自宅退院となる。事前に、担当医からは、「Bさんは、一人暮らしで、糖尿病もあるため、訪問看護がなければ自宅に帰ることは困難である」「血糖値が安定しない場合、再発も起こり得る」ことが申し送られていた。

　実習生が同席させてもらったBさんと社会福祉士（実習指導者）との面接で、Bさんは、「もうこの先、そんな長い人生じゃない。自分の食べたいものを食べて、自分のペースで生活をしていく」「だから、訪問看護や訪問介護などのサービスは不要で、何かあったら自己責任だし、自分の決めたことだから、悔いは残らない」と、サービス導入を断った。面接終了後、実習指導者は、「訪問看護や訪問介護などのサービスなく一人暮らしがしたい」というBさんの思いを主治医に代弁した。同時に、実習初日の病院長の講話で「病院も経営が重要であるため、サービスが必要な患者には、積極的に法人内の施設を利用してもらい、早期退院を支援する。これは、社会福祉士の重要な役割である」との話を思い出した。

　結果的に、法人内の訪問看護を導入する形で早期退院となった。このとき、〈もしも、自分が社会福祉士になり、同様の場面に遭遇したとき、

どのように対応すべきか〉と考えた。

●解説

　このような場面に遭遇したとき、実習生であるあなたは、倫理的課題がどの点にあると考えるだろうか。キーワードとしては「自己決定」「再発防止」「QOL（quality of life：生活の質）の向上」「早期退院」「サービス利用」「他専門職（医師）の価値や倫理」「病院の経営方針」などが挙げられる。次に、倫理基準などに照らし合わせた場合、クライエントに対する倫理責任のなかでも【クライエントの自己決定の尊重】と【説明責任】が考察されるほか、組織・職場に対する倫理責任など、複数の倫理責任が生じることがわかる。また、倫理綱領以外の社会資源では、医師などの他専門職の価値や倫理、チームアプローチ、医療計画や診療報酬制度などの制度や、病院の経営方針などを考慮に入れる必要もある。

　特に、チームケアや、連携・協働の際に、各専門職や関係機関の価値や理念による方法や手段の違いに伴い、ズレや摩擦が生じる場合がある。このような状況を**チームコンフリクト***と呼ぶ。実習の場面では、多職種によるカンファレンスやチームケア等において、クライエントや地域住民、関係者との問題解決に向けて社会福祉士の専門性や立場からの発言を観察することで、他専門職や関係機関の価値や理念の相違とともに、社会福祉士の価値もあらためて理解することが可能となる。さらに、実習施設・機関等には、組織の理念や社会的意義、法令に基づく施設の役割、事業や計画とともに、組織運営をしていくために必要な規則が体系的に整備されている。具体的には、❶職員が遵守すべき事項と労働条件が規定されている就業規則、❷事務分掌や職務権限を規定する規則、❸文書の保管や廃棄、記録を規定する規則などが整備されている。これらの規則に関する事前学習として、実習機関・施設のホームページやパンフレットの閲覧、実習前オリエンテーションにおいて、施設長や実習指導者から直接説明を受けることで理解を深めることが可能となる。さらに、実習中には、実習指導者や職員が、規則に沿った行動をしていることを観察することで、実習生自身が規則について説明できるようになる。あわせて、事前学習として、医療計画や診療報酬制度などの制度の理解も必要となる。

★**チームコンフリクト**
チームケアやチームアプローチの際に、目標の設定方針や役割分担などチームメンバー間に意見の対立や葛藤が起こること。

4 達成目標⒄行動目標②③、達成目標⒅行動目標③ について想定される実習内容

・達成目標⒄行動目標②
　　p.272 参照
・達成目標⒄行動目標③
　　p.272 参照
・達成目標⒅行動目標③
　　実習施設・機関等の規則等のうち、事務分掌や職務権限を規定する
　　規則等を理解し、説明することができる。

　上記の行動目標に取り組むため、実習生が具体的にとる（と想定される）行動の例について、児童養護施設における面談室での実習場面を取り上げて紹介する。

　児童養護施設での実習中、実習生は、社会福祉士（実習指導者）と入所中のＣさん（16 歳）の面接に同席することとなった。面接のなかで「飲酒をした。もう二度とやらない」「寂しくて、せっかくできた友達の誘いを断りたくなかった」「だから、誰にも言わないでほしい」「警察に捕まりたくない」と訴えた。これに対し、実習指導者は、「私個人で判断することはできない」と伝えた。結論として、施設長に報告し、相談することとなった。このとき〈もしも、自分が社会福祉士になり、同様の場面に遭遇したとき、どのように対応すべきか〉と考えた。

●解説

　このような場面に遭遇したとき、実習生であるあなたは、倫理的課題がどの点にあると考えるだろうか。キーワードとしては「誰にも言わないでほしい」「飲酒」「未成年」「酒（薬）害」「本人の思い（寂しい／友達の誘い）」「法律（触法）」などが挙げられる。倫理基準などを照らし合わせると【プライバシーの尊重と秘密の保持】と【クライエントの自己決定の尊重】のほか社会に対する倫理責任など、複数の倫理責任が考察される。倫理基準をもとに、詳細に整理してみると、違法行為であることや飲酒に伴う酒（薬）害が生じること、Ｃさんが未成年者であるため保護者への報告などの責任も生じる。また、Ｃさんが通う学校への報告義務も生じるだろう。このことから、実習指導者個人の判断や業務範囲を超えた状況にあることがわかる。よって、倫理綱領以外の社会資源では、実習施設・機関等の規則のうち、事務分掌や職務権限を規定する規則をよく理解しておく必要もある。実習前オリエンテーションにおい

て、施設長や実習指導者から直接説明を受けることで理解を深めたり、実習中には、実習指導者や職員が、規則に沿った行動をしていることを観察することで、実習生自身が規則について説明できるようになる。また、法に触れる行為や酒（薬）害などを考えた場合、法律や医療の専門家などのコンサルテーションを活用することが考えられる。

5 倫理綱領に反するソーシャルワーク実践

　実習生として、臨床現場の実践を一面的に観察して「倫理違反だ」と批判することは避けなければいけないが、事実、倫理綱領に反するソーシャルワーク実践は存在する。この倫理綱領に反するソーシャルワーク実践には、大きく三つのパターンがある。まず、❶意図的にソーシャルワーカーの立場を利用して自分の利益のために行う行為である。たとえば、クライエントの金品を搾取したり、報酬以外／以上の金銭を受領したり、クライエントとの性的関係（それを迫る行為）などである。次に、❷意図はしていないが、倫理綱領をよく理解していないために倫理違反の実践を行う場合である。たとえば、よかれと思ってやっていることの根拠は倫理綱領になく、個人的な感情や道徳観による実践などである。また、行っている実践が利用者の人権侵害になっていることが認識できていない場合などである。最後に、❸社会福祉士自身の身体的、精神的、心理的状態によって、判断の誤りや不適切な支援を行う場合である。具体的には「疲れているとき」「忙しく、慌ただしくしているとき」そして「（根拠なく）うまくいきすぎているとき」などは注意が必要である。支援を行う社会福祉士自身が「病悩」状態では適切な支援は行えない。よって、日頃からの自己管理が重要となる。

　以上、実習生として、このような倫理綱領に反するソーシャルワーク実践を行わないためにも、①倫理綱領をよく理解し、常に意識化すること、②上司や同僚と相談できる環境があること、③自己管理を行うことが重要となってくる。

　よって、実習生は、実習にあたり、心身の管理といった自己管理を行うとともに、倫理綱領を熟知し、実習施設・機関では必ず実習指導者への報告、連絡、相談を怠ってはならない。さらに、実習巡回指導や帰校日指導、実習後指導などの際にも、実習指導担当教員とよく話しあうことが重要である。

ソーシャルワーク実践に求められる技術

● ソーシャルワーク実践に求められる技術の目的、方法、留意点を踏まえたうえで、その技術について、実習を通して学ぶ意義を理解する

● ソーシャルワーク実践に求められる技術について、ソーシャルワーク実習教育内容・実習評価ガイドラインの達成目標に向けて実習生が取り組む行動目標の具体的な実習内容をイメージする

1 アウトリーチ

1 アウトリーチを学ぶ意義

実習施設・機関で日々行われているソーシャルワーク実践を学ぶなかで、アウトリーチ★の技術について理解し、これを実践する力を習得することが、実習の行動目標となる。アウトリーチを限定的な場面で活用する技術として捉えるのではなく、ソーシャルワークの展開過程で広く活用でき得る技術として意味づけ、学ぶことが求められる。

アウトリーチの実践では、顕在化あるいは潜在化したニーズを有する個人（利用者とみなされる人を含む）、家族、これらを取り巻く学校や職場、近隣等におけるさまざまな人々とのかかわりから地域社会における諸活動に至るまでを視野に入れて、その生活の場（居場所）で、多職種連携・協働によって解決を図っていくことが特徴である。各実習施設・機関で実践されているアウトリーチは、実施時の判断やタイミング、介入方法等に差異はあろうが、いずれにおいてもこの技術の活用によってソーシャルワーク機能が果たされることになる。

実習期間中にアウトリーチを学ぶことができる実践場面として、利用者の自宅（家庭）、利用者の生活に直接かかわる施設・事業所（通所・入所）、医療機関（通院・入院）、地域住民の生活や活動を支える場など、多種多様な生活の場（居場所）が挙げられる。実習生が、これらの場で行われる相談および支援の実践を学ぶことで、定期的なアウトリーチが地域生活の維持を可能にしていることを理解できる。また、学校や職場等への訪問、ケア会議や担当者会議、事例検討会等への同席・同行、危機介入★を目的としたアウトリーチもあり、その実践は、多岐にわたって

★アウトリーチ
ソーシャルワーカーが地域に出向き、顕在的・潜在的な生活課題を有する人々のニーズを発見し、必要な支援へと結びつけるために用いる技術の一つ。その人の生活の場へ出向く個別的、直接的なかかわりや、住民主体のまちづくりや地域共生社会における諸活動も含まれる訪問型の支援である。

★危機介入
日常生活で危機的状況に直面している人々に対して、積極的、直接的に介入し、働きかけることによって、その状況からの回復を図るためのアプローチのこと。

いる。

　さらに近年は、人々が生活を送るうえで起こり得る社会的排除、虐待（児童、高齢者、障害者など）、ひきこもり、自死、そして災害時等の危機的状況や社会問題は、適切な支援に結びつかないことで悪化してしまう事例も多い。このような人々のニーズや諸課題に対して即応的に、各対象や領域等を超えた**包括的な地域生活支援**が、社会福祉士のアウトリーチによって担われている。

2 想定される具体的な実習内容

　ここでは、地域包括支援センターでの実習場面を取り上げて紹介する。

　実習生は、実習指導者とともに、利用者 A さん（72 歳）の訪問に同行することとなった。実習指導者は、A さんの担当となって約 1 年であり、半月後にはモニタリングのための定期訪問が予定されていた。しかし、民生委員より「最近、県外で働いていた息子がリストラにあって戻ってきたようで、それ以降、趣味である家庭菜園や草花の手入れを日課としていた A さんの姿を庭先で見かけなくなった。3 日前に挨拶を交わしたが、いつも社交的で明るかった A さんが意気消沈しており、気がかりである」との連絡を受けて、様子を伺うための訪問であると説明があった。そこで、実習生は、どのような準備や心構えが必要か、実習指導者に相談した。

　実習生は、まず、アウトリーチの意義、目的、機能、方法、訪問型の支援における留意点について、テキストや授業時のノートを読み返した。加えて、実習指導者の指導によって A さんの記録を閲覧し、基本情報についてアセスメントシートを使って整理し、A さんに対するイメージを膨らませた。また、同居している息子との関係はどのようであろうかと、再度、記録を注意深く確認したが、息子に関する情報は、特に見当たらなかった。

　訪問当日は、実習指導者が、実習生と一緒に訪問したいと A さんに事前連絡をしていたため、スムーズに迎え入れられた。玄関先で、実習指導者の挨拶のあとに促された実習生は、緊張しながらも挨拶と自己紹介をした。居間に通された実習生は、A さんにメモをとることの了解を得て、面談に同席した。実習指導者は、「食事はとれていますか」「よく眠れていますか」「最近、何か気がかりなことはありませんか」など、A さんの気持ちを察しながら生活の様子や変化、約 20 年ぶりの息子との同居生活について尋ねていた。最初は言葉数の少なかった A さんが、

1時間の面談を通して「心身ともに疲れ果てて戻ってきた息子がひきこもり状態になっている。日常会話もままならず、どのように付き合えばよいのかわからずに心配を募らせている」と、胸の内を語った。実習指導者は、1週間後の訪問の約束をして、それまでの間に気がかりなことがあったらいつでも連絡をしてほしいこと、そして、息子を見守りつつもAさんのペースで過ごすようにと伝えて面談を終了した。

　訪問後、実習生は、近くの地域交流センターで実施されている自治体主催の介護予防出張講座を見学した。その後、別のフロアで開催されていた民生委員の定例会議に同席する機会も得た。会議後、実習指導者は、Aさんが心配であると伝えてくれた民生委員に、当面の間、週に一度の訪問を継続したいと報告した。民生委員は安心した様子で、自分も日常的な見守りを続けていきたいと話した。この場には、自治体の保健師、社会福祉士もおり、今後、Aさんを中心としつつ息子への支援も視野に入れながら見守りや日常的な支援を進めていくことが話しあわれた。

　訪問後のスーパービジョンで、今後は自治体や基幹相談支援センター等とも連携・協働し、Aさんへの支援を検討することになるだろうとの説明を受けた。実習生は、顕在的・潜在的なニーズを発見し、アセスメントからプランニング、モニタリングへとつなぐ過程は1サイクルで完結するものではなく、たとえば、複数回の訪問でアセスメントを行ったり、モニタリングから再アセスメントを行うなどのサイクルの繰り返しによって、利用者の「今、ここで」の生活状況に合わせて修正を重ねていくものと理解した。

●解説

　実習生は、事前にアウトリーチの意義をはじめ、目的、機能、方法、訪問型の支援における留意点、信頼関係（ラポール）の形成のための面接技法の活用について復習をしていた。これにより、アウトリーチが、利用者の地域生活に関する相談に応じ、支援へと結びつけていく具体的な方法であり、個人、家族、地域へと重層的に介入できるという特徴を有することを理解できた。また、何らかの支援が必要であるにもかかわらず、制度やサービスの狭間にいたり、網の目からこぼれ落ちそうな状況にある人々の生活課題を発見し、その人々が望む生活の実現に向けて、地域の諸資源を活用しながら解決を図っていくために必要な支援を届けることを目的とした技術であることも理解できた。

　アウトリーチの場は、自宅や利用している施設・事業所など多種多様であり、地域で開催される会議や諸活動に出かけていくことも含まれ

る。いずれにおいても、利用者の生活の場に直接かかわることになるので、信頼関係（ラポール）の形成を基盤としたかかわりや傾聴、受容、共感的理解をもって、ニーズや課題を生活の延長線上で捉える「生活者の視点」や「プライバシー保護」「権利擁護」が求められる。

アウトリーチの対象は、ミクロ・メゾ・マクロのすべてのレベルにわたって、重層的に活用される技術である。日頃から、地域アセスメントによってそこに暮らす人々を含めた当該地域に関する情報を統合してSWOT分析を行い、地域特性やその強み（ストレングス）、顕在的・潜在的な生活および地域の課題を明確にしておくことで、将来的に利用者となり得るすべての住民の地域生活を包括的・継続的に支援するネットワークの構築へとつながり、ひいてはその営みが、共生社会の実現につながる。

今後の実習生の課題として、自分も地域に暮らす一住民であり、生活とは何か、生活者とはどのような人かをイメージしながら生活および市民感覚を身につけられるように、人に、地域に関心を寄せながら技術を磨いていくことが考えられる。加えて、災害時における支援活動やACT（Assertive Community Treatment：包括型地域生活支援プログラム）などは、アウトリーチの代表的な取り組みといえる。実習施設・機関および関係機関、ならびに当該地域での取り組みがあれば積極的に学び、理解を深めよう。

2 ネットワーキング

1 ネットワーキングを学ぶ意義

地域のつながりの希薄化や社会的孤立が進んでいる現代社会において、ネットワーキングは単一の組織では達成が難しい目標を、あらゆる新たなつながりを形成することで成しとげていくことが可能である。

核家族化や地域の孤立化が進んでいる現在、他者とのつながりが希薄になっている。特に、一人暮らし高齢者は、ひとりで身の回りのことをしているなかで、さまざまな困り感を抱えていることが多いと考えられる。社会福祉協議会や地域包括支援センターに実習に行くと、独居の高齢者に出会うケースがあるだろう。

地域では、小地域を単位として一人暮らし高齢者などの要援護者を支援する小地域ネットワーク活動が行われている。社会福祉協議会、地区

★ ACT（Assertive Community Treatment：包括型地域生活支援プログラム）
重度の精神障害のある人の、住み慣れた地域における安心できる暮らしの維持・継続を目指して、多職種チームによる24時間365日の体制で、包括的な地域生活支援を行うプログラムのこと。アウトリーチの代表的な実践の一つである。

福祉委員会、民生委員・児童委員、地域包括支援センターなどがネットワークを形成し、地域で孤立しないように要援護者を支援している。具体的には声かけ訪問や安否確認、簡単な日常生活の手伝いといった個別援助活動、交流や親睦を深めるために集会所などにグループで集まるグループ援助活動を実施している。実習に行くと、支援者がどのようにネットワーキングしているのかをみることができるだろう。一人暮らし高齢者が多い自治体では、小地域ネットワーク活動に基づくネットワーキングが不可欠となる。

　では、実習中にどのようにネットワーキングの技術を活用するのか。ネットワーキングの技術を活用するにあたって重要なことは、❶ニーズ把握、❷ネットワークにおけるキーパーソンの理解、❸モニタリングといえる。

　❶ニーズ把握では、実習を行う自治体にはどのような潜在的なニーズが隠されているか知る必要がある。一人暮らし高齢者、障害者世帯、子育て世帯など孤立を抱えている場合が考えられる。どのようなネットワークを形成し支援を行うのか知らなければならない。ニーズ把握は、困り感を抱えた当事者にとって必要なネットワークなのかを、見立てるうえでも重要なことである。

　❷ネットワークにおけるキーパーソンの理解では、誰がネットワークの中心であるのかを見極める必要がある。ネットワークを形成している以上、そこには中心となる組織や人物がいる。小地域ネットワーク活動でいうと、社会福祉協議会がキーパーソンである場合もあるし、地域包括支援センターが中心となっている場合も考えられる。キーパーソンを中心として、どのようにネットワークが展開されているのか把握していく必要がある。そうすることで、線ではなく、キーパーソンを中心に面で捉えることが可能となり、どのような支援が行われているのかについてみることができるであろう。

　❸モニタリングでは、ネットワーク化したことで、当事者がどのように変化したのか、理解することが必要である。小地域ネットワーク活動を展開していたとしても、高齢者などの当事者のニーズが充足しているのか、当事者の声を拾わなければならない。ネットワーキングが言葉だけにならないように、注意することが肝要といえよう。小地域ネットワーク活動において、社会福祉協議会、地域包括支援センターなどの網の目が、当事者のニーズを拾うことができていれば、次の当事者への支援にもつながり、予防的アプローチが可能になってくる。そのためにも、

ネットワークが関与する事前と事後で、どのような変化がもたらされる
のか、観察することが重要といえる。

2 想定される具体的な実習内容

ここでは、社会福祉協議会での実習場面を取り上げて紹介する。

実習生が社会福祉協議会で実習をしているときに、実習指導者である
福祉活動指導員のもとに民生委員から、「自分の住んでいる地区では独
居高齢者が増え、以前はよく見かけていたのに、最近めっきり見かけな
くなった人がいて心配だ」という相談が寄せられた。

実習生は、実習指導者からソーシャルワーカーとして何ができるか意
見を求められた。事前学習で、その地域には一人暮らし高齢者が多いこ
と、ソーシャルワーカーによる生活支援が必要なことを学習していたも
のの、実習生は具体的な手立てを提案することができなかった。そこで、
実習指導者から、「ソーシャルワークにはネットワーキングという技術
があるので、一人暮らし高齢者への支援において、ネットワーキングの
何が大切となるのか調べてはどうか」という課題が与えられた。

●解説

上記の場面において、実習生が考えなければならないことは3点ある。

まず、ネットワーキングの技術を活用するために、**社会資源を知る**と
いうことが挙げられる。地域には専門職だけでなく、ボランティア、友
人、近隣住民などさまざまな社会資源が存在する。個人・家族というミ
クロレベルから、社会問題に対応するためのマクロレベルまで、ネット
ワーキングのための社会資源を理解することが求められる。ネットワー
キングの際、やみくもに人を集めるのではなく、地域課題に応じて、関
係者を集めていかなければならない。その前提として、地域にはどのよ
うな社会資源があるのかを把握しておく必要がある。実習に行くにあた
り、地域の社会資源をまとめておくことは重要といえよう。たとえば、
社会福祉協議会に実習に行った場合、地域包括支援センター、福祉事務
所、民生委員・児童委員、福祉推進員、ボランティア、近隣住民、学校
などの社会資源が考えられる。実習前に、あらゆる社会資源とその役割・
機能をマッピングし、社会資源の状況を説明できるようにしておくこと
が必要である。

つぎに、困り感を抱えている人にとって、本当に必要なネットワーク
であるのかについて、アセスメントを行うということが挙げられる。な
ぜ、ネットワークが必要であるのか考えなければならない。たとえば、

第**6**章 実習の実際

一人暮らし高齢者の見守りでいえば、当事者が支援を求めていないケースがある。そのような場合、社会福祉協議会が中心となり、多くの関係者を集めたネットワークを形成しても、当事者から「要求していない」と言われてしまうことも考えられる。誰と誰が組むことが、困り感を抱えた人を救うことができるのか見立てることが必要である。前提として、それぞれの関係者の役割・機能を知っておく必要がある。たとえば、実習中に地域ケア会議などに参加し、職種ごとの役割・機能やアセスメントの視点の違いを理解することが重要といえよう。加えて、実習中に地域へ出て、どのような地域課題が存在するのか把握することも重要である。

最後に、ネットワーキング形成の中心となるソーシャルワーカーの役割・機能を理解することが挙げられる。ソーシャルワーカーの役割・機能は多数挙げられるが、人と人の関係性に着目することが大切である。ネットワークを形成する際に、どことどこの関係性に特に着目するのか、あらゆる社会資源のなかから必要な資源をいかに選択するのかを知らなければならない。そのため、上記に挙げた社会資源の理解に加えて、社会資源同士の関係や地域のソーシャルワーカーと社会資源とのかかわり方も、実習前に理解しておくことが重要である。

3 コーディネーション

1 コーディネーションを学ぶ意義

ソーシャルワーク実践の現場では、ソーシャルワーカーをはじめ、その他の専門職、場合によっては地域住民等とも連携を図らなければならない。その際に欠かせない技術が社会資源をつなぐためのネットワークとコーディネーションである。ここでいうネットワークとは必要な社会資源を結びつける体制を指し、コーディネーションはその体制を活用し、利用者を支援する際に有効となるよう調整する技術と捉えることができる。

実習中にコーディネーションを活用する場面としては、社会福祉関係施設内のケアカンファレンスや、サービス担当者会議の調整、運営のほかに、多重問題を抱えた当事者についてのケースカンファレンス、地域福祉計画作成のための検討会議などが想定される。このときソーシャルワーカーには、さまざまな専門職や機関がそれぞれにもつ役割や機能の

★社会資源
ニーズを充足させるための個人、集団、組織、機関、それ以外にも法制度や知識、情報までをも含めた総称。

調和を図り、利用者のニーズに沿った運営を推進することが求められる。つまり、岡村重夫のいう社会福祉の「調整的機能」の視点が必要なのである。[1] 以下、ミクロからメゾ、マクロレベルにおけるコーディネーションの場面を例示する。

❶ミクロレベル

より小規模なミクロレベルでのコーディネーションは、援助の対象（本人や家族）と直接かかわる組織、機関内で実施される。たとえば、社会福祉関係施設でのコーディネーションは医師、看護師、理学療法士などの医療専門職、社会福祉士、精神保健福祉士、介護福祉士、保育士などの福祉専門職等を調整する。例として、施設内のカンファレンス、各種委員会などが挙げられる。

❷メゾレベル

中規模のメゾレベルでは、ほかの機関、組織との連携が該当する。たとえば福祉事務所のケースワーカーと地域包括支援センターの社会福祉士、精神科病院の精神保健福祉士が連携して利用者に対応する場合である。例として、自立支援協議会、地域連携ネットワーク会議などが挙げられる。

❸マクロレベル

最も規模の大きいコーディネーションは、地域全体を視野に入れる必要がある。前述のフォーマルな社会資源に加え、地域住民をも巻き込んだインフォーマル・サポートの調整が必要となる。また、制度化されたサービスだけではなく、コーディネーションを通して新しい資源の創出や計画の作成、地域組織化などの視点もソーシャルワーカーには求められる。例として、地域住民との座談会、各種シンポジウムの開催、地域福祉計画の作成などが挙げられる。

2 想定される具体的な実習内容

ここでは、メゾレベルのコーディネーションについて、社会福祉協議会での実習場面を取り上げて紹介する。

Ｂ市社会福祉協議会（以下、Ｂ市社協）で実習中、Ｂ市を中心に記録的な豪雨災害が発生した。市内を流れる河川が氾濫し多くの世帯が浸水被害に遭い、避難所には被災した地域住民が詰めかけた。Ｂ市社協はボランティアの受け入れのため、直ちに災害ボランティアセンターを立ち上げることになった。

緊急事態のため、実習生は実習の継続について実習指導者に確認した

ところ、実習生の協力もほしいとのことで実習は継続されることになった。養成校の実習指導担当教員にも連絡して継続の報告を行った。

　災害ボランティアセンターは、ボランティア受付班、ニーズ班、マッチング班、送迎班、資材班、総務班の六つの班でそれぞれ役割が分担され、実習生はボランティア受付班に配属された。災害発生日の翌日から、ボランティア希望者が災害ボランティアセンターに訪れた。発災直後ということもあり、運営手順の確認をする間もなく実習生は現場に立たされ、混乱気味であった。受付を担当するB市社協職員の対応を見ていて、ボランティアに受付票を記入してもらいながら同時に保険加入の有無や保有資格、ボランティア経験の有無を聞き出していることに気づいた。実習生が、その内容をメモにとっていると、担当職員からそれをホワイトボードに書き出すよう指示されたため、ボランティアの性別、年齢、保有資格、経験、運転免許の有無・種類を分類してホワイトボードに記入していった。マッチング班は、緊急に対応が必要なケースについては、そのホワイトボードを確認してすぐにボランティアを被災現場へ派遣させた。

　その後、ニーズ班から浸水した高齢者施設から入居者を病院へ移送しなければならないとの連絡がマッチング班に入った。マッチング班は即座にボランティア受付班に運転手、医療従事者、介護従事者を要請した。B市近隣の病院から看護師が派遣されていたため、看護師と運転手は見つかったが介護従事者の派遣が遅れており、まだ到着していなかった。実習生は家族の介護経験があるというボランティアがいたことを思い出し、担当職員に報告した。担当職員はそのボランティアに事情を説明し、介護経験について確認すると、高齢の親を介護しており、また、介護職員初任者研修を受講していることがわかった。ボランティアはその情報を記入する項目が受付票になかったため、書いていなかったという。早速移送に同行してもらうよう依頼してマッチング班に引き継いだ。その後、受付票には、受講研修の有無を確認する項目が付け加えられるなどの修正が加えられていった。

●解説

　この場面は被災下での実習という、特殊な例である。ただし、災害が毎年のように頻発する昨今、被災下でのソーシャルワーク（災害ソーシャルワーク）は社会福祉士として理解する必要がある。災害ボランティアセンターの活動は緊急を要し、かつ突発的なニーズが発生するなど形式的な対応では困難なことが多い。臨機応変で柔軟な対応が求めら

れる。

　ボランティア受付班に配属された実習生は混乱しながらも自らができること（メモをとる）を実践した。また、その集約した情報をすぐに理解できるようにホワイトボードに書いて視覚化した。これによってマッチング班は急を要するケースへの対応が可能となった。ここでは災害ボランティアセンターの運営スタッフ同士をつなぐことで間接的にボランティアとニーズをつなぐコーディネーションを果たしたといえる。また、介護要員が必要なケースにおいても「家族の介護経験」という情報をもとに担当職員へ報告することでニーズとつながった。ここも臨機応変な対応が活きた場面である。

　今回取り上げた場面は他機関の専門職やボランティアをコーディネートしているため、メゾレベルに該当する。このほかにもミクロレベル、マクロレベルの実践があり、**表6-16** は代表的な場面を取り上げ、それを整理したものである。

表6-16　コーディネーションのレベル

| | コーディネーションのレベル | | |
	ミクロレベル	メゾレベル	マクロレベル
具体的な実践場面	・施設（組織・機関）内カンファレンス ・ケース会議 ・各種委員会　など	・自立支援協議会 ・他組織・機関とのカンファレンス ・地域連携ネットワーク会議　など	・行政と地域住民の座談会 ・各種シンポジウムによる問題提起や政策の提案　など
必要な知識・技術	・コミュニケーション技術 ・面接技術　など	・関連制度の理解 ・記録 ・プレゼンテーション技術　など	・情報の収集・整理・分析技術　など

4　ネゴシエーション

1　ネゴシエーションを学ぶ意義

　ソーシャルワーク実践においては、ネゴシエーションを展開するさまざまな場面がある。たとえば、保健医療福祉サービスの利用をかたくなに拒み、自宅にひきこもるクライエントに対する取り組み、地域移行を行う際の不動産業者や近隣住民に対する取り組み、新しい社会資源の創出にかかる行政機関や地域住民への取り組み、クライエントや家族の要望や要求に応えるための取り組みなど、対象や場・内容も多様である。

ネゴシエーションを行うためにはクライエントはもちろん、ネゴシエーションの対象者との関係性が前提になくては困難が伴う。ネゴシエーションでは、ソーシャルワーカーの考えを伝えることはもちろん、対象者の立場に立ってその考えや思いを理解することからスタートする。実習指導者がどのように対象者と関係を構築し、どのようなタイミングと方法でネゴシエーションを進めているのか、観察しながら学びを深めてほしい。実習中、「個別支援計画の作成」を行う際に、実習生はクライエントに対して直接ネゴシエーションを行うこととなる。そのため、実習生はどのようにネゴシエーションが展開されるのかについてよく理解しておくことが重要である。

2 想定される具体的な実習内容

ここでは、障害福祉サービス事業所での実習場面を取り上げて紹介する。特に、個別支援計画の作成に向けて実習生が行うネゴシエーションの展開について解説していきたい。

❶関係づくり

実習生はCさんと関係を築きながらその理解に努めてきた。しかし、「なぜ入所を継続しているか」「地域移行するためにはどのような手段が考えられるか」といった疑問がわいてきた。そこで、Cさんを対象に、個別支援計画を作成してみることにした。そのことを実習指導者に伝えると、Cさんにそれを説明し、了解を得る（ネゴシエーション）よう指導を受けた。実習指導者は実習生に対し、ネゴシエーションにおいて、❶あらためてソーシャルワーカーの実習生であることを伝えることはもちろん、態度や姿勢、言葉遣いなどに気を配ること、❷専門職や交渉者としてだけではなく、「人対人」としての関係性や信頼関係を構築していくことの重要性についてアドバイスした。

❷情報収集と分析、計画

実習生は個別支援計画の作成を行うにあたっての分析（クライエントとの関係性や収集した情報、実習期間や内容、自らの実習の進捗状況等を鑑みたスケジューリング）を行った。また、交渉場面を想定し、実習指導者を相手に、❶交渉の進め方、❷具体的な説明、❸拒否的な姿勢を示した際の対応などについてロールプレイを行った。

❸関係者に対する事前の「説明と合意」

実習生は、実習指導者からCさんの個別支援計画を作成することについて、関係者に対して説明し、同意を得るよう助言を受けた。これは

実習指導者による実習マネジメントの一環として行われることも多いが、このような事前の「説明と合意」は、ソーシャルワーカーとして連携や調整をする場面でよく行われることでもある。実習生は実習指導者とともに対象となる関係者を整理し、説明していった。また、実習生はCさんに対してもどのようなことを行おうとしているのか、それについての詳しい説明を別途行うなど、十分なコミュニケーションをとる時間を設けた。

❹交渉

実習生は、実習指導者から交渉を優位に進めるために「権威の効果」「脅しの効果」「報奨の効果」を使うことは避けるようにと助言を受けた。あくまでも実習生がCさんの個別支援計画を立てることで、Cさん自身にどのようなメリットがあるのか、あるいはデメリットとしてどのようなことがあるのかを真摯に伝えるようにと説明を受けた。そして、実習生は場の雰囲気づくりや導入の会話などに工夫を凝らし、交渉を始めた。この間に準備してきた材料をもとに、実習生の狙い（交渉の主眼＝個別支援計画の対象者になってもらう）をCさんが理解できるように真摯に伝えた。

●解説

① 交渉における提示材料（メリットとデメリット）

実習生は、個別支援計画を作成することでどのようなメリットとデメリットがCさんにあるか考え、伝えることが求められる。ここでいうメリットとは、たとえば、❶現在利用しているサービスの状況やそれに対する評価を再確認する機会となり、実際の個別支援計画と照らし合わせることで新たな気づきを得られること、❷実習生らしい柔軟な発想による計画が生まれ、その後の担当者とのかかわりを通じてCさんの生活が豊かになる可能性があること、❸今回のかかわりを通じて実習生が成長させてもらうことで、今後ソーシャルワーカーとして広く社会に貢献できることなどが挙げられる。

一方、デメリットとしては、たとえば、①実習生が新たに提示する個別支援計画と実際に提供されている支援との間に疑問を感じ、Cさんが不安になる可能性があること、②実習生の慣れない対応によってCさんに戸惑いを感じさせてしまうかもしれないことなどが考えられる。そういった一連のリスクを事前に丁寧に説明しながら、そのフォロー体制を実習指導者とともに組んで提示することが必要である。

第**6**章 実習の実際

② 交渉相手のペースに合わせる

メリットやデメリットとその対応を示すなかで、徐々にクライエントの不安が解消されることもある。しかし、実際に交渉を進めるなかで、クライエントから「少し考えさせてください」と消極的な姿勢がみられる場合もある。そのような場合は、実習指導者と相談し、クライエントのペースに合わせ、相手の判断や考えを尊重して待つ姿勢をとることが必要である。「交渉をうまく進めたい」と思いがちな場面でも、「クライエント中心」というソーシャルワークの価値を根底にもつことが大事である。

③ 交渉における合意ライン（妥協点）の見出し

先述の場面では、実習生は「どのような形であればCさんが安心して協力してくれるのか」について考え、実習指導者・Cさんの担当者とも調整を重ねた。そして、「Cさんの担当者も含めた定期的な打ち合わせ」を行うことで、双方が歩み寄ることで合意できるライン（妥協点）を見出し、Cさんと合意形成を図ることができた。このように、合意ラインを見出したうえで実際の個別支援計画の作成に向けたかかわりをスタートさせることが重要である。

④ 交渉の記録とフォローアップ

実習生は、交渉のプロセスについて、誰とどのような内容で調整を行ったのか丁寧に記録に残すことが重要である。クライエントや実習指導者と経過を振り返ることができる材料をつくっておくことで、その後のかかわりで発生するさまざまなリスクに対応することが可能となり、実習生のソーシャルワーク記録としても有意義なものになる。

さらに、交渉終了後（協力が得られた場合でも、得られなかった場合でも）は、フォローアップのためのコミュニケーションは欠かせない。

5 ファシリテーション

■1 ファシリテーションを学ぶ意義

ファシリテーションは、カンファレンス（会議・協議）やミーティング等を通して出席者のコンセンサス（合意）を目指す技術であり、主にファシリテーター（進行役）に求められる。カンファレンス等には専門職や当事者等、さまざまな立場の人が出席する。ファシリテーターには、コンセンサスを目指す過程でこれらの出席者の意見調整や橋渡し等の技

術が求められる。このファシリテーターは、ソーシャルワークの実践現場でソーシャルワーカーが担うことが少なくない。実習生はカンファレンス等に参加し、ファシリテーションの実際を体験・観察して必要な技術を体得する。

「ソーシャルワーク実習教育内容・実習評価ガイドライン」では、ファシリテーションの目標として、「カンファレンスや地域の会議、ネットワーク会議等における意思決定のプロセスが円滑になるよう働きかけることができる」と掲げている。

2 想定される具体的な実習内容

ここでは病院での実習場面を取り上げて紹介する。

実習生は脳梗塞で入院したDさん（66歳、男性）の、退院後の支援計画を決めるためのカンファレンスに参加することになった。実習生はファシリテーターである実習指導者が行う準備段階から参加し、企画や開催日決定の様子、これまでDさんとかかわってきた看護職やリハビリテーション職、院外のケアマネジャー、別居している親族へ出席の連絡をする様子、資料や記録用紙を準備する様子等を確認した。また実習指導者とともに会議室で出席人数分のいすを準備した。会場設営中に実習指導者が、「Dさんの隣にはケアマネさんに座ってもらいましょう」と言ったが、実習生にはその意図がわからなかった。

カンファレンス当日は、まず出席者の簡単な自己紹介のあと、実習指導者からこのカンファレンスの目的・目標が伝えられた。その後、半身麻痺となったDさんの入院中の様子や身体的状況、現在行われているリハビリテーションやケアの内容、服薬等の状況説明が各専門職から行われた。それを聴いた実習生は、難解な専門用語等がなく、わかりやすい説明だと感じた。

Dさんからは退院に向けて「これまで一人暮らしだったが、半身麻痺になっても一人暮らしが続けられるか不安だ」といった今後の不安等が語られた。実習生は、Dさんの話を聴いている実習指導者を注意深く観察するなかで、実習指導者が受容や傾聴、共感の姿勢を示していることに気づいた。Dさんの話を聴き終えた実習指導者は、訪問介護や福祉機器の利用等、必要に応じた介護サービスを利用してはどうかとDさんにわかりやすく伝えた。これについてDさんは了承し、ほかの専門職からの異論もなかったため、どの機関がどのサービスを提供するのかを確認し、全員が了承した。

第6章 実習の実際

291

また理学療法士からは、退院後もリハビリテーションが必要なためデイケアへの通所の勧めがあった。これに対しDさんは、「入院中もやっていたがあまり効果が出ていないような気がするし、知らない人がいるところに通うのは気が引ける」と発言した。実習指導者はDさんの気持ちを受容しつつ、「残念ながらよくなることはないとしても、今の状態を保ち続けることは大切だと思います。またDさんはこれまで人との交流が少なかったようですが、デイケアで人と触れあうことはよい刺激になると思いますよ」と助言したことでDさんは納得し、通所を承諾した。

●解説

① 企画や準備の確認と出席者への働きかけ

実習指導者であるファシリテーターは、カンファレンス開催前から準備等を行った。実習生は実際に企画や準備にかかわることで、これらのやり方等を確認することとなる。また実習生は、事前にカンファレンスの目的や出席者を確認し、出席する専門職の専門性等を事前学習しておくことが求められる。カンファレンスによっては専門職だけでなく、当事者やその家族・地域住民・関係者・機関・団体等が出席することもある。実習生は彼らに働きかけ、情報を共有するなどして、信頼関係の構築や連携・協働ができるよう努める。

② カンファレンス開催の場所や環境の確認

先述の場面において、実習生は、会議室の設営を通して、カンファレンスが行われる場所や部屋のレイアウト等の環境面を確認している。場所は会議室（カンファレンスルーム）や相談室で行われることが多いが、カンファレンスの内容によっては、スタッフルームや病棟の面会室等で行われることもある。

またカンファレンス中、実習生は誰がどこに座るのかについても注目している。この場面では、実習指導者がこれまでDさんと深くかかわってきたケアマネジャーを、Dさんの隣に座るようにした。また当事者とその家族が出席する場合には、隣同士に座ることが多い。このようによく知っている人がそばにいることで、当事者は安心感を得たり、専門職は彼らの意思を確認したり、同意を得ながら進めやすいというメリットがある。

③ カンファレンスの流れの確認

実習生は実際にカンファレンスに参加することで、その流れを確認することができる。実習指導者は出席者へ自己紹介を促したあと、このカ

ンファレンスが何のために開催されるのか（目的）、何を解決・明確にするのか（目標）を確認した。次に出席者から、Ｄさんのこれまでや、現在の状況等が報告された。ここで実習生は、たとえば、５Ｗ１Ｈや時系列による報告の方法等が活用されていると気づくことができたであろう。

④ 活用する技術と用語の確認

カンファレンスの進行中、実習生は実習指導者がどのような姿勢で臨み、どのような技術を活用しているかを観察している。カンファレンスはチームづくり（チームビルディング）であり、出席者の協働の場である。この場面で、実習指導者は、出席者が話しやすい（参加しやすい）雰囲気をつくったり、効果的にカンファレンスを進めるために、受容や傾聴、共感、要約、代弁、支持、反射、開かれた質問（オープン・クエスチョン）や閉じられた質問（クローズド・クエスチョン）等、ソーシャルワーク実践にも用いられる技術を駆使している。またデイケアへの通所をしぶるＤさんには、通所のメリットを含めわかりやすく説明し、納得してもらえるよう努めている。

カンファレンスに当事者が出席する場合、専門職は当事者にもわかる言葉を使うが、専門職だけのカンファレンスではそれぞれの分野の専門用語や略語が使われる可能性もある。はじめて聞く専門用語や略語があった場合は、その場でメモをとってあとで調べたり、専門職に尋ねるなどして理解する必要がある。

6 プレゼンテーション

1 プレゼンテーションを学ぶ意義

そもそもソーシャルワーカーは、たとえば、認知症のある人や知的障害のある人と接する場合、その人たちの能力を主の問題とするのではなく、困難さを生み出しているさまざまな環境に焦点を当てる立場にいる。その人の力が発揮できない状況こそが問題なのであり、主体的な力が奪われていることを問題視する立場にある。さまざまな環境に働きかけ、それぞれが解決に向けた具体的な行動につなげていけるようにしていくことは、個々の生活等に主体性を取り戻すうえできわめて重要である。

プレゼンテーションは、自らの考えを伝え、理解を単純に深めてもら

う一般的な発表とは意味合いが異なっている。その聞き手が聞きたい情報を得て、自ら具体的な行動につなげていけるようにすることを意味している。そのことは、クライエントが主体となって問題解決を図れるようサポートしていくことを重視するソーシャルワーカーにとって、プレゼンテーションを学ぶことの意義を示している。すなわち、ソーシャルワークにとって不可欠となるエンパワメントの視点の具体化がそこにあると考えなければならない。

　加えて、ソーシャルワーカーは、クライエントの問題解決をサポートする立場から、実践のなかで多くの制度を説明することも少なくない。常にクライエントの立場になり、クライエントが主体的に問題解決を図れるように意識しなければならない。また、クライエントのみならず、関係機関等の立場になって考えることも重要である。ソーシャルワークでは多様な関係機関とかかわる。その関係機関は根拠となる制度が異なる場合もあり、連携するにはさまざまな制限等があるかもしれない。そういった関係機関等との連携調整においても、それぞれがもっている力を発揮し、問題解決に向けて具体的な行動を起こせるよう働きかける技術こそプレゼンテーションなのである。

　ソーシャルワークにとってプレゼンテーションとは、クライエント本人とともに問題解決に向けて取り組んでいくことを促すだけでなく、そのクライエントを取り巻くさまざまな環境、関係機関等とも問題解決に向けて協働していくことを実現するための技術と考えなければならない。その意味で、プレゼンテーションとは、ソーシャルワークを進めていくうえで、重要な役割を果たす技術であることを認識しておかねばならないであろう。

■2 想定される実習内容の例

　ここでは、児童家庭支援センターでの実習場面を取り上げて紹介する。
　実習生は、実習指導者とともに里親家庭に訪問し、里親支援の場に同席することとなった。実習指導者と里親とのやりとりを観察して記録に残すなかで、実習生は、当該地域で里親をしている人が少なく、里親の自助グループが形成しにくいこと、里親に対する地域の理解をもっと進めていかなければならないといった課題を整理することができた。
　実習生が整理した内容を実習指導者に伝えたところ、実習指導者から「来週、E地区社会福祉協議会の理事会に出席することになっています。そこで里親活動の紹介をさせてもらうので、同席してプレゼンテーショ

ンしてみませんか」と提案された。そこで、実習生は、日本における里親の現状や実際に聞いた話などを踏まえて資料を作成するとともに、里親のことを初めて聞く人がいる可能性もあることから、効果的なプレゼンテーションになるよう、資料の作り方や説明の仕方などについて調べた。また、テキスト等を読み返し、プレゼンテーションが単なる説明だけにとどまるものではなく、聞き手の主体的な行動を促進するものであることも確認した。

　実習指導者には作成した資料をもとに、事前にプレゼンテーションを行い、内容だけでなく、表現や伝え方についてもアドバイスをもらうことができた。また、里親の実際についてより詳しく整理するために、先日訪問させてもらった里親と連絡をとる許可をとり、聞き取りを行うことで内容を確認し、再度、資料を整理することができた。

　E地区社会福祉協議会でのプレゼンテーションの時間は15分であり、実習生は聞き手である地域の福祉関係者の関心を高めるために、単に説明するだけでなく、少人数のグループで話し合う時間も設けてプレゼンテーションを行った。配布した資料は要点をシンプルにまとめ、報告資料としてはパワーポイントも用い、里親から提供してもらった写真や自らが作成したイラストなども使って、できるだけ里親のことがイメージしやすいように心がけた。プレゼンテーションを聞いたE地区社会福祉協議会の会長から、「里親の大切さがよくわかり、地域としても何か支える仕組みを考えていきたい」との意見をもらった。

　後日、実習指導者のもとに、特別養護老人ホームなどの高齢者に関する事業を主に展開しているF社会福祉法人から連絡が入り、先日のE地区社会福祉協議会での実習生のプレゼンテーションを聞いて、F社会福祉法人としても地域公益事業として里親支援に何か貢献できることがあるか相談に乗ってほしいとの連絡が入った。実習生は、実習指導者と、そしてかかわりのある里親とともに、地域における里親支援についての話し合いの場に同席することになった。

　F社会福祉法人の担当者との話し合いのなかで、F社会福祉法人の地域公益事業の研修会でもプレゼンテーションをしてほしいという話になり、実習生は里親とともにプレゼンテーションを担当することとなった。実習指導者の調整のもと、実習生は里親と何度か話し合いの場をもち、今回は里親のもとで生活する子どもたちの話も聞きながら、研修会でのプレゼンテーションの準備を進めた。

　研修会でのプレゼンテーション終了後、F社会福祉法人はE地区社会

第6章　実習の実際

福祉協議会とも連携して、里親支援を考えていくこととなり、目的とした地域における里親支援の充実に向けた動きをつくることができた。実習生は実習指導者との振り返りのなかで、今回の地域における里親支援に関する取り組みについて、レポートにまとめて提出することとなった。

●解説

　前述した児童家庭支援センターでの実習内容の例からもわかるように、プレゼンテーションは、関係職種や関係機関との連携構築、クライエントや地域関係者との協働関係の構築を実現する具体的な手段となってくる。実習施設・機関でのカンファレンス以外においても、地域の会議や研修会等でのプレゼンテーションは、地域住民や組織等に働きかける力を養う意味で、ソーシャルワーク実習における行動目標を達成することにもつながると考えなければならない。

　また、プレゼンテーションを学ぶためには、例にもあったような里親などの当事者との話し合いや交流が有効である。教科書の言葉だけでなく、実際の声を聞き、それを届けることを経験することで、プレゼンテーションの役割や方法への学びを深めることができる。そして、当事者との協働は、ソーシャルワークにおいて必要不可欠なものであり、プレゼンテーションがその機会にもなり得るということも理解しておかねばならない。

　いずれにしても、プレゼンテーションが単なる説明などの発表にとどまらず、聞き手の主体的な行動に働きかけるものであるという認識をもって学ぶことが求められる。

7　ソーシャル・マーケティング

1　ソーシャル・マーケティングを学ぶ意義

　ソーシャル・マーケティングは、商業分野のマーケティング技術を活用しながら、社会全体の利益向上と、個々に対して的確なサービス開発の両立を図ることによって、よりよい社会への変革を促すための技術である。

　ソーシャルワーク実習では、住民や民生委員などの地域関係者を訪問する機会がある。ソーシャル・マーケティングの技術は、地域関係者等への課題の聞き取りなどに活用できる。たとえば、地域全体のニーズを把握するためのアンケート、よりニーズを具体化するためのヒアリング

などを通じ、今どんな支援が必要なのかを見出すきっかけとなる。特に、社会福祉協議会で実習する場合、各地域の小地域ケア会議に参加したり、地区社会福祉協議会を訪問したりすることがある。その他の施設・機関で実習する場合も、地域関係者と話す機会は決して少なくない。顔を合わせて話しあうことでしか得られないものもあるため、直接顔を合わせて話をすることは、ソーシャルワークを展開するうえできわめて重要である。

また、実習場面においては、連携を軸に支援を組み立てるソーシャルワーカーが、関係機関等を訪問することも多い。実習では、自らの実習施設・機関以外の支援機関が、どういった課題を抱えているのかを把握することは重要であり、その課題を解決していくために必要な情報や考え方を広げていくときにソーシャル・マーケティングの活用が求められる。

ソーシャル・マーケティングの手法を用いることで、関係施設・機関等への啓発だけでなく、新たな気づきを生み出して、行動変革につながることが期待できる。ソーシャルワークは、関係者が協力してともに必要な支援をつくりあげていくのであり、見出した課題に対して、ソーシャル・マーケティングの技術は、協働を生み出していくきっかけにもなり得ると考えることができる。

以上の例からわかるように、実際に聞き取った内容を個人レベルにとどめるのではなく、アンケートやヒアリングなどの調査を用いて詳細に把握し、事業化や政策化に向けて展開していくことが可能である。調査によって、マーケティングの対象をしぼることもできる。また、そのような調査は、地域における関係者の協力を得ながら実施することが大切である。ソーシャルワークにおいては、調査は単なる現状把握ではなく、調査そのものが地域関係者等との協働を生み出す実践といえる。

すなわち、ソーシャル・マーケティングを実施することが、地域関係者等への啓発や意識変革につながり、行動変革の源になる可能性があると認識する必要がある。そのような意識や行動の変革は、その地域における社会課題の解決に寄与し、社会そのものをよくしていくことにつながるのである。そして、新しく生まれた事業をプレ実施し、その結果をモニタリングすることによって効用や効率などを評価することに結びつき、よりよい取り組みにつながっていくのである。

▋2 想定される具体的な実習内容

ここでは市町村社会福祉協議会（以下、社会福祉協議会）での実習場

面を取り上げて紹介する。

　G社会福祉協議会で実習を行うことになった実習生は、事前訪問の際に、実習指導者に子どもの貧困問題に関心があることを伝えた。すると、「この地区の主任児童委員が中心となって、子ども食堂を立ち上げるという話がある。それに参加してみてはどうか」との提案があった。

　そこで実習生は、その地区の人口や世帯数など、社会福祉協議会にあるデータベースなども用いながら、さまざまな環境を調査・分析していくことにした。調べた地域の社会資源等については、エコマップなどの技法も用いて可視化するなど、わかりやすくマッピングしていった。加えて、子どもの貧困問題に関連する児童扶養手当や就学援助といった制度に関しても整理した。さらに、実習指導者に同行する形で、地域の学校、学童保育、子育て支援関係のNPOなどを訪問し、子どもの貧困問題に関する実態や取り組みについて聞き取り調査を実施した。そこでは、両親が共働きのため、一人で食事をしている子どもがいること、３食しっかり食べていない子どもがいることなどの話があった。

　その後、実習生は、実習指導者、主任児童委員とともにほかの地域の子ども食堂を見学しにいった。そこのスタッフからは、子どもから高齢者まで幅広い年齢の人が集うことで、地域に新たな交流が生まれていること、近年、利用者が増加しており、地域から必要とされているという実感はあるものの、ボランティアスタッフや場所の確保が難しく、運営資金への不安がつきまとうこと、子ども食堂の存在が地域に認知されているか心配であることなどの話を聞くことができた。そこでの話を踏まえ、実習指導者から感想を求められた実習生は、事前に調べていた地域の社会資源を思い出し、「たとえば地域にある高齢者施設のスペースを借りることができれば、いろいろな世代で交流ができると思います。また、地域の飲食店や企業の協力が得られれば、食事にかかる経費の節約が期待できるかなと思いました。子ども食堂の実施は、SNS（ソーシャルネットワーキングサービス）で情報を発信すれば、経費もかからずにすむのではないでしょうか」と答え、特にスペースに関しては実習指導者も前向きに検討してくれることとなった。

　地域の特別養護老人ホームに協力を依頼したところ、フリースペースを月２回貸してもらえることになり、子ども食堂をオープンすることとなった。子ども食堂には特別養護老人ホームの利用者も参加しており、孫と接するように子どもの世話をする利用者を見て、特別養護老人ホームのスタッフも普段見られない利用者の姿に顔をほころばせていた。

　そこで、実習生はこの活動をより多くの人に知ってもらうと同時に、この活動を支援してくれる食品企業の関心を得られるように SNS で情報発信に取り組んだ。それにより、子ども食堂に関心のある食品企業とつながることができ、企業の食品ロス削減に寄与する名目で、次回以降の開催に向けた食材等の確保に結びつけることができた。

　実習生は、参加者の声を実習指導者や運営者たちに報告した。目的としていた活動となっていたかどうかなどを振り返ることを通じて、今後の課題や展望等を共有する機会を設けることができた。

●解説

　前述した実習内容の例からもわかるように、ソーシャル・マーケティングにとって大切なことの一つは、たとえば社会問題などに対する関係者等への啓発だけでなく、そのことを解決するための行動変革までを視野に入れている点にある。さまざまな調査などの方法を用いながら、地域の関係者等の行動を変えることにより、新たなサービスの創出や資源開発等に有効な手段でもある。

　前述の場面では、聞き取り調査により子どもの孤食が問題として挙がった。また、子ども食堂のスタッフからは、運営費やボランティアスタッフの確保、場所の確保が問題として挙がっており、それに対して実習生が「たとえばこういう可能性がある」というプランを提案している。

　地域における子ども食堂の開設を SNS に発信することは、企業との連携等を生み出し、食材の提供や収益の一部寄付などの行動の変化を起こす要因にもなっている。それは、地域における貴重な資源を効果的に使うことにとどまることなく、運営等にかかるコストに対しても、それ以上の効果があるものにまでなっている。つまり、ソーシャル・マーケティングの手法を用いることで、地域において居場所を必要とする子どもやその家庭の存在とその支援の必要性について理解を得ることに加え、さまざまなコミュニティや社会そのものに利益をもたらすことが可能となるのである。

　前述の場面でいえば、SNS をツールとしたマーケティングを実践し、そこで生まれた交流によって、高齢者の見守り支援にもつながり、そこからさらに福祉の領域を越えて、企業の食品ロス削減などの社会貢献とも結びつけることができている。すなわち、地域の福祉的課題の解決と社会貢献を組み合わせていく時代を迎えているのであり、ソーシャル・マーケティングの手法は、ソーシャルワークの実践に必要な技術として捉えることができる。

1 ソーシャルアクションを学ぶ意義

　ソーシャルアクションとは、当事者やその家族、地域住民などと連帯し、世論を喚起しながら既存の制度等を改善していこうとする活動のことをいう。ソーシャルワーク実習においてソーシャルアクションを学ぶ場面は、大きく分けて二つある。一つは、実習施設・機関の利用者のニーズや課題に対応する場面、もう一つは地域のニーズや課題に対応する場面である。これらの場面のニーズや課題に対して、当事者や地域住民、関係者の意識を喚起し、多様な人々を組織化して、法律・制度・サービスの改善や拡充、創設を求めたり、新たな取り組みを展開する必要がある際に、ソーシャルアクションの技術を活用することになる。

　そのとき、❶これまで実際にどのようなことが起こってきたのかを明らかにし、分析する。❷そこに、そのパターンや傾向はどのような排除や抑圧構造から起こってきたのか、どうしてこのようなことが起こったのかを構造的に捉えることで、人権の尊重と社会正義の体現に向けて、どのような権限・権力保有者に直接働きかけるか、そのために誰とどのように組織的に活動していくことが必要なのかを明らかにする。❸そこで、ターゲットになる人や法制度、社会制度、社会構造などへ働きかけをすることで変えていく、あるいは新たにサービスや制度、社会資源などを創造していくことになるのである。これらのプロセスを実習のなかで、どのように取り上げ、展開するのかを以下にいくつか例示する。

❶実習施設・機関の利用者のニーズや課題に対応するための
　ソーシャルアクション

　実習場面では、それぞれの施設・機関を利用する人の抱えるニーズが、既存の制度やサービスの枠にはまらない、制度やサービスから排除された状態にある場合がある。例を挙げれば、障害者や性的マイノリティの人たちへの無理解や偏見に基づく嘲笑や、ホームレスへの暴力、地域開発による遊び場や子どもの居場所のなさ、保育所の不足や福祉サービスを利用する際のスティグマなどである。福祉サービスを利用している人やその家族、あるいはそもそも制度やサービス自体が存在していない人たちの生活の困難さを引き起こしている構造の変革に向けてソーシャルアクションが必要となる。

❷地域のニーズや課題に対応するためのソーシャルアクション

ソーシャルアクションを活用することは、地域社会のニーズや課題に対応するための制度・サービスの改善や拡充、新しい取り組みの展開に向けたアプローチとしての側面もある。たとえば、実習する地域における高齢者ドライバーの免許返納、それに伴う外出機会の減少による閉じこもりやひきこもり、公共交通機関の撤退なども相まって通院や買い物の際の交通手段確保の困難などが起こっている場合、高齢者ドライバーの交通事故などを通じて世論が動くことで法律の改正につながっていく。しかし、免許返納により外出の機会が減少した高齢者に対する課題にどう対応するのか。このような課題によって社会的に不利な立場におかれている地域住民が主体となって、その声を立法や行政的措置等に反映させるように働きかけていくプロセスがソーシャルアクションであり、エンパワメントによる権利擁護といえる。

つまり、ソーシャルアクションには、当事者や地域住民を中心に捉えて、それらの人たちが活動を通じてエンパワメントされていくという視点が必要である。そのためにはソーシャルワーカーが社会やさまざまな仕組み、地域の人々への働きかけを多様な人や機関と連携しながら推進すると同時に、そこにある問題を個人の責任ではなく、社会的に対応すべき問題として合意することが必要になるのである。

2 想定される具体的な実習内容

ここでは、生活介護事業所での実習場面を取り上げて紹介する。

生活介護事業所での実習が決まった学生は、事前学習として、障害者に関する法律について復習するほか、どのような人がその事業所を利用しているか、普段どのような施設・機関と連携しているか、その地域にどのような社会資源があるかなどを調べた。

生活介護事業所での実習が始まったある日、実習生は、利用者と買い物に出かけるという活動をすることになった。しかし、利用者と一緒に店に入ると、店員が近づいて来て「以前、店に来た障害者に、店の商品を勝手に並べられた。それを止めたら大声を出されて、大変な騒ぎになった。同じことが起きたら困る」と入店を断られた。自分が同行していた利用者が、店員が言うような騒ぎを起こすとは思えなかったが、どのように対応してよいかわからず、仕方なく別の店で買い物をした。

このことから、障害を理由とする差別の解消の推進に関する法律（障害者差別解消法）や障害者差別禁止条例が定められているものの、実際

には住民が内容を知らないことがわかった。実習生は、これは、障害がある人たちが一人の住民として地域生活を営もうとしたときの社会的障壁となっているのではないかと考えた。そこで、このことをどう支援したらよいかを実習指導者に相談をした。実習指導者からは、これらの事実が、入店拒否した店が法律を知らなかったからなのか、障害がある人たちへの差別的な意識が作用していたからなのかなど原因を考えてみること、その原因を解消するための手立てを一つでもよいから考えて計画してみることを提案された。

　それらの助言を受けて、実習生は、入店拒否の原因が、障害がある人たちについて地域の人が知らないことにあるのではないかと考えた。さらに、この原因を解決するために、障害について地域住民に理解してもらうための広報啓発活動として、障害がある人と地域住民がお互いを知るためのイベントを企画してはどうか考えた。ちょうど、実習中に地域のお祭りに事業所として参加するということだったので、それに合わせて、事業所の利用者とその家族とともに、その内容を考えた。

　これらのイベントのあと、実習指導者から自立支援協議会の権利擁護部会が開催されるので、参加してどのような地域課題が協議されているのか、さらに部会からの提案を経て、障害福祉計画のなかに反映させるなどの取り組みがどのように行われているのかを学ぶ機会を得た。

　部会に参加したあと、実習生は実習指導者とこれまでの取り組みを振り返った。地域での障害者に対する理解不足や制度の運用上の問題は、障害がある人たちを地域生活から排除する構造として存在していた。実習生がイベントを企画することを通して取り組んだことは、この構造を変えていくために地域住民、行政、地域社会の意識を喚起することにつながる可能性があること、当事者を中心に多様な人々がともに変化を起こしていくための組織化に向けたアプローチとして位置づけられる可能性があることを理解した。実習指導者からは、この組織化によって生み出されたパワーを、制度の運用の見直しやサービスの拡充に向けた障害福祉計画への位置づけにつなげていくために、この取り組みでどのような権限・権力をもっている人や組織に働きかけていたか、または働きかけるべきだったかを振り返るようアドバイスを受けた。

●解説

　ここでは、実習のプロセスに沿って、どのような実習プログラムでソーシャルアクションの技術を学ぶのかを例示していきたい。

① **事前学習**

　実習生は、実習前に障害者に関する法律や実習する事業所の利用者、連携先、地域の社会資源などについて調べている。このように、実習前の事前学習として、「対象となる利用者の理解」や「権利擁護の仕組みや制度」を知ることを通じて、現実の利用者が抱える生活課題を把握することが重要である。さらに、施設や機関がある地域にどのような資源があり（「地域データの収集と分析」や「地域アセスメントの方法を理解すること」）、そのなかで施設・機関が地域で果たす役割を知り、そこで暮らす人たちのもつ地域の課題をも知ることが求められる。そして、そこではどのような人々や機関、資源が連携し、サポートが行われているかという「地域のネットワーク状況を把握」しておく必要がある。そのうえで、制度やサービスが機能しない、対象としない事項を抽出し、それらが個人だけでなく集団や地域の不利益や社会的課題に通底する点に着目する。

② **ソーシャルアクションの技術が必要となる場面を学ぶ**

　実際の実習では、事前学習で学んだ事項を職員からの講話や職員の援助活動の観察のほか、自ら体験する援助活動を通じて現実を知り、ソーシャルアクションの技術を活用する点を実習内容として考えていく。先述の実習場面では、実習生は障害者の入店を断られたことを機に地域の人の障害者への理解不足に気づき、ソーシャルアクションを起こす行動につなげている。実習のなかで、ソーシャルアクションの実践を行う場合もあれば、これまでの援助事例等を題材として事例検討から学んだり、あるいは実践事例を講話として聴講したりすることが想定される。職場内や地域などの関係機関とのケア会議などへの参加、地域における協議会（たとえば自立支援協議会、要保護児童対策地域協議会、地域包括支援センター運営協議会）や専門職や施設等の協議会などへの参加なども、どのような法律・制度やサービスの創設・改廃に向けてソーシャルアクションの技術を活用していくか気づくのに役立つ体験となる。

③ **ソーシャルアクションの技術を学ぶ**

　実際のソーシャルアクションの成果として、地域資源となった活動や制度やサービスとして立ち上がった資源の見学や訪問を通じて、この技術が当事者や地域住民、地域全体にどのように影響するかなど、評価の視点も確認できるとよい。たとえば、子どもの居場所として学習支援を始めた団体、地域の見守りの仕組みの制度化と運営、障害がある子どもの居場所づくり、医療的ケアが必要な人へのレスパイトサービスの立ち

上げ、高齢者の虐待対応の仕組みづくりとその活動、ごみ出しボランティアの組織、成年後見支援センターの開発と立ち上げの交渉などの活動が挙げられる。また、当事者や当事者組織へのインタビューや訪問など当事者の視点からの把握も重要である。これらの活動を行っていくうえでは、ソーシャルワーカーが当事者や関係者と一緒に、行政機関等の権限・権力保有者に対して働きかける（交渉・運動など）ことが必要となる。

　そこでは、当事者や当事者組織が主体となって、ソーシャルワーカーとともにどのように必要な制度・サービスの拡充に取り組んできたのか、排除や抑圧構造の変化に働きかけてきたのかを学ぶことができるだろう。

　実習でのこれらの学びを通して、ソーシャルアクションの技術を学ぶことが必要である。ソーシャルワーカーとして、当事者や地域住民らとともに社会的排除や抑圧構造等の変化を目指して働きかけ、不利な立場に置かれている人々のウェルビーイングの増進に貢献することが期待されている。

◇**引用文献**

1）岡村重夫『社会福祉原論』全国社会福祉協議会，pp.120-122，1983.

◇**参考文献**

・上野容子・宮﨑まさ江「福祉でできるアウトリーチ」『精神科臨床サービス』第18巻第 4 号，2018.

・J. リップナック・J. スタンプス，正村公宏監，社会開発統計研究所訳『ネットワーキング——ヨコ型情報社会への潮流』プレジデント社，1984.

・日本社会福祉士会編『ネットワークを活用したソーシャルワーク実践——事例から学ぶ「地域」実践力養成テキスト』中央法規出版，2013.

・山手茂『社会学・社会福祉学論集 福祉社会形成とネットワーキング』亜紀書房，1996.

・大島武「ネゴシエーション技法」福祉臨床シリーズ編集委員会編，秋山博介・井上深幸・谷川和昭責任編集『福祉臨床シリーズ14 臨床に必要な社会福祉援助技術演習——社会福祉援助技術演習』弘文堂，pp.76-81，2007.

・中村誠司『対人援助職のためのファシリテーション入門——チームの作り方・会議の進め方・合意形成のしかた』中央法規出版，2017.

・岩田正美・大橋謙策・白澤政和監，岩間伸之・白澤政和・福山和女編著『MINERVA 社会福祉士養成テキストブック 3 ソーシャルワークの理論と方法Ⅰ』ミネルヴァ書房，2010.

・岩間伸之・野村恭代・山田英孝・切通堅太郎『地域を基盤としたソーシャルワーク——住民主体の総合相談の展開』中央法規出版，2019.

・高良麻子『日本におけるソーシャルアクションの実践モデル——「制度からの排除」への対処』中央法規出版，2017.

・中島康晴『メンタルヘルス・ライブラリー 36 地域包括ケアから社会変革への道程 理論編——ソーシャルワーカーによるソーシャルアクションの実践形態』批評社，2017.

・中島康晴『メンタルヘルス・ライブラリー 37 地域包括ケアから社会変革への道程 実践編——ソーシャルワーカーによるソーシャルアクションの実践形態』批評社，2017.

● **おすすめ**

・伊藤順一郎・久永文恵監『ACT ブックレット 1 ACT のい・ろ・は——多職種アウトリーチチームの支援入門編』地域精神保健福祉機構コンボ，2013.

・木下大生・鴻巣麻里香編著『ソーシャルアクション！あなたが社会を変えよう！——はじめの一歩を踏み出すための入門書』ミネルヴァ書房，2019.

巻末資料

1. ソーシャルワーク実習指導ガイドライン　ソーシャルワーク実習指導ガイドライン

※実習中は「実習評価ガイドライン」の教育目標の達成度や実習計画の進捗状況の確認を行い、その後の学習の推進と総括に向けた指導を中心に行う。

実習指導「ソーシャルワーク実習指導」教育内容		教育目標		実習の展開過程における指導内容の例（実習生への説明・指導・指導会の設定など）		
ねらい	教育に含むべき事項	達成目標	行動目標	実習前	実習中	実習後
① ソーシャルワーク実習の意義について理解する	① 実習及び実習指導の意義（スーパービジョン含む）	実習及び実習指導の意義と目的を理解することができる	① ソーシャルワーク専門職の養成教育における実習の意義と目的を説明することができる ② 実習を遂行するために実施する実習指導の意義と目的を説明することができる ③ 通知「ソーシャルワーク実習指導」「ソーシャルワーク実習」に含むべき教育に含むべき事項について考えを述べることができる ④ 講義、演習、実習で学習する知識と技術を相互に関連づけて考え、説明することができる	・実習指導を実施する意義と目的 ・実習の意義と目的 ・実習における倫理 ・実習における自己学習の意義と方法 ・通知「ソーシャルワーク実習指導」「ソーシャルワーク実習」		
② 社会福祉士として求められる役割を理解し、価値と倫理に基づく専門職としての姿勢を養う		スーパービジョンの意義と内容を理解する	① スーパービジョンの意義、目的、機能を説明することができる ② 実習におけるスーパービジョン関係と契約について理解し、スーパーバイザーとスーパーバイジーの役割を説明することができる ③ 実習の展開過程（実習前・中・後）に行われるスーパービジョンの内容と方法を説明することができる	・スーパービジョンの意義と目的、契約 ・スーパーバイザーとスーパーバイジーの役割 ・スーパービジョンの方法	・実習指導者によるスーパービジョン ・教員によるスーパービジョンの実施 ・機能に基づく実習状況の確認	・実習後のスーパービジョン ・教育目標の達成状況の確認
③ ソーシャルワークに係る知識と技術について具体的かつ実践的に理解し、ソーシャルワーク機能を発揮するための基礎的な能力を習得する		実習教育評価の意義と目的、方法を理解する	① 評価の意義、目的、方法を説明することができる ② 実習の展開過程（実習前・中・後）で行う評価の目的と方法を説明することができる ③ 「ソーシャルワーク実習」の教育目標（達成目標と行動目標）を説明することができる ④ 教育目標と実習計画との関係性について説明することができる ⑤ 評価表の構成や使用方法等について説明することができる	・評価の意義、目的、方法の知識 ・「ソーシャルワーク実習」の教育評価 ・評価表の構成、書き方	・達成目標および行動目標の進捗状況の確認 ・中間評価 ・評価に基づくスーパービジョン	・総括的評価
④ 実習を振り返り、実習で得た具体的な体験や援助活動を、専門的援助技術として概念化し理論化し体系立てる		実習の構造を理解する	① 実習契約関係、実習のステークホルダーについて説明することができる ② 実習の展開過程について説明することができる	・実習契約関係 ・実習のステークホルダー ・実習の展開過程と構造 ・実習の展開過程で行う準備	・契約の履行状況の確認	
		実習におけるリスクマネジメントを理解し、実践することができる	① 実習生の権利と義務を説明することができる ② 個人情報保護とプライバシーの権利、守秘義務について説明することができる ③ 健康管理、感染症予防対策の必要性と方法を説明することができる	・実習生の権利と義務 ・個人情報保護とプライバシーの権利、守秘義務管理 ・健康管理、感染症予防対策	・想定されるリスクやトラブルの発生状況や対応状況の確認	

	達成目標	行動目標	教育に含むべき事項
てていくことができる総合的な能力を涵養する		④実習中に想定されるトラブルの内容と対処方法や手順を整理し、説明することができる ⑤インシデント（ヒヤリハット）とアクシデントについて説明することができる ⑥情報を適切に活用・管理することができる	・実習の中断の理由と対応 ・インシデント（ヒヤリハット）とアクシデント ・情報リテラシー（SNS、日誌、移動中の会話等）
	② 多様な施設や事業所における現場体験学習や見学実習 現場体験や見学実習を通じてクライエントや社会の問題を把握することができる	①見学先施設のクライエントや職員等に自分から働きかけ、関係を形成する ②地域の様々な分野や領域での現場体験や見学実習を実施し、視野を広げることができる ③地域の様々な分野や領域の現場体験や見学実習を実施し、生活課題を把握することができる	・現場体験学習及び見学実習のプログラム ・クライエントと関わる機会の設定 ・現場体験学習及び見学実習をレポートにまとめる
	地域の社会資源の種類や機能について把握することができる	①地域の社会資源の種類や機能等を把握し、特徴を説明することができる ②実習施設と関係している社会資源の種類や役割を調査することができる ③体験または見学先の施設が対象としている人や地域の問題等の状況を調査し、記録にまとめることができる	・社会資源 ・地域アセスメント
	見学先施設等のソーシャルワーク機能を発見することができる	体験または見学先の施設におけるソーシャルワークの実践を観察し、記録にまとめることができる	・ソーシャルワークの機能
	自己の体験と考察を言語化することができる	①体験や見学先で感じたことや考えたことを言語化し、同級生や教員とディスカッションができる ②自己の言動を記録することができる	・要約、構造化、レポート、プレゼンテーション、ディスカッション等
	③ 実際に実習を行う実習分野（利用者・施設・機関、地域社会等）と施設（機関、地域社会等）に関する基本的な理解 実習施設・機関の法的根拠や種別を調べ、整理することができる	①実習先に関する情報を収集し、整理することができる ②実習施設・機関の法的根拠について、設置基準等に基づく職員配置と、実際の状況について説明できる ③実習する分野の事業やサービスの利用者、住民等の状況を調べて説明することができる ④実習分野の施設・機関等の設置に関する法的根拠を確認し、目的や事業内容等を整理することができる	・実習指定施設、設置や事業の根拠となる法制度 ・実習分野・施設の利用者の状況に関する資料
	地域アセスメントを実施し、地域の課題や問題解決に向けた目標を設定することができる	①地域アセスメントの意義や方法、活用可能なツールについて説明することができる ②地域住民の生活の状況及び地域を取り巻く環境との関係を説明することができる ③収集した情報を統合してSWOT分析を行い、地域特性や地域の強み（ストレングス）、地域の顕在的・潜在的な課題を明確にすることができる	・地域アセスメント ・SWOT分析 ・プランニング
	④ 実習先で関実習先の内部の職務の	①各職種の職務や機能、役割を説明することができる	・実習施設の運営管理や職員

資料末巻

項目（教育に含むべき事項の理解）	達成目標	行動目標	教育に含むべき事項
わる他の職種の専門性や業務に関する基本的な理解	機能と役割を説明することができる	② チームにおける社会福祉士の役割・機能を説明することができる ③ 具体的な問題解決の事例を踏まえて連携や協働の必要性を説明することができる	・体制、サービス・事業内容、支援体制等の情報 ・支援機関・施設の地域特性や社会資源
	実習先が関係する外部の職種の機能と役割を説明することができる	① 各職種の職務や機能、役割を説明することができる ② チームにおける社会福祉士の役割・機能を説明することができる ③ 具体的な問題解決の事例を踏まえて連携や協働の必要性を説明することができる	・実習施設の運営管理や職員体制、サービス・事業内容、支援体制等の情報 ・実習機関・施設の地域特性や社会資源
⑤ 実習先で必要とされるソーシャルワークの価値規範と倫理・規範及び技術に関する理解	ソーシャルワークの価値規範と倫理の観点から実習先の事例等を考察することができる	① クライエントや地域住民、関係者等との関わり場面、問題解決過程、チームアプローチ場面等を振り返り、倫理判断に基づく行為を発見・抽出することができる ② 具体的な場面や事例を想定し、ソーシャルワークの知識及び技術を整理し、説明することができる	・国際定義、社会福祉士倫理綱領・行動規範、ソーシャルワークの原理・原則など ・現場で使用している各種ツール・様式 ・ソーシャルワークの知識 ・ソーシャルワークの技術 ・事例
⑥ 実習における個人のプライバシーの保護と守秘義務等の理解	個人のプライバシー保護と守秘義務の実施状況を把握することができる	① 個人のプライバシー保護を目的とした取り組みを把握し、説明することができる ② 個人情報の取り扱いについて個人情報保護法等に即して説明することができる ③ 実習生の権利、義務及び責任について説明することができる	・個人情報保護法 関係法規 ・個人情報保護（福祉事業者個人情報保護ガイドライン、実習先のプライバシーポリシー等） ・社会福祉士及び介護福祉士法 社会福祉士倫理領域の守秘義務
⑦ 実習記録への記録内容及び記録方法に関する理解	実習前に実施する見学や実習や体験学習の成果を記録することができる	① 一般的な記録の目的、留意点を説明することができる ② 記録の方法を理解し、実際に記録を書くことができる ③ 体験学習や見学実習等の経験や考えを記録することができる	・記録の意義、目的、留意点 ・記録の方法
	実習の成果を記録にまとめることができる	① 実習記録の意義と書き方と留意点について説明することができる ② 実習先で使用している記録様式を確認することができる ③ 養成校所定の「実習記録ノート（実習日誌）」に記載すべき内容を説明することができる ④ 実習記録ノートに記録することができる ⑤ 実習記録ノートの取り扱いや留意点を説明することができる	・実習記録ノートの構成・内容 ・記入方法 ・実習記録ノートの取り扱い ・社会福祉士及び介護福祉士法、社会福祉士倫理領域の記録の取り扱い、留意事項 ・実習記録ノートの確認
⑧ 実習生、実習担当教員、実習先の実習	実習計画の意義と作成方法を理解し、作成することができる	① 「ソーシャルワーク実習」の教育のねらいと含むべき事項を確認し、計画立案の前提となる教育目標について説明することができる	・通知「ソーシャルワーク実習」の確認 ・「ソーシャルワーク実習教

教育に含むべき事項	達成目標	行動目標	指導方法・内容	活用ツール
指導者との三者協議を踏まえた実習計画の作成及び実習後の評価		② 実習予定の施設・機関の事前学習を踏まえ、実習の達成目標と行動目標に即した実習計画を立案することができる ③ 立案した実習計画書を担当教員に説明し、スーパービジョンを踏まえて修正することができる ④ 立案した実習計画書を実習指導者に説明することができる ⑤ 実習指導者が立案した実習プログラムとすり合わせの作業を行い、実習施設・機関の実態を踏まえた内容に修正することができる ⑥ 実習協議において実習計画書を説明し、修正方法も含めて合意形成を図ることができる	教育評価ガイドライン「評価評価表」と計画の関係性の確認 ・実習施設・機関の事前学習 ・三者協議の目的、進め方の説明 ・実習内容の合意（事前訪問から計画内容の合意、見直しまで）	
	実習計画の進捗状況や目標達成度についてモニタリングすることができる	実習計画の進捗状況と計画の履行状況をスーパービジョンを踏まえて続行や修正の判断を行うことができる	・実習実施状況のモニタリングの方法	・モニタリング
	実習計画の進捗状況や目標達成度について総括的に評価できる	① 総括的評価として実習計画の実施状況、目標達成度を振り返り、自己評価（評価表）に記入することができる ② 自己評価（評価表）と実習指導者による評価の内容を照らし合わせ、共通点や相違点について確認し、教員からスーパービジョンを受け達成度や課題を確認することができる ③ 実習報告書（レポート）の作成に活用する ④ 実習報告会に向けた準備に活用する		・総括的評価 ・実習計画の実施状況、目標達成度の確認 ・自己評価（評価表に記入）
⑨ 巡回指導	巡回指導の目的と方法を説明することができる	① 通知に規定された「巡回指導」の目的を確認し、実習中に行われるスーパービジョンの内容を説明することができる ② 巡回指導時におけるスーパーバイジーとしての役割を理解し、説明することができる ③ 巡回指導時における「実習計画書」や「実習記録ノート」の活用方法について説明することができる ④ 心身の健康状態を把握しスーパーバイザーに説明することができる ⑤ 必要に応じて巡回指導の実施を担当教員に求めることができる		・実習におけるスーパービジョンの構造、契約や活用 ・実習計画書の確認 ・実習記録ノートの活用
	実習計画の進捗状況についても説明することができる 実習計画の進捗状況や目標達成度についてもモニタリングすることができる（再掲）	① 実習の進捗状況と計画の履行状況を確認し、実習指導者とのスーパービジョンを踏まえて続行や修正の判断を行うことができる ② 実習記録の執筆・提出状況を振り返り、担当教員に説明することができる ③ 達成目標と行動目標の達成状況を分析し、継続・修正に向けて計画を見直すことができる	・実習実施状況のモニタリングの内容と方法	・実習実施状況のモニタリング ・達成目標と行動目標の達成状況の分析

実習資料巻

⑩ 実習体験や実習記録を踏まえた課題の整理と実習総括レポートの作成	実習の成果と課題を整理し、言語化することができる	① 達成目標と行動目標について達成度（達成できたこと、課題等）を個人で確認する作業を行い、課題を整理することができる ② 集団指導（グループ学習）において、自己の実習の成果をグループメンバーに説明することができる ③ 実習全体を総合的に評価することができる	・実習の成果とは何か ・成果の整理の方法 ・総括的評価の目的と方法	・総括的評価 ・達成目標と行動目標 ・実習後スーパービジョン
	実習総括レポートを作成する	① 実習体験や実習記録を踏まえ、実習総括レポート（実習報告書）を作成することができる	・総括レポートの書き方	・実習総括レポートの意義と作成方法 ・実習総括レポート
⑪ 実習の評価及び全体総括会		① 自己評価と他者評価を踏まえ、実習を総括的に評価することができる ② 全体総括（実習報告会）で発表内容を個人又は集団で作成することができる	・達成目標と行動目標の確認 ・目標の達成度の確認 ・評価表と評価基準の確認 ・実習	・達成目標と行動目標の確認	・実習総括の意義、目的 ・実習生同士の相互評価の機会 ・総括会のフィードバック

2. ソーシャルワーク実習教育内容・実習評価ガイドライン

ソーシャルワーク実習教育内容・実習評価ガイドライン

・本実習教育内容・実習評価ガイドラインにおいては、科目「ソーシャルワーク実習」の通知に規定されている「教育に含むべき事項①〜⑩」に対応した「教育目標」と「行動目標」で構成される。

・「達成目標」は、実習生が実習を終えた時点において「どのような行動ができるのか」を示したものであり、実習の結果としての状態を表している。教育目標の習得の深度や段階は、実習施設の種別や法人の理念等に基づき、実習担当教員と実習指導者との間で調整する。

・「行動目標」は、達成目標を細分化し、説明できる、図示できる、実施できる、作成できる、など、より具体的かつ観察可能な行動を示している。

・ソーシャルワーク実習では、実習施設の種別を問わず、ミクロ・メゾ・マクロの全てのレベルにおいて支援（介入）の対象が存在しているため、実際に活用する際は、それぞれのレベルで想定される対象を念頭に置いた行動目標を設定する。本ガイドラインでは、ミクロ「メゾ」「マクロ」を以下の通り定義する。

> ミクロレベル：直接援助の対象である個人と家族への介入。
> メゾレベル：家族ほど親密ではないが、グループや学校・職場、近隣など有意義な対人関係があるレベルで、クライエントに直接、影響するシステムの変容をめざす介入。
> マクロレベル：対面での直接サービス提供ではなく、社会問題に対応するための社会計画や地域組織化。

・なお、教育に含むべき事項①〜⑩の項目配列の順序は実習過程の順序を示したものではないため、実習施設・機関および実習生の状況に合わせ、各項目を関連付けて目標を達成するための実習計画を立案する。

厚労省通知「ソーシャルワーク実習」		達成目標	ソーシャルワーク実習の教育目標
ねらい	教育に含むべき事項		行動目標
① ソーシャルワークの実践に必要な各科目の知識と技術を統合し、社会福祉士としての価値と倫理に基づく支援を行うための実践能力を養う	① 利用者やその関係者（家族・親族、友人等）、施設・事業者・機関・団体、住民やボランティア等との基本的なコミュニケーションや円滑な人間関係の形成	(1) クライエント等と人間関係を形成するための基本的なコミュニケーションをとることができる	① クライエント、クライエントの家族、グループ、地域住民、職員等、様々な人たちとのあらゆる出会いの場面において、その人の状況に合わせて挨拶や自己紹介、声掛けを行うことができる ② クライエント、クライエントの家族、グループ、地域住民、職員等、職員と関わる場面において、その人や状況に合わせて言語コミュニケーションと非言語コミュニケーションを使い分けることができる ③ ミーティングや会議等において発言を求められた際に具体的に説明することができる ④ カンファレンスで利用者の状況を具体的に説明することができる ⑤ 地域住民をはじめ、広い範囲に発信するための広報やウェブサイトの原稿を作成することができる
② 支援を必要とする人や地域の状況を理解し、その生活上の課題（ニーズ）について把握する	② 利用者やその関係者（家族・親族、友人等）との援助関係の形成	(2) クライエント等との援助関係を形成することができる	① クライエント等との信頼関係（ラポール）を構築する際の留意点や方法を説明することができる ② クライエント等に対して実習生としての立場や役割を理解できるよう説明することができる ③ クライエント等と対話の場面で傾聴の姿勢（視線を合わせる、身体言語や声の質に配慮する等）を相手に示し、コミュニケーションをとることができる ④ 実習指導者や職員がクライエントとの問題解決に向けた信頼関係を構築する場面を観察し、重要な点を説明することができる
③ 生活上の課題（ニーズ）	③ 利用者や地域の状況を理解し、その生活上の課題（ニーズ）の把握、支援計画の作成と実施及び評価	(3) クライエント、グループ、地域住民等のアセスメントを実施し、ニーズを明確にすることができる	① 現在または過去のクライエント等の各種記録を参照し、収集すべき情報や主観的・客観的情報を説明することができる ② バイオ・サイコ・ソーシャルの側面からクライエント等の客観的・主観的情報を系統的に収集する方法を説明することができる ③ クライエント等のエコマップ等を作成し、クライエントを取り巻く環境（クライエントシステム）や関係性を把握し、説明することができる ④ クライエント等の了解のもと、本人の家族や利用しているサービス事業者から情報を収集することができる ⑤ 収集した情報を統合してアセスメントし、クライエント等のニーズを明らかにすることができる ⑥ 収集した情報を指定の様式や用紙に記録することができる

巻末資料

大項目	中項目	No.	内容
に対応するため、支援を必要とする人の内的資源やフォーマル・インフォーマルな社会資源を活用した支援計画の作成、実施及びその評価を行う	(4) 地域アセスメントを実施し、地域の課題や問題解決に向けた目標を設定することができる	①	地域アセスメントの意義や方法、活用可能なツールについて説明することができる
		②	地域住民の生活課題の状況と地域及び地域を取り巻く環境との関係を説明することができる
		③	収集した情報を統合してSWOT分析を行い、地域特性や地域の強み（ストレングス）、地域の顕在的・潜在的な課題を明確にすることができる
		④	地域課題について多角的に判断し、取組むべき優先順位を検討することができる
	(5) 各種計画の様式を使用して計画書を作成・策定及び実施することができる	①	実習で関係するミクロ・メゾ・マクロレベルにおける支援計画（個別支援計画、各種行政計画、事業計画等）の作成をすることができる
		②	アセスメントの結果を踏まえて支援目標と支援計画を作成し（状況に応じてクライエント等と一緒に）説明することができる
		③	自ら作成した支援目標・支援計画の一部または全部を実施することができる
	(6) 各種計画の実施をモニタリングおよび評価することができる	①	現在または過去のケース記録等を参考に、モニタリングおよび評価の方法について説明することができる
		②	特定のクライエントやグループ、地域を対象としたモニタリングおよび評価を行うことができる
		③	実習施設・機関等の評価の計画実施を行い、その結果を適切に報告することができる
④ 施設・機関等が地域社会の中で果たす役割や実践的理解を理解する	(7) クライエントおよび多様な人々の権利擁護ならびにエンパワメントを含む実践を行い、評価することができる	①	クライエントおよび多様な人々を理解し、尊厳や価値観、信条、生活習慣を尊重した言動をとることができる
		②	クライエントおよび多様な人々の持つ「強み・メリット・力（ストレングス）」と「課題」を把握することができる
		③	クライエントおよび多様な人々を対象にしたエンパワメントを含む権利擁護活動を行い、説明することができる
		④	実習指導者や職員および機関等のエンパワメントの視点に基づく実践を確認し、行うことができる
		⑤	実習施設・機関等が行っている権利擁護や苦情解決の取組み（法制度、事業等）を確認し、説明することができる
⑤ 総合的かつ包括的な支援における多職種・多機関、地域住民等との連携のあり方及びその具体的内容を実践的に理解する	(8) 実習施設・機関等の各職種の機能と役割を説明することができる	①	実習施設・機関等の各職種の種類について把握し、それぞれの職務や機能と役割を説明することができる
		②	チームにおける社会福祉士の役割、機能を説明することができる
		③	具体的な問題解決の事例を踏まえて連携や協働の必要性について説明することができる
	(9) 実習施設・機関等と関係する社会資源の機能と役割を説明することができる	①	関係する社会資源をマッピングした上で、それらの機能や役割について説明することができる
		②	関係する専門職の役割、業務内容等について説明し、それらが果たす社会福祉士の機能と役割を説明することができる
		③	事例検討会・ケースカンファレンス等に同席し、出席している各機関・関係者の役割や連携の必要性を説明することができる
	(10) 地域住民、関係者、関係機関等と連携することができる	①	協働するためのコミュニケーションを取りながら地域住民、関係者、関係機関等と信頼関係を築くことができる
		②	活動目的や必要な情報を地域住民、関係者、関係機関等と共有することができる
		③	地域住民、関係機関の相互の役割の違いや重なりを認識し、連携・協働した活動を実施するための調整を行うことができる
		④	実習施設・機関等のもつ資源や果たすことのできる機能・役割を地域住民、関係機関等に説明することができる
		⑤	包括的な支援体制における社会福祉士の機能と役割を説明することができる
	(11) 各種会議を企画・運営することができる	①	カンファレンスや地域ケア会議等の特徴やアセスメントやケアの視点の違いを説明することができる
		②	多種職によるチームアプローチを理解し、目標形成の合意点等について説明することができる
		③	職員会議、委員会、他機関との合同会議など組織内外で開催される会議の種類や目的について説明することができる
		④	他機関との合同会議、住民参加の会議など組織外で開催される会議を企画し、会議の種類や目的について説明することができる
		⑤	参加・同席する会議を適切に開催し、必要に応じて参加者及び欠席者に説明、共有することができる
		⑥	実習施設・機関等での必要な会議準備、会議録を適切に作成し、実施準備を企画し、会議の進行（ファシリテーター）を担当することができる

項目	教育内容	評価項目
⑥ 当該実習先が地域社会の中で果たす役割の理解及び地域社会への働きかけ	(12) 地域社会における実習施設・機関等が果たす役割を説明することができる	① 実習施設・機関等が地域社会を対象として具体的に取組んでいる事業や活動の理念や目的を明らかにし、説明することができる ② 事業報告書、月次報告書、実績報告書、調査報告書等を閲覧し、課題等を発見し、説明することができる ③ クライエントや地域の問題解決に向けた実習施設の役割について検討することができる
	(13) 地域住民や団体、施設、機関等に働きかける	① 地域住民に働きかける方法（地域組織化・当事者組織化・ボランティア組織化・事業企画実施等）を実践することができる ② 関係機関や住民組織等に対して、問題解決に向けた連携・協働の必要性を実践することができる ③ 情報発信の具体的な取組みや方法を実践することができる
⑦ 地域における分野横断的・業種横断的な関係形成と社会資源の活用・調整・開発に関する理解	(14) 地域における分野横断的・業種横断的な社会資源について説明し、問題解決への活用や新たな開発を検討することができる	① 地域の問題解決に向けてその内容をマッピングし、実習施設・機関等を取り巻く社会資源の状況を説明することができる ② 実習施設・機関等を中心とした、分野横断的・業種横断的な社会的な関係を形成するための方法について説明することができる ③ 地域の問題解決に向けて分野横断的・業種横断的な社会資源が力を発揮するための調整方法について説明することができる ④ 地域の問題解決に向けて社会資源の創出・開発する必要な方法を説明することができる ⑤ 地域の問題解決のために必要な社会資源を創出・開発することができる
⑧ 施設・事業者・機関・団体等の経営やサービスの実際（チームマネジメントや人材管理の理解を含む）	(15) 実習施設・機関等の経営理念や戦略を分析に基づいて説明することができる	① 実習施設・機関等の経営理念について説明できるとともに、SWOT分析等に基づいて意見を提示できる ② 実習施設・機関等の理事会や評議員会など、意思を決定する組織体の機能について説明することができる ③ 各種委員会の役割や合意形成の過程と方法を説明することができる
	(16) 実習施設・機関等の法的根拠、財政、運営方法等を説明することができる	① 実習施設・機関等が設置されている法的根拠や関連する通知等を自ら確認し、説明することができる ② 実習施設・機関等における運営方法を決定する機関等を自ら理解し、説明することができる ③ 事前学習で調べた組織図、事業報告書及び予算書を適切に指摘することができる
⑨ 社会福祉士としての職業倫理と組織の一員としての役割と責任の理解	(17) 実習施設・機関等における社会福祉士の倫理に基づいた実践及びジレンマの解決を適切に行うことができる	① 実習指導者業務を観察し、クライエントや地域住民、関係者等との関わりを理解する場面、問題解決過程、チームアプローチ場面を振り返り、倫理判断に基づく行為を発見・抽出できる ② ①により抽出した倫理的判断に基づいて実践した場面のうち、倫理的ジレンマが生じた場面、その解決のプロセスを説明することができる ③ 自己自身が倫理的ジレンマが生じた場面をソーシャルワークの価値・倫理に基づいて振り返り、解決することができる ④ 多職種によるカンファレンス等において、クライエントや地域住民、関係者と問題解決に向けて社会福祉士の専門性や立場から発言することができる ⑤ 個人情報保護のための取組について説明することができる
	(18) 実習施設・機関等の規則等について説明することができる	① 実習施設・機関等が組織運営をするために必要な規則等が体系的に整備されていることを理解し、説明することができる ② 実習施設・機関等の規則等のうち、職員が遵守すべき事項と労働者が規定されている就業規則等を理解し、説明することができる ③ 実習施設・機関等の規則等のうち、事務分掌や職務権限を規定する規則等を理解し、説明することができる ④ 実習施設・機関等の規則等のうち、文書の保管や廃棄、記録の開示や規定する規則等を理解し、説明することができる
⑩ ソーシャルワーク実践に求められる以下の技術の実践的理解 ・アウトリーチ ・ネットワーキング	(19) 以下の技術について目的、方法、留意点について説明することができる ・アウトリーチ ・ネットワーキング	① 具体的な事例について、各技術の目的、方法、留意点を踏まえ、説明することができる（アウトリーチ） ②（4）-（3）への取り組みを踏まえて、実習施設・機関等と関連して、当事者自身が声を上げられない状態にあるなどの理由で潜在化している問題や困難に気づき、解決を実施する（アウトリーチ） ③ 問題や困難に気づき、解決に向けて当事者の居場所に出かけていく（ネットワーキング）

巻末資料

・コーディネーション ・ネゴシエーション ・ファシリテーション ・プレゼンテーション ・ソーシャルアクション	・コーディネーション ・ネゴシエーション ・ファシリテーション ・プレゼンテーション ・ソーシャルアクション	（8)-③・(9)・(10)-①②③・(11)・(13)-②・(14)-①②③への取り組みを踏まえて、実習施設・機関等の立場・機関等の立場からミクロ・メゾ・マクロレベルの問題解決に必要な職種・機関を検討し、その必要性を対象となる地域住民、各職種・機関に説明することができる （コーディネーション） (10)-③・(11)・(14)-④への取り組みを踏まえて、問題解決に必要な資源を把握し、その資源を円滑に活用できるよう調整することができる （ネゴシエーション） (4)-③・(11)-②への取り組みを踏まえて、必要な情報を集めて交渉の戦略を検討し、問題解決に必要な変化や合意形成に向けてその戦略を実施することができる （ファシリテーション） (10)-①②・(11)-②⑥・(13)への取り組みを踏まえて、カンファレンスや地域の会議、ネットワーク会議等における意思決定のプロセスが円滑になるよう働きかけることができる （プレゼンテーション） (1)-④・(2)-②・(3)-④・(10)-④・(11)-⑤の取り組みを踏まえて、適切に説明する内容をまとめ、場に応じた方法でその内容を発表することができる （ソーシャルアクション） (1)-⑤・(7)・(13)・(14)-⑤の取り組みを踏まえて、人がより良く生きることを阻害している法律・制度等の存在に気づくとともに、それを変えるための戦略を検討し、実施することができる

3．モデル実習計画書

※記入欄の幅や列は最小設定している

ソーシャルワーク実習　実習計画書

学生氏名：	
所属施設・学校名：	
実習施設・機関名：	
実習施設・機関住所：	
実習施設・機関連絡先（電話番号）：	
実習施設・機関連絡先（E メール）：	
実習指導者名：	
実習指導者所属部署：	

実習期間：
年　　　月　　　日（　）　～　　　　年　　　月　　　日（　）

当該施設・機関での予定実習時間数（当該施設・機関での実習終了時の総実習時間数）：
時間（　　　　　　　時間）

署名

実習生	
教員	
実習指導者	

巻末資料

セクション1

＜実習の概要＞（実習施設・機関の種別や対象について）

実習施設・機関名：

実習施設・機関の社会的使命：

実習施設・機関が提供しているサービス：

実習施設・機関がかかわりの対象とする人々：

＜実習生の実習内容の概要＞

実習中に実習生（あなた）が担当する主な内容（例：インテーク面接、アセスメントの実施、グループの運営、地域住民の会議の開催、クライエントに関係する法改正の確認、など）

実習先で自分が取り組めると思う内容（例：プログラム評価の実施と報告、助成金や補助金の申請書作成、会議の開催、プログラム開発、など）

クライエント個人や家族、グループ、コミュニティと直接かかわりを持つ方法

＜スーパービジョンの実施＞
毎週の定期的なスーパービジョンの日程

実習指導者：	養成校教員：

スーパービジョンに向けた実習生の準備内容

実習指導者：	養成校教員：

セクション2

　厚生労働省の通知では、ソーシャルワーク実習のねらいと教育に含むべき事項が明記されています。

　ソーシャルワーク実習のねらいは、「①ソーシャルワークの実践に必要な各科目の知識と技術を統合し、社会福祉士としての価値と倫理に基づく支援を行うための実践能力を養う。②支援を必要とする人や地域の状況を理解し、その生活上の課題（ニーズ）について把握する。③生活上の課題（ニーズ）に対応するため、支援を必要とする人の内的資源やフォーマル・インフォーマルな社会資源を活用した支援計画の作成、実施及びその評価を行う。④施設・機関等が地域社会の中で果たす役割を実践的に理解する。⑤総合的かつ包括的な支援における多職種・多機関、地域住民等との連携のあり方及びその具体的内容を実践的に理解する。」の5項目です。

　ソーシャルワーク実習の教育に含むべき事項は、10項目が挙げられています。ソーシャルワーク実習を履修する学生は、教育に含むべき事項10項目の説明を十分に理解し、それらすべての項目の評価において求められる基準を満たす必要があります。

　ソーシャルワーク実習のねらい①は、実習全体のあり方を示していると解釈することができ、「実践能力を養う」と明記されていることに留意する必要があります。そこで、ソーシャルワーク実習教育内容・実習評価ガイドラインでは、教育に含むべき事項10項目を根拠に、それぞれの項目についてコンピテンシーの考え方に基づいた実習達成目標を提示しています。

　実習の終了時点においてすべての項目について基準を満たしていることを説明するために、教育に含むべき事項10項目に関する実習での達成目標すべてについて、それぞれに対応する実習内容を計画・評価する必要があります。

　各項目について、実習施設・機関の指導方法・評価方法と実施担当者の氏名を記入してください。

＜記入上の留意点＞

・ソーシャルワーク実習教育内容・実習評価ガイドラインの実習内容（例）を参考にして、すべての項目に関して実習の具体的な実施内容を計画してください。

・実際に実践するための計画なので、実習の具体的な実施計画として、実習生の行動レベルで記述してください。

・本ガイドラインにおいて「実践的理解」とは、実習において実践に取り組んだ経験をもって当該技能を理解し、社会福祉士（ソーシャルワーカー）の初任者として実践できるレベルになることを指します。

・実習先が2ヵ所以上に分かれる場合は、それぞれの実習先について本計画書を作成し、それらを合わせて教育に含むべき事項10項目すべてが計画されるよう留意してください。

・1つの達成目標に対して、2つ以上の実施内容を計画してください。項目10は、1つの達成目標に対して、1つ以上の実施内容を計画してください。

・1つの実習内容が複数の達成目標に関係することもあります。同じ実習内容を複数回記入する場合には、2回目の記入以降、文末に「（再掲）」と書き込んでください。

・本実習計画を作成する際には、これまで学んできた様々な講義やそれらのテキストから、科目横断的にこれまでの学びを確認してください。

＜実習の具体的な実施計画＞
<u>項目1</u>：利用者やその関係者（家族・親族、友人等）、施設・事業者・機関・団体、住民やボランティア等との基本的なコミュニケーションや円滑な人間関係の形成

　ミクロ・メゾ・マクロレベルに渡って、クライエント（以下、利用者を含む）及びその関係者（家族・親族、友人等）、施設・事業者・機関・団体、住民やボランティア等と基本的なコミュニケーションと円滑な人間関係を形成できる力を養うことを表しています。円滑な人間関係を形成できる力とは、基本的なコミュニケーションに加えて、クライエントとの対等な関係の形成に向けた専門的なコミュニケーションの力を指します。ミクロレベルでは、上記の対象への適切な声掛けができることの他、適切に応答技法を活用できること、メゾ・マクロレベルでは、部署内でのミーティングで必要な説明ができること、カンファレンスでクライエントの状況を適切に説明できること、広報やウェブサイトの原稿の作成などを含む様々なツールを活用して、地域住民をはじめ広い範囲に適切に情報を届けることなどを指します。

達成目標（1）：クライエント等と人間関係を形成するための基本的なコミュニケーションをとることができる。

評価の実施方法（予定）：
□直接指導による評価（担当者：　　　　　　）　□同僚やクライエントからのフィードバック
□本人の作成した書類の確認（担当者：　　　　　　）　□スーパービジョンでのディスカッション
□その他 ＿＿＿＿＿＿＿＿＿＿＿＿＿＿

<u>項目2</u>：利用者やその関係者（家族・親族、友人等）との援助関係の形成

　援助関係の形成とは、クライエントやその関係者（家族・親族、友人、様々な組織・団体、地域等）との信頼関係の構築を表しています。ミクロ・メゾ・マクロの各レベルでの直接のコミュニケーションを通して、クライエントやその関係者と理解し合い、問題解決に向けて協働できる関係づくりをする力、また、ソーシャルワーク専門職として境界線（バウンダリー）を設定する力を養うことです。具体的には、クライエントやその関係者が、問題解決に必要な自分に関する情報を安心して公開できる関係を築くことや、実習生からの説明や情報の提示、提案などについて、理解しようとする姿勢を示す関係を築くことです。

達成目標（2）：クライエント等との援助関係を形成することができる。

評価の実施方法（予定）：
□直接指導による評価（担当者：　　　　　　）　□同僚やクライエントからのフィードバック
□本人の作成した書類の確認（担当者：　　　　　　）　□スーパービジョンでのディスカッション
□その他 ＿＿＿＿＿＿＿＿＿＿＿＿＿＿

<u>項目3</u>：利用者や地域の状況を理解し、その生活上の課題（ニーズ）の把握、支援計画の作成と実施及び評価

　クライエントや地域の状況の理解とは、ミクロ・メゾ・マクロのすべてのレベルの状況に関する情報を収集し、ミクロ・メゾ・マクロレベルで何が起きているかをアセスメントすることを指します。具体的には、ソーシャルワークの価値規範・倫理に基づいて、システム理論やエコロジカルモデル、BPSモデルを活用し、今、ここで、何が起きているか、ミクロ・メゾ・マクロシステムの何が関係していて、過去や未来の何が関係しているか、アセスメントをもとに説明できる力を養うことです。

　加えて、アセスメントに基づいて、その生活上の課題（ニーズ）及び変化に向けて働きかける対象を把握すること（問題解決に向けたターゲットの設定）、理論・モデル、アプローチに基づいた支援計画の作成、実施及び評価を行う力を養うことが説明されています。具体的には、実習先で活用されているミクロ・メゾ・マクロレベルにわたるすべての計画様式（個別支援計画、事業計画、各種行政計画等）を使用して計画を作成し、その一部または全部を実施し、事前事後の比較によってターゲットの変化と問題状況を評価することを指します。

達成目標（3）：クライエント、グループ、地域住民等のアセスメントを実施し、ニーズを明確にすることができる。

巻末資料

達成目標（４）：地域アセスメントを実施し、地域の課題や問題解決に向けた目標を設定することができる。

達成目標（５）：各種計画の様式を使用して計画を作成・策定及び実施することができる。

達成目標（６）：各種計画の実施をモニタリングおよび評価することができる。

評価の実施方法（予定）：

□直接指導による評価（担当者：　　　　　　　　　　） □同僚やクライエントからのフィードバック
□本人の作成した書類の確認（担当者：　　　　　　　） □スーパービジョンでのディスカッション
□その他 _____

項目４：利用者やその関係者（家族・親族、友人等）への権利擁護活動とその評価

　権利擁護活動は、ソーシャルワーカー（社会福祉士）としての活動そのものです。

　クライエントやその関係者（家族・親族、友人等）として、クライエント及び多様な人々が存在します。ソーシャルワーカー（社会福祉士）は、実践においてクライエント及び多様な人々を理解し、尊重した言動をとることができることが求められます。ソーシャルワーカー（社会福祉士）は、自らが多様な人々の権利を尊重するだけではなく、クライエント及び多様な人々の立場に立って、彼らの権利が侵害されている状況に気づき、擁護し、エンパワメントと解放を促す専門職です。

　権利擁護活動とは、誰もが人としての尊厳や価値観、信条、生活習慣等が尊重され、その人らしく生きることができるように働きかけることを指します。例えば、権利を侵害されている人の言葉にならないつらさや苦しさを理解し、その理解をもとにその人の状況を他者に伝え、変えていくミクロレベルでの働きかけ、そのつらさや苦しさに直面している人々に対する権利侵害の状況を社会に訴え、社会の変化を促していくマクロレベルでの働きかけを含む実践です。

達成目標（７）：クライエントおよび多様な人々の権利擁護ならびにエンパワメントを含む実践を行い、評価することができる。

評価の実施方法（予定）：

□直接指導による評価（担当者：　　　　　　　　　　） □同僚やクライエントからのフィードバック
□本人の作成した書類の確認（担当者：　　　　　　　） □スーパービジョンでのディスカッション
□その他 _____

項目５：多職種連携及びチームアプローチの実践的理解

　記入上の留意点にもあるように、本ガイドラインにおいて「実践的理解」とは、実習において実践に取り組んだ経験をもって当該技能を説明するなど表現ができ、ソーシャルワーカー（社会福祉士）の初任者として実践できるレベルになることを指します。

　多職種連携及びチームアプローチとは、問題解決に向けて、クライエントとその関係者（家族・親族、友人、様々な組織・団体、地域等）も含む、それぞれの専門性を持つ人や組織・団体が、それぞれが持ちうる力を発揮できるよう働きかけるとともに、そこで発揮された力が問題解決に向けて相乗的に高め合う関係をつくることを指します。

　それぞれの専門性を持つ人や組織・団体が集まる場をコーディネートすること、実際の集まる場ではファシリテーターを担当し、参加している多様な人たちが発言できる環境をつくること、多職種間や多機関（組織・団体）間で互いに理解し合えるように働きかけ、ミクロ・メゾ・マクロレベルにおける変化に向けた計画作成・実施への役割分担、協働に向けた信頼関係の構築を指します。

達成目標（8）：実習施設・機関等の各職種の機能と役割を説明することができる。

達成目標（9）：実習施設・機関等と関係する社会資源の機能と役割を説明することができる。

達成目標（10）：地域住民、関係者、関係機関等と連携・協働することができる。

達成目標（11）：各種会議を企画・運営することができる。

評価の実施方法（予定）：

□直接指導による評価（担当者：　　　　　　　　）　□同僚やクライエントからのフィードバック
□本人の作成した書類の確認（担当者：　　　　　　）　□スーパービジョンでのディスカッション
□その他 _____

項目6：当該実習先が地域社会の中で果たす役割の理解及び具体的な地域社会への働きかけ

　実習先は、施設・機関として、必ず何らかの地域社会の中に位置しています。施設・機関がサービスを提供している対象かどうかや、実際にサービスを利用している人かどうかなどにかかわらず、地域社会の中でどのような役割を果たしているかを理解します。

　はじめに、施設・機関の持つ機能を理解する（セクション1）こと、そして、地域社会の中で何が起きているかを理解する必要があります（項目3）。次に、その施設・機関が持つ機能と地域社会の中で起きていることの関係性から、実習施設・機関が、地域の中で果たしている役割を理解する力を養います。具体的には、施設・機関が地域社会の中で果たす役割を地域住民に適切に説明できること、加えて、施設・機関が地域社会において実施している活動に参加することなどを通して、実際に地域社会に働きかける力を養います。

達成目標（12）：地域社会における実習施設・機関等の役割を説明することができる。

達成目標（13）：地域住民や団体、施設、機関等に働きかける。

評価の実施方法（予定）：

□直接指導による評価（担当者：　　　　　　　　）　□同僚やクライエントからのフィードバック
□本人の作成した書類の確認（担当者：　　　　　　）　□スーパービジョンでのディスカッション
□その他 _____

項目7：地域における分野横断的・業種横断的な関係形成と社会資源の活用・調整・開発に関する理解

　地域には、多様な分野での問題解決を目的にしている組織・団体の他、社会福祉に限らず、商工業や環境、観光、交通、物流など、業種横断的な組織・団体、企業などがあります。ソーシャルワークでは、ミクロ・メゾ・マクロレベルにわたるこれらすべてが社会の問題解決に関係する存在であり、社会資源として捉えます。そこで、ソーシャルワーカーとして、これらが社会の問題解決に向けて協働できる横断的な関係を形成することを目指して、分野横断的・業種横断的な対話の場をコーディネートし設定する力を養います。また、これら社会資源が社会の問題解決に向けて力を相乗的に発揮し合うための場づくりや組織・団体、企業間を調整する力、問題解決のために必要な社会資源が一定の範囲にない場合に、範囲内にある組織・団体、企業間で新しい仕組みをつくる力、範囲外にある社会資源を問題解決に活用できるよう働きかける力、一定の範囲内外に問題解決に必要な社会資源をつくり出す力を養います。

巻末資料

社会資源には、サービス提供にかかわる法律・制度も含まれます。「必要な社会資源を作り出す力」は政策的なアプローチによる問題解決に向けた法律・制度の新規・修正提案をする力、その提案の実現に向け働きかける力を養うことを含みます。

ミクロ・メゾ・マクロレベルにわたる社会の問題解決に関係する社会資源として、テクノロジーの活用は現代社会において必要不可欠です。ソーシャルワーカーとして、テクノロジーを活用する技術を養います。

達成目標（14）：地域における分野横断的・業種横断的な社会資源について説明し、問題解決への活用や新たな開発を検討することができる。

評価の実施方法（予定）：

□直接指導による評価（担当者：　　　　　　　　）　□同僚やクライエントからのフィードバック
□本人の作成した書類の確認（担当者：　　　　　　）　□スーパービジョンでのディスカッション
□その他 _____

項目8：施設・事業者・機関・団体等の経営やサービスの管理運営の実際（チームマネジメントや人材管理の理解を含む）

施設・事業者・機関・団体等において、実習先が提供しているサービスの品質管理やリスク管理、チームのスタッフが力を発揮するためのマネジメントやリーダーシップのあり方、人材確保のあり方の実際について理解します。具体的には、実習先ではどのようなチームマネジメントの理論や方法が活用されているのかを具体的に理解することや、予算編成の方法や財務諸表を理解すること、事業実施に必要な財源をどのように確保するのかを理解すること、リスク管理のために何をしているのかを理解すること、求人のプロセスを理解することなどを含みます。

上記についての理解と情報を踏まえて、実習先についての SWOT 分析などを行い、メゾレベルでアセスメントをする力を養います。

達成目標（15）：実習施設・機関等の経営理念や戦略を分析に基づいて説明することができる。

達成目標（16）：実習施設・機関等の法的根拠、財政、運営方法等を説明することができる。

評価の実施方法（予定）：

□直接指導による評価（担当者：　　　　　　　　）　□同僚やクライエントからのフィードバック
□本人の作成した書類の確認（担当者：　　　　　　）　□スーパービジョンでのディスカッション
□その他 _____

項目9：社会福祉士としての職業倫理と組織の一員としての役割と責任の理解

はじめに、実習先で対応している多様な問題はどのように見えるのか、その問題に対してどのような意見を持ち得るのか、ミクロ・メゾ・マクロレベルにおけるソーシャルワークのプロセス（関係形成、情報収集、アセスメント、ターゲットの設定、計画、実施、評価、終結など）においてどのような判断をするのか、ソーシャルワーカー（社会福祉士）の倫理綱領に基づいて検討する力を養います。また、その際に倫理的ジレンマが必ず発生するので、その倫理的ジレンマを一定の枠組み・モデルに基づいて、解決を検討する力を養います。

同時に、それぞれの組織には、ソーシャルワークを専門とするスタッフだけではなく、様々な考え方を持った専門職が集まっていることが多く、実習先の組織には組織独自のミッション（社会的使命）やルール（決まり）、価値・倫理があるので、これらを理解した上で、ソーシャルワーカー（社会福祉士）の倫理綱領との関係を理解し、ジレンマが発生する場合は解決を検討する力を養います。実際の実習場面を通じて、これらの判断や検討を実施し、ソーシャルワーカー（社会福祉士）として、組織の一員としての役割と責任を理解します。

達成目標（17）：実習施設・機関等における社会福祉士の倫理に基づいた実践及びジレンマの解決を適切に行うことができる。

達成目標（18）：実習施設・機関等の規則等について説明することができる。

評価の実施方法（予定）：

□直接指導による評価（担当者：　　　　　　　　）　□同僚やクライエントからのフィードバック
□本人の作成した書類の確認（担当者：　　　　　　）　□スーパービジョンでのディスカッション
□その他＿＿＿＿＿＿＿＿＿＿＿＿＿＿＿＿＿

項目10：ソーシャルワーク実践に求められる以下の技術の実践的理解

　記入上の留意点にもあるように、本ガイドラインにおいて「実践的理解」とは、実習において実践に取り組んだ経験をもって当該技能を理解し、社会福祉士（ソーシャルワーカー）の初任者として実践できるレベルになることを指します。

　ソーシャルワーク実践に求められる技術として、7つの技術（アウトリーチ、ネットワーキング、コーディネーション、ネゴシエーション、ファシリテーション、プレゼンテーション、ソーシャルアクション）が挙げられており、それぞれの技術についてテキストや演習を通して学んだ上で、実習の中で実践に取り組むことを通して、実践できる力を養います。

達成目標（19）-1：アウトリーチの実践的理解

達成目標（19）-2：ネットワーキングの実践的理解

達成目標（19）-3：コーディネーションの実践的理解

達成目標（19）-4：ネゴシエーションの実践的理解

達成目標（19）-5：ファシリテーションの実践的理解

達成目標（19）-6：プレゼンテーションの実践的理解

達成目標（19）-7：ソーシャルアクションの実践的理解

評価の実施方法（予定）：

□直接指導による評価（担当者：　　　　　　　　）　□同僚やクライエントからのフィードバック
□本人の作成した書類の確認（担当者：　　　　　　）　□スーパービジョンでのディスカッション
□その他＿＿＿＿＿＿＿＿＿＿＿＿＿＿＿＿＿

巻末資料

4．モデル評価表

《評価尺度と評価基準》

A：教育目標を達成し、さらにそれを上回る成果を収めた（おおむね行動目標の90％以上達成した場合）
B：教育目標をほとんど達成した（おおむね行動目標の80％程度達成した場合）
C：教育目標をある程度達成した（おおむね行動目標の60％程度達成した場合）
D：教育目標をあまり達成できなかった（おおむね行動目標の59％以下達成した場合）
NA：該当しない・体験していない

《評価記入欄》※所見記入欄の大きさは適宜修正して使用

1．クライエント等と人間関係を形成するための基本的なコミュニケーションをとることができる	評価
所見	

2．クライエント等との援助関係を形成することができる	評価
所見	

3．クライエント、グループ、地域住民等のアセスメントを実施し、ニーズを明確にすることができる	評価
所見	

4．地域アセスメントを実施し、地域の課題や問題解決に向けた目標を設定することができる	評価
所見	

5．各種計画の様式を使用して計画を作成・策定及び実施することができる	評価
所見	

6．各種計画の実施をモニタリング及び評価することができる	評価
所見	

7．クライエントおよび多様な人々の権利擁護ならびにエンパワメントを含む実践を行い、評価することができる	評価
所見	

8．実習施設・機関等の各職種の機能と役割を説明することができる	評価
所見	

9．実習施設・機関等と関係する社会資源の機能と役割を説明することができる	評価
所見	

10. 地域住民、関係者、関係機関等と連携・協働することができる	評価
所見	
11. 各種会議を企画・運営することができる	評価
所見	
12. 地域社会における実習施設・機関等の役割を説明することができる	評価
所見	
13. 地域住民や団体、施設、機関等に働きかける	評価
所見	
14. 地域における分野横断的・業種横断的な社会資源について説明し、問題解決への活用や新たな開発を検討することができる	評価
所見	
15. 実習施設・機関等の経営理念や戦略を分析に基づいて説明することができる	評価
所見	
16. 実習施設・機関等の法的根拠、財政、運営方法等を説明することができる	評価
所見	
17. 実習施設・機関等における社会福祉士の倫理に基づいた実践及びジレンマの解決を適切に行うことができる	評価
所見	
18. 実習施設・機関等の規則等について説明することができる	評価
所見	
19. 以下の技術について目的、方法、留意点について説明することができる	評価
・アウトリーチ	
・ネットワーキング	
・コーディネーション	
・ネゴシエーション	
・ファシリテーション	
・プレゼンテーション	
・ソーシャルアクション	
所見	

総合評価（いずれかを○で囲んでください）　A ・ B ・ C ・ D

「実習生に対する総評」

索引

最新 社会福祉士養成講座

編集

一般社団法人 日本ソーシャルワーク教育学校連盟 （略称：ソ教連）

統括編集委員 （五十音順）

中谷 陽明 （なかたに・ようめい）
ソ教連常務理事、桜美林大学大学院教授

松本 すみ子 （まつもと・すみこ）
ソ教連常務理事、東京国際大学人間社会学部教授

「ソーシャルワーク実習指導 ソーシャルワーク実習 ［社会専門］」編集委員・執筆者

編集委員 （五十音順）

伊藤 新一郎 （いとう・しんいちろう）
北星学園大学社会福祉学部教授

添田 正揮 （そえた・まさき）
日本福祉大学社会福祉学部准教授

渡辺 裕一 （わたなべ・ゆういち）
武蔵野大学人間科学部教授

執筆者および執筆分担 （五十音順）

新井 利民 （あらい・としたみ） ・・ 第 6 章第 5 節
立正大学社会福祉学部准教授

伊藤 新一郎 （いとう・しんいちろう）・・・・・・・・・・・・・・・ 第 3 章第 2 節・第 3 節、第 6 章第 1 節
北星学園大学社会福祉学部教授

植田 嘉好子 （うえだ・かよこ） ・・・ 第 5 章第 3 節
川崎医療福祉大学医療福祉学部准教授

岡崎 幸友 （おかざき・ゆきとも） ・・・・・・・・・・・・・・・・・・・・・・・・・・・・・・・・・・・・・・・ 第 2 章第 3 節
関西福祉大学社会福祉学部准教授

荻野 基行 （おぎの・もとゆき） ・・・・・・・・・・・・・・・・・・・・・・・・・・・・・・・・・・・・ 第 6 章第 11 節 5
東京福祉大学社会福祉学部准教授

上白木 悦子 （かみしらき・えつこ） ・・・・・・・・・・・・・・・・・・・・・・・・・・・・・・・・・・・ 第 6 章第 2 節
大分大学福祉健康科学部教授

菅野 道生 （かんの・みちお） ・・ 第 6 章第 7 節
岩手県立大学社会福祉学部准教授

工藤　英明（くどう・ひであき）-- 第6章第4節
青森県立保健大学健康科学部准教授

倉持　香苗（くらもち・かなえ）-- 第3章第1節
日本社会事業大学社会福祉学部准教授

小髙　真美（こだか・まなみ）-- 第6章第3節
武蔵野大学人間科学部准教授

潮谷　恵美（しおたに・えみ）-- 第2章第2節
十文字学園女子大学教育人文学部教授

厨子　健一（ずし・けんいち）-- 第6章第11節2
愛知教育大学教育学部教育支援専門職養成課程福祉講座講師

鈴木　孝典（すずき・たかのり）-- 第1章第5節
高知県立大学社会福祉学部准教授

添田　正揮（そえた・まさき）----------第1章第1節〜第3節、第4章第2節、第5章第1節、第6章第1節
日本福祉大学社会福祉学部准教授

高杉　公人（たかすぎ・きみひと）-- 第6章第8節
聖カタリナ大学人間健康福祉学部教授

竹之内　章代（たけのうち・あきよ）-- 第6章第11節8
東北福祉大学総合福祉学部准教授

茶屋道　拓哉（ちゃやみち・たくや）-- 第6章第11節4
鹿児島国際大学福祉社会学部准教授

露木　信介（つゆき・しんすけ）-- 第6章第10節
東京学芸大学教育学部准教授

直島　克樹（なおしま・かつき）-- 第6章第11節6・7
川崎医療福祉大学医療福祉学部講師

中村　和彦（なかむら・かずひこ）-- 第4章第3節
北星学園大学社会福祉学部教授

中村　卓治（なかむら・たくじ）-- 第4章第4節
広島文教大学人間科学部教授

長谷川　真司（はせがわ・まさし）-- 第6章第6節
山口県立大学社会福祉学部准教授

畑　亮輔（はた・りょうすけ）-- 第5章第2節
北星学園大学社会福祉学部准教授

早坂　聡久（はやさか・としひさ）-- 第6章第9節
東洋大学ライフデザイン学部准教授

日田　剛（ひた・つよし）-- 第6章第11節3
九州保健福祉大学社会福祉学部講師

松本 すみ子 （まつもと・すみこ） ……………………………………………………………………………… 序章
東京国際大学人間社会学部教授

宮﨑 まさ江 （みやざき・まさえ） ……………………………………………………… 第6章第11節1
山口県立大学社会福祉学部准教授

山本 博之 （やまもと・ひろゆき） ………………………………………………………… 第4章第1節
田園調布学園大学人間福祉学部教授

與那嶺 司 （よなみね・つかさ） …………………………………………………………… 第2章第1節
神戸女学院大学文学部教授

渡辺 裕一 （わたなべ・ゆういち） …………………………… 第1章第4節、第6章第1節
武蔵野大学人間科学部教授

最新 社会福祉士養成講座

**8　ソーシャルワーク実習指導　［社会専門］
　　ソーシャルワーク実習**

2021年2月1日　　初　版　発　行
2023年9月10日　　初版第2刷発行

編　集　　一般社団法人日本ソーシャルワーク教育学校連盟
発行者　　荘村明彦
発行所　　中央法規出版株式会社
　　　　　〒110-0016　東京都台東区台東3-29-1　中央法規ビル
　　　　　TEL 03（6387）3196
　　　　　https://www.chuohoki.co.jp/

印 刷・製 本　株式会社太洋社
本文デザイン　株式会社デジカル
装　　　幀　株式会社デジカル
装　　　画　酒井ヒロミツ